AF294333

La macroéconomie pour tous

Une approche pluraliste

Nicolas Piluso

La macroéconomie pour tous

Une approche pluraliste

JDH Éditions
Les Pros de l'Éco

Du même auteur

3 siècles de pensée économique : histoire comparative et illustrée, JDH Éditions, 2022

Économie de l'environnement, Dunod, 2021

Fiches des théories économiques de la monnaie, Ellipses, 2019

Chômage et marché financier, un essai de théorisation, Éditions Universitaires Européennes, 2010

Avant-propos

La macroéconomie est la branche de la « science économique » qui s'intéresse à l'analyse de l'activité économique et des variables agrégées (globales) qui caractérisent la conjoncture. Comment est déterminé le niveau de production ? Comment expliquer les fluctuations des grands postes de demande comme la consommation ou l'investissement ? Quelles sont les origines des grands déséquilibres que sont le chômage et l'inflation ? Quels facteurs agissent sur la croissance économique ? Ce sont quelques exemples de questions qui seront abordées dans cet ouvrage.

Bien souvent, les manuels de macroéconomie se concentrent sur les modèles bien connus de la synthèse néoclassico-keynésienne (IS-LM, AS-AD, courbe de Phillips...) et sur les modèles néoclassiques qui relèvent de la théorie standard. Ils s'appuient sur une vision parfois trompeuse des résultats obtenus avec ces modèles. Par exemple, les manuels associent aisément les résultats d'efficacité de la politique de relance ou de chômage involontaire à l'hypothèse de fixité des prix dans le court terme. Or, ces résultats ne sont pas directement liés à une supposée rigidité des prix, mais à l'hypothèse keynésienne d'asymétrie entre entrepreneurs et salariés (Piluso, 2018[1]). On associe volontiers Keynes à l'hypothèse de fixité des prix et/ou des salaires, alors même que cet auteur raisonne dans un cadre à prix flexibles, et qu'il ne s'exonère pas de l'analyse des effets d'une variation des salaires monétaires. Pour s'affranchir de ces lieux communs, ce manuel prend le parti d'avoir une approche pluraliste : les approches/interprétations néoclassiques ou néokeynésiennes des phénomènes économiques sont confrontées à celles des postkeynésiens ou

---

[1] Piluso, N. (2018). « La condition d'efficacité de la politique économique dans les synthèses néoclassiques : rigidité des prix ou asymétrie du rapport salarial ? », *Cahiers d'économie politique*, 74, 139-159. https://doi.org/10.3917/cep.074.0139

à celles d'économistes de la tradition monétaire (Jean Cartelier). Ce manuel répond au moins en partie à une exigence des
étudiants en macroéconomie qui est de ne pas se cantonner à
une seule et unique vision du fonctionnement de l'économie.
De multiples approches sont présentées et confrontées.

Par ailleurs, cet ouvrage tente d'aborder les avancées relativement récentes de la macroéconomie, qui ne sont pas
habituellement mises en avant dans les manuels de macroéconomie : théorie budgétaire des prix, accélérateur financier,
modèle DSGE, nouvelle courbe de Phillips, super multiplicateur, modèles stock-flux cohérents, etc.

Chapitre 1 : La consommation

Introduction

La consommation finale des ménages est définie par la comptabilité nationale comme l'ensemble des dépenses en biens et services, à l'exception des achats de logements (comptabilisés en dépenses d'investissement). Les services non marchands (c'est-à-dire gratuits ou quasi gratuits) sont comptabilisés en dépense de consommation finale des administrations. On limitera la consommation finale des ménages dans ce chapitre aux seules dépenses en biens et services marchands (payés au prix de marché).

On s'intéressa dans ce chapitre aux déterminants macroéconomiques de la consommation. L'analyse néoclassique, en partant d'une analyse microéconomique, fait dépendre le partage du revenu entre consommation et épargne du taux d'intérêt. Il est alors possible d'en déduire une fonction de consommation agrégée qui dépend négativement de cette variable. Keynes[2] oppose à cette approche en ayant une analyse d'emblée macroéconomique et fait dépendre la consommation des ménages du revenu courant global. Le partage du revenu ne dépend plus du taux d'intérêt, mais de la propension marginale à consommer. La théorie de Keynes a néanmoins rencontré des problèmes de validation empirique que des auteurs ultérieurs ont tenté d'éclaircir. L'économiste monétariste Milton Friedman[3] s'est engouffré dans la brèche pour élaborer une théorie de la consommation qui remet en cause les préconisations keynésiennes de politique économique.

Avant d'étudier les facteurs qui expliquent le niveau de la consommation à l'échelle globale dans une économie, nous allons

---

[2] Keynes, J.M. (1936), *Théorie générale de l'emploi, de l'intérêt et de la monnaie*, traduction française, Payot, Paris, 1969.
[3] Friedman, M. (1957), *A Theory of the Consumption Function*, National Bureau of Economic Research Princeton, N.J.

présenter quelques outils d'analyse utilisés par les économistes pour étudier la consommation.

I. Quelques indicateurs macroéconomiques sur la consommation

a. <u>La propension moyenne à consommer</u>

La propension moyenne à consommer que l'on notera « c » est la part de la consommation dans le revenu du ménage. Si on note C la consommation et Y le revenu du ménage, alors on calcule la propension « c » de la façon suivante :

$$c = \frac{C}{Y}$$

L'épargne est la partie du revenu non consommée. On note l'épargne S.

$$S = Y - C$$

La propension moyenne à épargne **s** est la part de l'épargne dans le revenu, soit :

$$s = \frac{S}{Y}$$

Propensions moyennes à consommer et à épargner sont complémentaires, c'est-à-dire que leur somme est égale à 100% (ou 1).

$$c + s = 1 = 100\%$$

En effet, le revenu Y se partage entre consommation C et épargne S.

$$Y = C + S$$

Divisons les deux membres de l'égalité par le revenu Y. Cela donne :

$$\frac{Y}{Y} = \frac{C}{Y} + \frac{S}{Y} ==> 1 = c + s$$

b. <u>La propension marginale à consommer et à épargner</u>

La propension marginale à consommer est la partie du supplément de revenu qui est consacrée à un supplément de consommation.

Si on note ΔC le supplément de consommation et ΔY le supplément de revenu, la propension marginale à consommer que l'on note « c' » est égal à :

$$c' = \frac{\Delta C}{\Delta Y}$$

La propension marginale à épargner est la partie du supplément de revenu qui est consacrée à un supplément d'épargne. On la note « s' » :

$$s' = \frac{\Delta S}{\Delta Y}$$

Propensions marginales à consommer et à épargner sont également complémentaires, c'est-à-dire que leur somme est égale à 1 ou 100%.

$$c' + s' = 1 = 100\%$$

c. <u>L'élasticité de la consommation par rapport au revenu</u>

L'élasticité de la consommation par rapport au revenu mesure la sensibilité de la consommation aux variations du revenu. Elle indique le taux de variation de la consommation pour un revenu qui augmente de 1%. On note l'élasticité « e » :

$$e = \frac{\dfrac{\Delta C}{C}}{\dfrac{\Delta Y}{Y}}$$

Il est possible de calculer l'élasticité revenu de la consommation en faisant le rapport entre la propension marginale à consommer « c' » et la propension moyenne à consommer « c » :

$$e = \frac{\frac{\Delta C}{C}}{\frac{\Delta Y}{Y}} = \frac{\Delta C}{C} x \frac{Y}{\Delta Y} = \frac{\Delta C}{\Delta Y} x \frac{Y}{C} = \frac{\frac{\Delta C}{\Delta Y}}{\frac{C}{Y}} = \frac{c'}{c}$$

Au XIXe siècle, le statisticien Engel[4] a étudié le comportement de 153 ménages franco-belges en matière de consommation. Il a été dégagé 3 grandes tendances que l'on appelle aujourd'hui les « lois d'Engel » sur la consommation.

<u>1e loi</u> : au fur et à mesure que le revenu des ménages augmente, la part des dépenses d'alimentation dans le revenu diminue. L'élasticité revenu de la consommation de biens alimentaires est inférieure à 1 (la consommation de ce type de bien augmente moins vite que le revenu).

<u>2e loi</u> : au fur et à mesure que le revenu des ménages augmente, la part des dépenses pour le logement et en habillement reste constante. L'élasticité de la consommation de ce type de bien est égale à 1 (la consommation de ces biens augmente au même rythme que le revenu).

<u>3e loi</u> : au fur et à mesure que le revenu augmente, la part des dépenses pour les services (éducation, santé, loisirs), mais aussi les « biens de luxe » augmente ; l'élasticité de la dépense par rapport au revenu est supérieure à 1 (la consommation de ce type de biens augmente plus vite que le revenu).

II. Les grands déterminants de la consommation à l'échelle macroéconomique

a. <u>Le partage du revenu entre consommation et épargne chez les néoclassiques</u>

Les économistes néoclassiques font une analyse du comportement d'un individu rationnel qui cherche à maximiser sa satisfaction personnelle en fonction des informations que lui envoie le marché.

---

[4] Engel, E. (1857), « Die Productions- und Consumtionsverhältnisse des Königreichs Sachsen », Statistisches Bureau des Königlich Sächsischen Ministeriums des Innern.

Ces économistes font donc l'hypothèse que chaque agent économique est doté d'une fonction d'utilité, c'est-à-dire d'une fonction de satisfaction, qui a 2 arguments : la consommation présente notée C_0, et la consommation future notée C_1 :

$$U = U(C_0, C_1)$$

La consommation future revient pour le consommateur à épargner : il ne dépense pas l'intégralité de son revenu de façon immédiate pour consommer dans le futur. Il s'agit donc d'épargner pour reporter dans le futur sa consommation.

Comment cet agent effectue-t-il son choix entre consommation présente et future ? C'est le taux d'intérêt fourni par le marché qui lui permet de réaliser un tel arbitrage.

Les néoclassiques considèrent qu'un agent rationnel a une préférence pour la consommation présente. Reporter à plus tard sa consommation constitue un sacrifice qu'il convient de rémunérer. Le taux d'intérêt noté « i » fixe la rémunération de ce sacrifice, c'est-à-dire de cette épargne. La rémunération de l'épargne offre la perspective au consommateur de pouvoir consommer davantage dans le futur. Elle est donc une incitation à épargner.

Ainsi, à la période 0, le consommateur utilise son revenu en consommant et en épargnant :

$$C_0 + S = Y_0$$

À la période suivante, le consommateur va utiliser son épargne (augmentée des intérêts) pour consommer, et en outre, il perçoit le revenu de la période 1 noté Y_1 :

$$C_1 = Y_1 + (1 + i)S$$

Ces deux contraintes budgétaires peuvent être réunies en une seule contrainte :

$$C_0 + \frac{C_1}{(1 + i)} = Y_0 + \frac{Y_1}{(1 + i)} = W$$

W est la richesse totale actualisée de la période 0.

Précisons le terme « actualisé ». Supposons qu'un ménage dispose d'une somme d'argent S_0 à la période 0 et que cette somme est placée sur un compte rémunéré au taux d'intérêt

« i ». À la période suivante, le ménage dispose de la somme suivante :

$$S_1 = S_0(1 + i)$$

La valeur actuelle de la somme d'argent à la période 0 lorsque le ménage connaît le taux d'intérêt de son placement est alors :

$$S_0 = \frac{S_1}{(1 + i)}$$

L'actualisation est donc l'inverse de la capitalisation.

Le consommateur maximise son utilité sous la contrainte de son revenu lorsque son taux de préférence pour le présent est égal au taux d'intérêt. On peut tirer de cette condition d'optimalité une fonction de consommation et une fonction d'épargne qui dépendent toutes deux du taux d'intérêt : la consommation décroît avec le taux d'intérêt, tandis que l'épargne croît avec le taux d'intérêt, car le sacrifice de la renonciation à la consommation présente est alors mieux rémunéré.

Dans cette conception, le taux d'intérêt est le prix de la renonciation à la consommation présente. C'est ce prix qui permet au ménage d'arbitrer et de partager son revenu entre consommation et épargne.

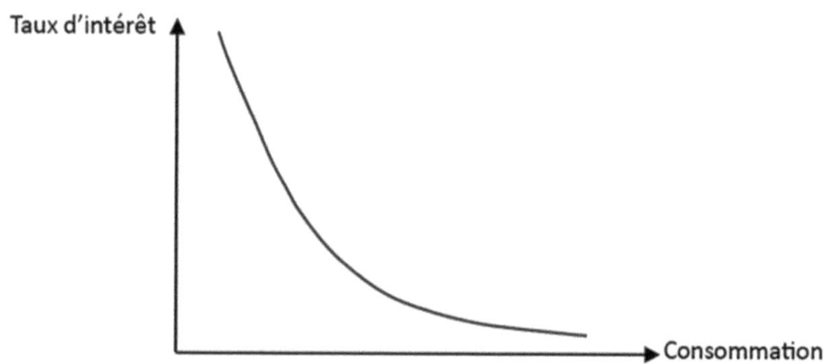

b. __La théorie de Keynes__

> ➤ *Une remise en cause la conception néoclassique du taux d'intérêt*

Keynes considère que les agents économiques évoluent dans un contexte d'incertitude sur le futur. Ces derniers éprouvent de l'inquiétude vis-à-vis de l'avenir et cherchent à se protéger des aléas liés au futur.

C'est dans le cadre de cette hypothèse que selon Keynes, les ménages ont une préférence pour la liquidité. La liquidité correspond à une épargne qui n'est pas placée sur un livret ou un marché, mais qui est immédiatement disponible, mobilisable, pour effectuer une dépense imprévue.

Selon l'auteur, l'épargne peut donc avoir deux affectations : une épargne liquide, immédiatement disponible, mais non rémunérée ; une épargne placée, rémunérée, qui n'est pas mobilisable sans délai et/ou sans coût. Le ménage arbitre entre deux formes d'épargne en fonction du taux d'intérêt. Le taux d'intérêt ne permet pas ici d'arbitrer entre consommation et épargne, mais entre les deux formes d'épargne précédemment citées.

Le taux d'intérêt dans la conception keynésienne est le prix de la renonciation à la liquidité (la forme liquide, immédiatement disponible de l'épargne).

Plus le taux d'intérêt est élevé, plus le ménage sera prêt à renoncer à la forme non rémunérée de l'épargne (autrement dit, plus il sera intéressé par le placement de son épargne).

Dans la mesure où le taux d'intérêt n'est plus la clé de l'arbitrage entre consommation et épargne, comment Keynes explique-t-il un tel partage du revenu ?

> ### *Le partage du revenu entre consommation et épargne chez Keynes*

Selon Keynes, c'est la propension marginale à consommer du ménage qui lui permet de partager son revenu entre consommation et épargne. Le niveau de cette propension marginale dépend de facteurs subjectifs et objectifs. Keynes donne quelques exemples de ces facteurs.

Les facteurs subjectifs sont énumérés dans le chapitre de 9 de la *Théorie Générale de l'emploi, de l'intérêt et de la monnaie* :

-   La plus ou moins grande précaution des ménages (pour
    parer à des évènements imprévus, donc des dépenses
    imprévues) ;
-   La plus ou moins grande prévoyance (pour financer des
    dépenses à venir prévues, comme la maladie ou la vieil-
    lesse) ;
-   L'orgueil (l'individu orgueilleux aura tendance à plus
    consommer pour afficher sa richesse) ; l'avarice ;
-   L'initiative (consommer moins, épargner et financer
    un projet futur) ;
-   La préférence pour la consommation présente (ce que
    Keynes appelle le « calcul ») ;
-   La volonté d'indépendance ;
-   L'initiative de projets spéculatifs ou commerciaux, etc.

Keynes précise que la force de tous ces motifs dépend du cadre
institutionnel de l'économie (notamment, l'existence d'un système de redistribution de type sécurité sociale), des
conventions, des habitudes, de l'éducation, etc. Elle dépend
donc de la société dans laquelle évoluent les individus.

Les déterminants objectifs de la propension marginale à con-
sommer sont décrits dans le chapitre 8 de la *Théorie Générale* :
-   Les anticipations que font les agents économiques sur
    les revenus futurs,
-   Les variations de la fiscalité sur les ménages,
-   Les plus ou moins-values potentielles sur les diffé-
    rentes composantes du patrimoine du ménage,
-   Le niveau du taux d'intérêt.

Si Keynes estime que la propension marginale à consommer
est stable à court terme d'une façon générale, il exprime des
doutes sur cette stabilité dans le chapitre 8.

>   ***La fonction de consommation***

La fonction de consommation keynésienne est habituellement écrite de la façon suivante :

$$C = c'Y + c_0$$

Avec :

C= le montant de la consommation
c'= la propension marginale à consommation (la pente b sur la représentation graphique)
Y= le revenu perçu par les ménages
c_0=la consommation incompressible ou autonome (a sur la représentation graphique)

Qu'est-ce que la consommation incompressible ou autonome ? Il s'agit d'une composante de la consommation qui est indépendante du niveau de revenu. C'est une sorte de minimum vital de consommation, quel que soit le niveau de ses ressources. On distingue donc deux composantes dans la fonction de consommation de type keynésien : une composante induite, c'est-à-dire expliquée par le revenu, et une composante autonome, indépendante du revenu.

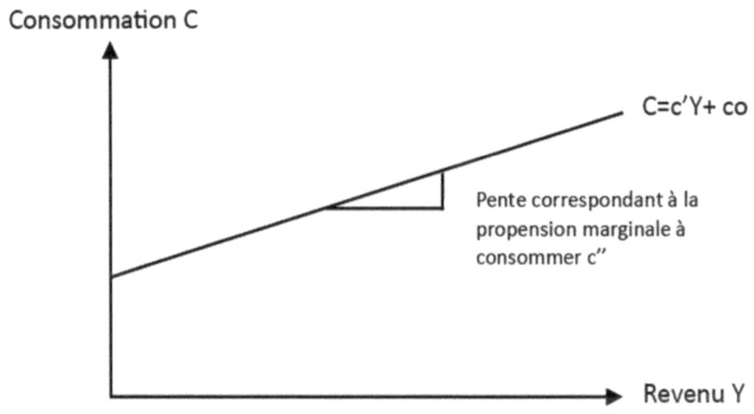

Il est possible de mettre en évidence plusieurs caractéristiques de cette fonction :

Caractéristique n°1 : la consommation est une fonction croissante du revenu : quand le revenu augmente, la consommation augmente.

Caractéristique n°2 : « la loi psychologique fondamentale de Keynes » (chapitre 8 de la *Théorie Générale*) affirme qu'en général, lorsque le revenu des ménages augmente, ces derniers augmentent leur consommation, mais d'un montant inférieur à celui du revenu. Lorsque les ménages perçoivent un revenu supplémentaire, ce dernier est en partie consommé, et en partie épargné (la propension marginale à consommer est inférieure à 1 (ou bien inférieure à 100%).

Caractéristique n°3 : il est possible de déduire de la fonction de consommation la fonction d'épargne. Il suffit de retrancher au revenu la fonction de consommation pour obtenir la fonction d'épargne. L'épargne étant la partie du revenu non consommée, on peut écrire :

$$S = Y - C = Y - (c'Y + c_0) = Y - c'Y - c_0 = (1 - c')Y - c_0$$
$$= s'Y - c_0$$

Caractéristique n°4 : au fur et à mesure que le revenu augmente, la propension moyenne à consommer (« c ») diminue. Autrement dit, la part de la consommation dans le revenu diminue lorsque le revenu augmente. Ceci est dû au fait que l'on suppose vérifier la loi psychologique fondamentale (qui affirme que la propension marginale à consommer est inférieure à 1).

Supposons par exemple une fonction de consommation qui respecte la loi psychologique fondamentale $(c'<1)$: $C=0.8Y+100$.

Y	400	900	1200	1800
C	420	820	1060	1540
c=C/Y	1.05=105%	0.911=91.11%	0.883=88.33%	0.855=85.5%

Progressivement, au fur et à mesure que le revenu Y augmente, la part de la consommation dans le revenu (la propension moyenne à consommer) diminue. Plus le ménage est aisé, plus il a une capacité importante d'épargne. Par ailleurs, Keynes affirme également que « la propension marginale à consommer n'est pas la même, quel que soit le niveau d'emploi et il est probable qu'elle tende à diminuer quand l'emploi augmente ; autrement dit lorsque le revenu réel augmente, la communauté ne désire consommer qu'une proportion graduellement décroissante de son revenu (Keynes dans le chapitre 10 de la *Théorie Générale*).

> ➢ *Les vérifications statistiques de la fonction de consommation*

Plusieurs types de vérification statistique de la fonction de consommation keynésienne et de la « loi psychologique fondamentale » sont possibles :
-   Vérification sur séries temporelles : on observe l'évolution dans le temps du revenu et de la consommation, et on étudie la façon dont les deux grandeurs sont liées ;
-   Vérification en coupe instantanée : à une date précise donnée et fixe, on regarde plusieurs niveaux de revenus et de consommation dans la population des ménages.

Sur les séries temporelles, Kuznets a étudié la fonction de consommation sur des données américaines (1869-1938). Il observe que sur le long terme (une période d'au moins 50 ans), la propension marginale à consommer des ménages est stable et s'élève à 86%. Elle est approximativement égale à la propension moyenne à consommer. Aujourd'hui, avec des données actuelles, les résultats sont sensiblement les mêmes. La propension marginale à consommer s'élève aujourd'hui à 85% (période 1949-2005).
En revanche, sur le court terme, lorsqu'on étudie la fonction de consommation sur une période d'une dizaine d'années, la propension marginale à consommer est assez instable. Sa valeur peut varier de 0.80 à 0.89.

En ce qui concerne les données en coupe instantanée, on observe que plus le ménage est riche, plus ses propensions moyenne et marginale à consommer sont faibles. Cela signifie que plus le ménage est riche, plus il aura tendance à épargner, ce qui constitue une vérification de la loi psychologique fondamentale.

Plusieurs aménagements de la fonction de consommation keynésienne ont alors été apportés pour éclairer ces différents résultats empiriques. Ainsi, pour exemple, Duesenberry[5] construit en 1949 une théorie du revenu relatif dans laquelle les ménages déterminent leur niveau de consommation non seulement en fonction de leur revenu courant, mais aussi en fonction des revenus de la classe sociale qui leur est supérieure pour imiter leur style de vie. Cela implique que les ménages modestes ont tendance à vouloir consommer davantage en recherchant un effet de démonstration. Du fait de ce comportement d'imitation, la propension marginale à consommer des plus pauvres est plus élevée que celle des plus riches, ce qui permet d'expliquer le constat empirique des études en coupe instantanée. Mais d'un point de vue chronologique, la propension marginale est constante. En effet, lorsque le revenu augmente dans le temps, les plus pauvres augmentent leur consommation pour rattraper le niveau des riches qu'ils cherchent à imiter, mais en même temps, les plus riches augmentent aussi leur consommation pour se démarquer des plus pauvres. Le rapport entre la variation globale de la consommation et la variation globale du revenu est donc plus ou moins constant (constat réalisé sur les séries chronologiques).

L'instabilité de la propension à consommer à court terme a été expliquée par les économistes postkeynésiens en mettant en évidence le poids des habitudes de consommation (retard d'ajustement volontaire de la consommation au revenu) et l'existence de dépenses contraintes (retard d'ajustement involontaire). La relative inertie de la consommation par rapport

---

[5] Duesenberry J., 1949, *Income, Saving and Theory of Consumer Behavior*, Cambridge, Harvard University Press.

aux revenus explique l'instabilité à court terme de la propension à consommer. Ainsi, Duesenberry a tenté de modéliser le phénomène en supposant que la consommation dépend à la fois du revenu courant et du revenu maximum atteint dans le passé du ménage. En conséquence, lorsque le revenu courant diminue, le ménage tente de maintenir sa consommation en référence à son revenu maximal passé en diminuant son épargne. Inversement, quand le revenu augmente, la variable du revenu maximal passé constitue un frein à l'augmentation de la consommation.

Enfin, les néokeynésiens ont tenté de retrouver théoriquement le résultat de Keynes selon lequel la consommation réagit aux variations du revenu courant en se basant sur une analyse des imperfections du marché du capital. Ils mettent en évidence que ces imperfections aboutissent à un rationnement du crédit et pour les ménages contraints, toute hausse du revenu leur permet de se rapprocher du niveau de consommation souhaité. À l'inverse, quand le revenu diminue, l'incapacité d'emprunter se traduit par la formation d'une épargne de précaution.

c. <u>La fonction de consommation de Milton Friedman : la théorie du revenu permanent</u>

Milton Friedman, dans les années 50, propose une analyse alternative à celle de Keynes sur le sujet de la consommation. Au niveau de l'analyse économique, il souhaite établir un lien entre la théorie microéconomique de la consommation (choix intertemporels expliqués dans le paragraphe a)) et la fonction macroéconomique de consommation. Il tente d'un point de vue plus politique de remettre en cause les préconisations keynésiennes en matière d'intervention publique.

Friedman affirme qu'il faut distinguer deux types de revenus. Le revenu total est composé :

- d'un revenu permanent, noté Y_p

- d'un revenu transitoire, noté Y.

Le revenu total est la somme des revenus permanents et transitoires.

Le revenu permanent Y_p est une moyenne des revenus passés, présents et futurs que le consommateur estime réguliers, récurrents dans le temps.

Le revenu transitoire Y est un revenu exceptionnel, temporaire, lié par exemple à un gain au jeu, à des heures supplémentaires transitoires, primes exceptionnelles, etc.

De même, Friedman fait la distinction entre consommation permanente, que l'on note C_p, et consommation transitoire, notée C. La consommation globale est la somme de ces deux types de consommation.

Le seul lien de proportionnalité existant entre consommation et revenu est le lien entre consommation permanente et revenu permanent. La fonction de consommation s'écrit alors :

$$C_p = cY_p$$

« c » est la propension moyenne à consommer, qui est égale, dans la fonction de Friedman, à la propension marginale à consommer. Cette fonction signifie que la consommation est, d'une façon générale et en moyenne, une grandeur macroéconomique stable.

Lorsque le revenu des ménages augmente de façon transitoire ou exceptionnelle, il n'en résulte pas forcément une augmentation de la consommation. Ce supplément de revenu peut être entièrement épargné. En fait, il n'existe pas selon Friedman de règle précise permettant d'établir un lien entre consommation exceptionnelle et revenu exceptionnel. La relation est aléatoire. C'est ce qui explique qu'à court terme, la propension marginale à consommer est instable, alors qu'elle se caractérise par une plus grande stabilité à long terme. Le seul lien fonctionnel qu'il est possible d'établir est ainsi celui existant entre consommation permanente et revenu permanent.

Friedman souhaite en fait à travers cette nouvelle théorie remettre en cause la théorie keynésienne de la politique économique.

Dans la théorie de Keynes, lorsque l'État intervient sur les marchés pour relancer l'économie, il peut intervenir par le biais de versement d'allocations ou de subventions supplémentaires aux ménages. Dans la mesure où la fonction de consommation keynésienne fait dépendre la consommation de la période courante du revenu, ce versement de subventions ou d'allocations va entraîner une augmentation mécanique de la consommation, et donc une augmentation de la production des entreprises et de l'emploi. Cette politique économique de relance est donc efficace pour stimuler la conjoncture et l'emploi.

Dans l'approche de Friedman, il n'existe de lien mécanique qu'entre la consommation et le revenu permanent. Donc tout versement d'allocation exceptionnelle de l'État n'entraînera pas forcément une augmentation de la consommation transitoire. Cela peut très bien avoir un effet macroéconomique nul. Friedman défend l'idée que l'intervention de l'État dans l'économie à des fins de régulation de la conjoncture est inutile et inefficace.

d. <u>La théorie du cycle de vie de Modigliani</u>

Modigliani[6] remarque que la consommation d'un individu est régulière dans le temps alors que la perception de revenus au

---

[6] Modigliani, A & F, (1963), « The 'Life-Cycle' Hypothesis of Saving: Aggregate Implications and Tests », *American Economic Review*, vol. 53, n°1, p. 55-84

cours d'une vie est irrégulière. Le point de vue de Modigliani est ici d'abord microéconomique : il s'intéresse au comportement d'un consommateur individuel, et non aux ménages pris comme un ensemble. L'individu passe par trois grandes phases de vie :

- La jeunesse (0-25 /30 ans) ;
- La vie active (30-60 ans) ;
- La retraite.

Pendant la période « jeunesse », l'individu ne perçoit pas de revenu (ou perçoit des revenus de façon exceptionnelle) et il s'endette auprès de sa famille ou auprès de la société pour financer sa formation, sa recherche de travail et son installation. Pendant la vie active, l'individu perçoit des revenus supérieurs à ses dépenses ; il paie des impôts. Progressivement, il arrive à dégager une épargne qui va alimenter son patrimoine d'actifs (actifs immobiliers, actifs financiers, droits pour une pension de retraite...). Pendant la période de retraite, l'individu consomme son patrimoine pour maintenir le niveau de sa consommation, malgré la disparition de ses revenus d'activité. Au total, l'individu maintient son niveau de consommation grâce à l'endettement, puis la formation d'une épargne, puis enfin l'« utilisation » de cette épargne.

La fonction de consommation microéconomique de Modigliani devient alors la suivante :

$$C = aY + bW$$

C est le montant de la consommation, Y est le revenu, W la richesse ou l'épargne accumulée sur le cycle de vie ; a et b sont des paramètres qui mesurent la sensibilité de la consommation aux variations du revenu Y et de la richesse W respectivement. Deux individus qui ont le même revenu ne vont pas avoir le même niveau de consommation si leur niveau de richesse accumulée W est différent. L'estimation statistique sur données américaines de la fonction de Modigliani donne le résultat suivant : *C= 0.8Y+ 0.06W*

Sur le plan macroéconomique, le raisonnement de Modigliani implique d'avoir une vision en termes de générations imbriquées. La consommation globale dépend du comportement des ménages des trois classes d'âge. Lorsque le revenu est stationnaire, le taux d'épargne global est nul puisque l'épargne des catégories actives s'effectue sous la forme de prêts aux plus jeunes et d'achats de patrimoine aux catégories les plus âgées. L'épargne globale ne peut exister, dans cette perspective, que dans un contexte de croissance économique et/ou démographique. Un rajeunissement de la population engendre une augmentation de la propension moyenne à consommer de la communauté. Un allongement de l'espérance de vie, en augmentant le temps passé à la retraite, fera augmenter le taux d'épargne par anticipation d'une retraite plus longue pour les catégories actives. La croissance économique fait augmenter le taux d'épargne global, car les actifs épargnent une plus grande part de leur revenu, tandis que les retraités ne désépargnent que sur la base d'un patrimoine accumulé dans le passé.

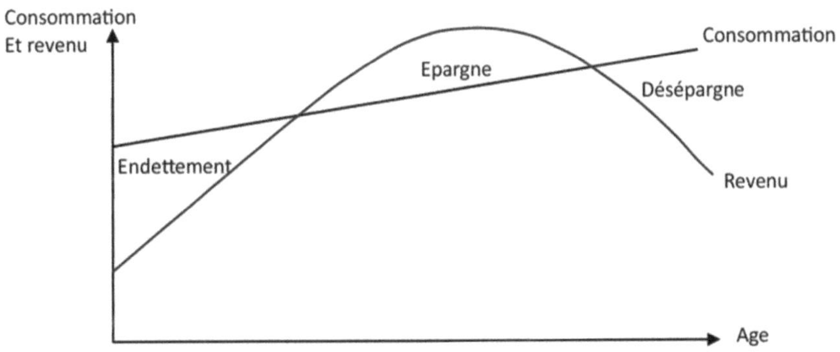

III. Une approche pluridisciplinaire des décisions de consommation : l'approche postkeynésienne

Même si cette analyse relève davantage de la microéconomie, il est difficile de ne pas mentionner dans ce chapitre les post-keynésiens qui ont une approche originale pour analyser les dépenses de consommation. Ils empruntent en effet leur analyse à plusieurs disciplines comme la sociologie, la psychologie, l'économie ou encore le marketing. Ils remettent en cause l'hypothèse de rationalité substantielle des néoclassiques pour la remplacer par une hypothèse de rationalité procédurale. Un agent est doté d'une rationalité substantielle lorsqu'il cherche à atteindre un objectif dans les limites des contraintes auxquelles il fait face. Un agent économique a une rationalité procédurale lorsqu'il respecte un certain processus de décision. Ainsi, si l'agent néoclassique cherche à maximiser son utilité sous contrainte de revenu lorsqu'il fait ses choix de consommation et d'épargne, l'agent postkeynésien agit selon des routines, des habitudes ou de manière spontanée sans réaliser aucun calcul particulier. Pour les postkeynésiens, les décisions de consommation des ménages peuvent être analysées à l'aide d'une grille de 7 principes (Lavoie et al., 2022[7]).

Principe 1. La rationalité est procédurale en lieu et non substantielle comme nous venons de le préciser.

Principe 2. La satiété : le consommateur établit des seuils au-delà desquels l'augmentation des quantités consommées ne procure plus aucune utilité ou satisfaction. Ce principe s'oppose à l'hypothèse néoclassique de non-saturation des besoins.

Principe 3. Le principe de séparation des besoins. Dans la théorie néoclassique, le consommateur choisit son panier de bien en fonction de deux critères uniques : ses préférences et le prix des biens. Ces derniers sont tous substituables entre eux, et toute variation des prix relatifs entraîne une

---

[7] Lavoie M. et al., 2022, *L'économie postkeynésienne*, La Découverte.

modification du panier de consommation même si les biens choisis n'ont pas forcément de lien entre eux. Selon les post-keynésiens, le consommateur établit des postes de dépense par besoin et la modification des prix n'affecte que le choix des dépenses à l'intérieur même d'un poste de dépense. Par exemple, si le prix des légumes augmente, cette augmentation va affecter la structure de son panier alimentaire, mais pas forcément ses choix en matière de loisirs ou logement.

Principe 4. Le principe de subordination des besoins. Les économistes postkeynésiens limitent encore davantage les possibilités de substitution entre les biens en introduisant dans l'analyse la pyramide des besoins d'Abraham Maslow (besoins physiologiques, matériels, de luxe, sociaux et moraux). Selon les postkeynésiens, les consommateurs cherchent d'abord à financer leurs besoins les plus fondamentaux, pour ensuite satisfaire, s'ils en ont les moyens, d'autres types de besoins selon un principe hiérarchique.

Principe 5. Le principe de croissance indique que le consommateur s'élève dans la pyramide des besoins lorsque son revenu augmente.

Principe 6. Le principe de dépendance met en évidence le fait que le ménage est influencé dans ses dépenses par le contexte social, l'époque, les modes. Il existe des effets d'imitation entre les différents groupes sociaux. Autrement dit, les choix effectués par les individus ne sont pas indépendants les uns des autres, comme dans la théorie néoclassique.

Principe 7. Le principe d'hérédité montre que les choix de consommation du passé peuvent affecter les choix présents.

Enfin, on peut noter également que les postkeynésiens tiennent à faire une distinction stricte entre les besoins et les désirs. Les désirs découlent des besoins qui peuvent être hiérarchisés (pyramide de Maslow) ; ils s'expriment à l'intérieur d'un besoin clairement identifié.

Chapitre 2 : L'investissement

Introduction

La dépense d'investissement des entreprises (dénommée à quelques approximations près formation brute de capital fixe en comptabilité nationale) représente à peu près 23% du PIB en France en 2020 contre plus de 50% pour la consommation finale des ménages. En revanche, si la part de la consommation des ménages dans la richesse produite est relativement stable, ce n'est pas le cas de l'investissement qui est relativement volatile. Les modèles explicatifs de l'investissement vont alors chercher à comprendre par quels mécanismes l'investissement est rendu instable. Plusieurs approches ont été explorées : le rôle de la demande et des contraintes techniques (le modèle de l'accélérateur), le rôle des anticipations et du coût du capital (le modèle de Keynes), ou encore le rôle de la rentabilité de l'investissement (approche de type néoclassique). Par ailleurs, l'investissement induit lui-même des fluctuations de l'activité (modèle du multiplicateur keynésien), et on peut noter que cette dépense est généralement le canal par lequel les économistes font le lien entre finance et économie réelle. Avant de commencer l'analyse des déterminants de l'investissement, nous allons définir quelques concepts essentiels à son analyse théorique.

I. Quelques définitions

Le capital peut être défini comme un stock qui génère des revenus ou des services. Dans la plupart des cas, le capital est accumulable. Il est possible de distinguer plusieurs types de capitaux (nous suivrons une présentation réalisée par Alain Beitone) :

Type de capital	C'est un stock	... qui produit des services ou des revenus.
Capital naturel	Constitué par la nature elle-même, mais susceptible d'être détruit par l'usage : réserves de pétroles ou de minéraux, biodiversité, couche d'ozone, qualité de l'eau et de l'air, etc.	Utilisation marchande ou non de ces ressources (vente de pétrole ou de charbon), protection par la couche d'ozone contre certains rayonnements solaires, satisfaction esthétique à la contemplation de la nature, etc.
Capital physique produit	Ensemble des machines, des bâtiments, des outils, des infrastructures, etc. Par extension, capital immatériel au sens de la CN (logiciels). Il s'use et doit être remplacé (amortissement).	Production Revenus du capital
Capital technologique	Ensemble des connaissances pratiques et scientifiques dont la mise en œuvre a un effet sur l'usage ou les caractéristiques du capital naturel et/ou du capital physique produit.	Gains de productivité. Moindre consommation des autres formes de capital, amélioration du bien-être, etc.

	Par exemple, les connaissances technologiques qui permettent de consommer moins de carburant aux 100 km permettent de moins puiser dans les ressources naturelles (pétrole) et de moins contribuer au réchauffement climatique. Bien évidemment, le capital technologique est produit en utilisant du capital technique produit (des laboratoires) et du capital humain. Il a un effet en retour sur les autres formes de capital (par exemple pour produire des voitures électriques au lieu de voitures thermiques il faut changer les machines-outils. Le capital technologique se traduit entre autres par des droits de propriété sur les innovations technologiques (brevets).	
Capital privé/ public	Les différentes espèces de capitaux (physique, produit, naturel, technologique) peuvent être privées ou publiques. Cette notion est donc transversale par rapport aux précédentes. Le capital physique produit de Renault a longtemps été public, il est aujourd'hui privé (voir aussi GDF). La référence à cette notion souligne que les pouvoirs publics peuvent aussi accumuler	Contribution à la production des infrastructures publiques, protection du capital naturel par l'appropriation publique.

	du capital (infrastructures notamment) et contribuer ainsi à la croissance.	
Capital humain	Ensemble des connaissances et des aptitudes qui sont « incorporées » aux individus grâce à l'expérience et à la formation.	Surcroit de revenu pour une quantité de travail donnée en faveur de l'individu qui a accumulé plus de capital humain (il ne faut donc pas assimiler travail et capital humain).
Capital social et institutionnel	Ensemble des règles, normes et relations sociales qui structurent les interactions sociales. Ce capital social et institutionnel est bien produit et accumulé par le comportement des acteurs privés ou publics. Il peut s'accroître ou se réduire.	Surcroit de bien-être, de productivité, gestion plus efficiente du capital naturel (biens communs).

Ainsi, dans ce chapitre, on s'intéressa au capital physique produit dont l'accumulation est permise par l'investissement productif des firmes.

Dans ce type de capital, on distingue encore :

- **Le capital circulant** : c'est l'ensemble des biens de production non durables, incorporés rapidement aux biens produits (matières premières, énergie).
- **Le capital fixe** : c'est l'ensemble des biens de production durables (de manière conventionnelle, le terme

durable signifie une durée de vie supérieure à 1 an) qui servent à produire d'autres biens (machines, équipements, ordinateurs, etc.).

L'investissement est la dépense réalisée par les firmes en vue d'acquérir du capital fixe.

On distingue plusieurs types d'investissement en fonction de leur finalité, à savoir :

- Les investissements de capacité visent à augmenter la capacité de production de l'entreprise et donc à produire plus de biens ;
- Les investissements de productivité visent à augmenter l'efficacité productive du processus de production (c'est-à-dire obtenir un gain de production avec la même quantité de facteurs de production utilisée). On parle aussi d'investissement de rationalisation. Ces investissements peuvent s'accompagner d'une diminution des effectifs employés ;
- Les investissements de remplacement, ou amortissement, qui visent à maintenir en l'état la capacité de production de l'entreprise, par renouvellement du capital productif vétuste.

Ainsi, on a : *Investissement brut = investissement net + amortissement.*

Cette distinction des investissements selon leur finalité n'est qu'une grille de lecture. Dans les faits, une même dépense d'investissement peut avoir à la fois pour but d'augmenter les capacités de production et à la fois de moderniser l'appareil de production.

Les économistes distinguent également différents types d'investissements selon leur nature :

- L'investissement matériel consiste en l'acquisition de machines, d'équipements, de moyens de transport, de locaux pour l'installation des usines ou des bureaux ;
- L'investissement immatériel représente l'ensemble des dépenses en marketing, en formation du personnel, en achat de logiciels, etc.

L'investissement peut être financé de différentes manières. On distingue :

- L'autofinancement, ou financement interne : l'entreprise utilise ses propres ressources (les profits réalisés dans le passé) pour financer sa dépense d'investissement ;
- Le financement externe, direct ou indirect. On parle de financement externe direct lorsque la firme se finance directement sur le marché financier. L'offre de fonds rencontre directement sur le marché la demande de fonds. On parle de financement externe indirect lorsque la firme se finance auprès des banques qui constituent un intermédiaire entre les épargnants et les autres agents qui ont un besoin de financement.

Une note récente de la Banque de France (2023) montre comment l'investissement des entreprises est financé, selon qu'elles sont cotées ou non cotées en bourse.

Mathieu Lé et Frédéric Vinas (2023)[8] notent ainsi qu'en moyenne, un euro additionnel d'investissement est financé à hauteur de 34% par du crédit bancaire, 21% par d'autres dettes financières (par exemple obligataires), tandis que les fonds propres, le résultat net et la trésorerie disponible contribuent chacun à hauteur d'environ 10%. Les 10% environ

---

[8] L'analyse statistique est empruntée au site internet suivant : https://blocnotesdeleco.banque-france.fr/billet-de-blog/comment-les-entreprises-financent-elles-leur-investissement

restants constituent un résidu comprenant essentiellement les dettes fiscales et sociales ».

Enfin, la caractéristique fondamentale de l'investissement est qu'il agit à la fois sur l'offre et sur la demande. L'investissement agit sur l'offre parce qu'elle conduit à augmenter les capacités de production ou améliorer leur efficacité. À travers l'investissement, la firme devient plus compétitive face à ses concurrents. D'une manière générale, le progrès technique est véhiculé par la dépense d'investissement.

L'investissement agit sur la demande parce qu'il est lui-même une composante de la demande globale s'adressant aux entreprises, avec la consommation et la dépense publique. Toute augmentation de l'investissement entraîne une augmentation de la demande sur le marché des biens.

La productivité moyenne apparente du capital est le rapport entre la quantité de biens produite Y et la quantité de capital fixe K qui a été utilisée pour l'obtenir. On obtient ainsi la production par unité de capital utilisée. Cela mesure l'efficacité productive du facteur de production capital.

$$Pm = \frac{Y}{K}$$

Le coefficient moyen de capital est l'inverse de la productivité du capital. C'est la quantité de capital qui est nécessaire pour produire une unité de bien.

$$Cm = \frac{K}{Y}$$

Ainsi, pour exemple, si une entreprise produit 100 voitures en utilisant un parc de 10 robots ; la productivité physique du capital est : *Y/K=100/10=10* voitures produites en moyenne par robot. Le coefficient de capital est : *K/Y=10/100=0.1* unité de capital nécessaire pour produire 1 voiture.

Le coefficient marginal de capital : c'est le supplément de capital nécessaire pour produire une unité supplémentaire de bien. On le calcule en faisant l'opération suivante :

$$v = \frac{\Delta K}{\Delta Y}$$

ΔK est la variation de la quantité de capital utilisée et ΔY est la variation de la production souhaitée.

II.   Les déterminants de l'investissement

a.   <u>La théorie de Keynes : l'efficacité marginale du capital et le taux d'intérêt</u>

Keynes suppose que pour investir, l'entreprise doit s'endetter auprès d'une banque et par conséquent, elle devra payer des intérêts sur la somme empruntée en vue de la réalisation de l'investissement.

Comment l'entrepreneur décide-t-il du niveau de son investissement ?

Selon Keynes, l'entrepreneur compare pour chaque euro investi :

- Ce que lui rapporte cet euro investi ;
- Ce que lui coûte cet euro investi.

L'efficacité marginale du capital (notée emc) représente l'anticipation de ce que le dernier euro investi rapporte. Le taux d'intérêt (noté i) représente ce que coûte chaque euro investi.

L'entrepreneur compare donc pour chaque euro investi l'efficacité marginale du capital et le taux d'intérêt. Tant que emc>i, l'entrepreneur continue d'investir, car il est rentable pour lui de poursuivre/d'augmenter l'investissement.

Cependant, au fur et à mesure que l'investissement augmente, l'efficacité marginale du capital diminue progressivement. L'efficacité marginale est une fonction décroissante du volume de l'investissement engagé. Keynes évoque deux raisons. Tout d'abord, quand la quantité de capital augmente, à quantité de travail inchangée, l'efficacité du capital supplémentaire diminue. C'est la loi de productivité marginale décroissante des facteurs de production. La seconde raison est que l'augmentation de la demande de biens de production entraîne sur le marché une augmentation du prix d'acquisition des machines, ce qui alourdit les coûts et donc fait baisser l'efficacité marginale du capital. Il arrive un moment où l'emc égalise le taux d'intérêt. C'est lorsque emc=i que l'entrepreneur a déterminé le montant de l'investissement qui maximise son profit anticipé.

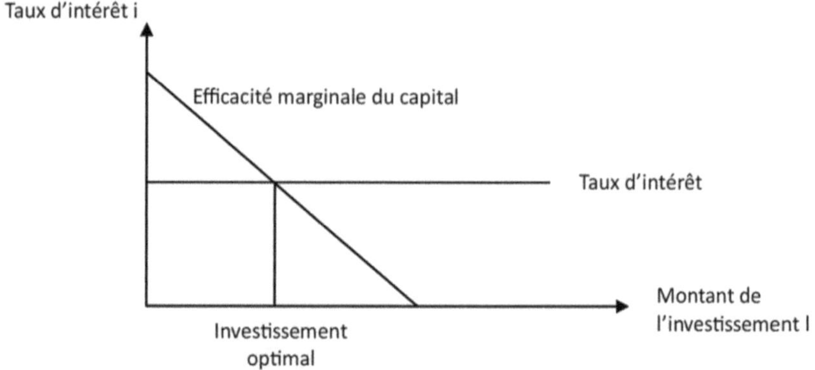

Pourquoi parle-t-on ici de grandeurs anticipées ?

L'investissement relève de la prévision de long terme. En effet, la rentabilité d'un investissement s'évalue sur plusieurs années. L'entrepreneur doit donc anticiper le chiffre d'affaires que l'investissement va lui procurer sur 5 voire 10 ans. Keynes considère que la décision des entrepreneurs est rendue complexe en raison de l'incertitude qui caractérise l'avenir. Cette incertitude concerne aussi bien :

- Le temps d'utilisation de l'équipement ;
- Les perspectives de ventes offertes par le marché ;
- Les coûts de production futurs (salaires, prix des matières premières, etc.) ;
- L'orientation des politiques économiques qui vont influencer la conjoncture, et donc peut-être les profits de l'entrepreneur ;
- D'une manière plus générale, tous les chocs économiques qui peuvent affecter la conjoncture.

C'est pourquoi la psychologie de l'entrepreneur joue un rôle fondamental dans la décision d'investir. L'efficacité marginale du capital est particulièrement instable et volatile en raison de sa dimension psychologique et conventionnelle.

Il est possible de formaliser davantage le raisonnement en suivant la présentation de Keynes dans la *Théorie Générale*. En fait, l'efficacité marginale du capital correspond au taux de rendement interne d'un projet d'investissement. Le taux de rendement interne égalise le coût d'acquisition du capital fixe C_0 et la somme des bénéfices R actualisés que l'on suppose pouvoir tirer de l'investissement sur l'ensemble de la durée de vie du capital fixe. Supposons qu'il n'y ait qu'une seule période de vie du capital. Dans ce cas, le taux de rendement interne noté *tri* est :

$$C_0 = \frac{R}{1+tri} \text{ d'où } tri = \frac{R}{C_0} - 1$$

Le tri est égal au bénéfice anticipé sur la période pour chaque unité monétaire investie.

Si la durée de vie du capital s'étale sur plusieurs périodes (N périodes), on peut écrire :

$$C_0 = \frac{R1}{1 + tri} + \frac{R2}{(1 + tri)^2} + \cdots + \frac{RN}{(1 + tri)^N}$$

L'efficacité marginale du capital étant évaluée dans un contexte d'incertitude radicale, celle-ci est soumise aux « caprices » de la psychologie des entrepreneurs. Pour un barème d'efficacité marginale du capital donné, l'investissement est une fonction décroissante du taux d'intérêt : lorsque le taux d'intérêt diminue, les entrepreneurs sont incités à investir. Mais cette relation entre investissement et taux d'intérêt n'est valable que si l'on suppose que l'efficacité marginale du capital est stable. Ainsi, quand le barème de l'efficacité marginale du capital se modifie (choc positif ou négatif), la courbe reliant l'investissement au taux d'intérêt se déplace vers la gauche (choc négatif) ou vers la droite (choc positif). En cas de choc positif d'emc, à un même taux d'intérêt correspond un montant de l'investissement plus élevé.

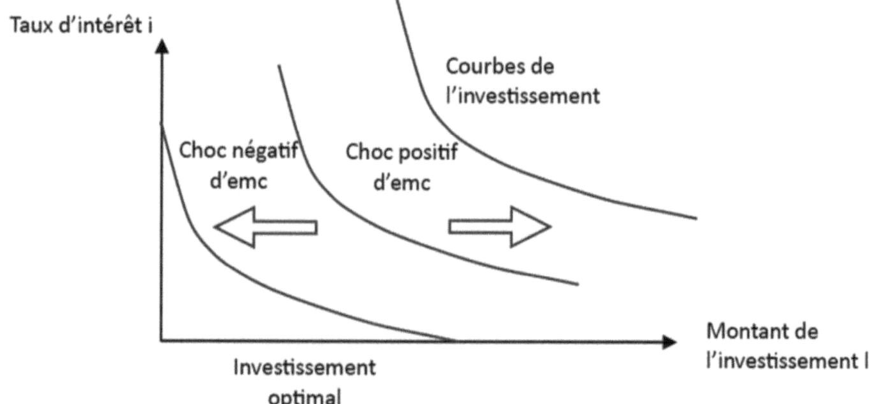

L'efficacité marginale du capital n'est pas stable. Keynes fournit ainsi une grille de lecture à l'absence de relation statistique entre le taux d'intérêt et l'investissement. Est-ce à dire qu'une politique monétaire de relance de l'inves-tissement, qui consiste à diminuer le niveau des taux d'intérêt, n'est pas suffisante pour faire repartir la « machine économique » ?

Keynes considère que la politique monétaire n'est pas toujours efficace, et qu'une baisse du taux d'intérêt peut ne pas suffire pour relancer l'investissement. La raison fondamentale est que l'efficacité marginale du capital est très instable. Si la baisse du taux d'intérêt est réalisée dans un contexte de défiance par rapport à l'avenir, et que simultanément, l'emc diminue, alors il n'y a pas de reprise de l'investissement. C'est là toute la difficulté de la politique monétaire qui est confrontée à l'instabilité des prévisions quant à la rentabilité future des investissements.

Selon Keynes, les variations de l'emc sont un facteur explicatif du cycle économique. Le cycle économique traduit le passage de la conjoncture économique par des phases de croissance, de crise, de dépression, et de reprise.

Lorsque le climat des affaires est positif, les entrepreneurs ont tendance à faire des prévisions exagérément optimistes. L'efficacité marginale du capital est élevée, et du coup l'investissement est dynamique et les entreprises s'endettent fortement. Tant que les entrepreneurs ne sont pas déçus par leurs prévisions, la phase de croissance se poursuit. Cependant, lorsque le résultat des investissements devient inférieur à ce qui avait été prévu, alors les entrepreneurs révisent leurs anticipations et basculent en général dans des prévisions trop pessimistes. C'est le point de retournement du cycle, à savoir la crise. L'investissement diminue, les entreprises cherchent à se désendetter. Il est difficile dans ce contexte de stimuler l'investissement par la baisse du taux d'intérêt, car celle-ci est le plus souvent insuffisante. L'évolution des affaires est cyclique, et c'est l'évolution de l'emc qui d'après Keynes, explique ce cycle.

b. <u>Le modèle de l'accélérateur</u>

Le modèle de l'accélérateur (que l'on doit à Robert Aftalion et John Maurice Clark au début du XXe siècle) met en relation les variations du montant de la demande adressée aux firmes et l'investissement. Ce sont **les variations de la**

demande adressée aux firmes, et non le niveau de la demande, qui déterminent le niveau d'investissement.
L'équation est la suivante :

$$I = v.\Delta Y$$

I correspond au montant de l'investissement
V correspond au coefficient marginal de capital
ΔY correspond à la variation de la production nécessaire pour répondre à la variation de la demande adressée à la firme

La logique est la suivante. La demande adressée à la firme augmente (par exemple de 10 unités). Pour répondre à cette augmentation de la demande, la firme doit augmenter sa production d'un montant $\Delta Y = 10$. Mais pour augmenter la production, la firme doit augmenter sa capacité de production, elle doit donc investir. Mais investir combien ? Tout dépend des caractéristiques techniques de son capital fixe, c'est-à-dire de sa productivité. Si son capital fixe a un coefficient marginal de 3, cela signifie qu'il faut augmenter de 3 unités le capital pour augmenter d'une unité la production. Donc finalement, pour répondre à l'augmentation de la demande, la firme doit augmenter son capital de : **v* ΔY =3*10=30.** Son investissement I s'élève alors à 30 unités de capital. Cet investissement va permettre d'augmenter sa production et donc de répondre à l'accroissement de la demande.
Dans cet exemple, la demande totale adressée initialement à la firme est de 100 unités. Ce qui va déclencher la dépense d'investissement est la variation, c'est-à-dire l'augmentation, du niveau de la demande, qui passe de 100 à 110. Donc le montant de l'investissement n'est pas déterminé par 110, mais par 10.

Ce modèle de l'accélérateur repose sur plusieurs hypothèses restrictives :
- L'entreprise ne dispose pas de stock d'invendus pour répondre à l'augmentation de la demande ;

- L'entreprise fonctionne à pleine capacité ; elle ne dispose pas d'équipements inutilisés. Le taux d'utilisation des capacités productives est à 100%.
- Il n'y a pas de goulet d'étranglement dans le secteur de production des biens de production. Cela signifie que les firmes qui produisent les biens d'inves-tissement peuvent parfaitement répondre aux besoins des firmes qui manifestent la volonté d'investir.

Le résultat du modèle est le suivant : si le coefficient marginal de capital est supérieur à 1, alors les fluctuations de la demande de biens de production (qui forme l'investissement) sont amplifiées par rapport aux variations de la demande adressée aux firmes. Il y a une survolatilité (une surinstabilité) de l'investissement par rapport au cycle économique général. On parle de processus d'accélération, car les variations de la demande adressée aux firmes entraînent une variation plus importante du stock de capital. Cette « sur-réaction » du stock de capital est liée au coefficient de capital qui représente la contrainte technique.

Outre le fait que les variations du stock de capital sont amplifiées par rapport aux variations de la demande, les fluctuations de l'investissement sont antérieures par rapport à celles de la demande : l'investissement commence à décroître alors même que la demande adressée aux firmes continue son expansion. L'investissement est nul lorsque la demande atteint son niveau maximum.

En France, le coefficient d'accélération est de 1.6. Cela signifie que lorsque la demande augmente de 100, l'investissement, c'est-à-dire l'augmentation du stock de capital, s'élève à 160.

Il faut noter que le phénomène d'accélération n'est pas forcément symétrique à la hausse et la baisse. Les firmes ne peuvent pas toujours revendre leur matériel de production en période de récession ; en général, elles conservent ce matériel (même s'il n'est pas utilisé) et le laissent se déprécier au cours du temps. Elles constituent alors des stocks de capitaux fixes oisifs. Ce stock constitue un frein à la reprise puisque lorsque la demande adressée aux firmes augmente à nouveau, les firmes peuvent réutiliser les capacités de production existantes au lieu d'investir.

Pour tenir compte du fait que l'investissement implique des délais de production et des coûts irrécupérables, mais aussi du fait que la variation de la demande n'a pas toujours un caractère durable, un modèle dit de l'accélérateur flexible a été élaboré. L'équation de cette version « atténuée » de l'accélérateur est la suivante : $I_t = Cv\Delta Y + (1 - C)I_t$

Le phénomène d'accélération est ici atténué par le coefficient C qui affaiblit l'impact du coefficient marginal de capital, et par le fait que l'investissement de la période courante dépend aussi de l'investissement de la période passée. Le stock de capital s'ajuste plus lentement aux variations de la demande grâce à la constitution de stocks de biens, la variation des délais de livraison et celle du taux d'utilisation des capacités de production.

c. <u>L'analyse néoclassique : l'impact du coût des facteurs de production</u>

Dans un cadre d'analyse microéconomique, la maximisation du profit par la firme fait dépendre le niveau de capital du coût des facteurs travail et capital. Les entreprises ont le choix entre plusieurs combinaisons productives possibles, et choisissent celle qui minimise les coûts. L'analyse microéconomique enseigne que la combinaison productive optimale, celle qui maximise les profits, est obtenue en fonction du prix relatif des facteurs de production, soit le rapport entre le niveau des salaires et le prix du capital.

Ainsi, si le prix relatif du travail augmente, la firme va substituer du capital au travail et donc choisir une combinaison productive plus intense en capital. Inversement, si c'est le prix du capital qui augmente, c'est une substitution du travail au capital qui aura lieu.

Même si ce résultat de l'analyse microéconomique de la firme flatte l'intuition, les études empiriques réalisées au niveau macroéconomique ont longtemps échoué à mettre en évidence l'incidence du coût des facteurs de production sur l'investissement. Mais, au prix d'autres hypothèses de travail, Crépon et Gianella (2001)[9] ont trouvé sur le plan statistique un effet significatif du « coût d'usage du capital » sur l'investissement. Ce concept de « coût d'usage du capital » est très large. Il inclut divers éléments comme le taux d'intérêt bancaire propre à chaque entreprise, la structure du bilan, la fiscalité pesant sur les sociétés et les détenteurs d'actions, l'inflation et le montant des amortissements. Cet indicateur permet d'approcher le coût « réel » du capital alors qu'habituellement, c'est uniquement le taux d'intérêt qui sert de variable de référence.

Les auteurs distinguent deux effets d'une variation de ce coût d'usage : un effet de substitution et un effet de profitabilité. Une hausse du coût du capital pousse logiquement la firme à remplacer du capital par du travail, mais au final, l'alourdissement des coûts de production qui en résulte fait augmenter les prix de vente et déprime la demande. Cette baisse de la demande pénalise le profit des firmes (effet profitabilité). Les estimations proposées suggèrent que l'effet de profitabilité domine l'effet de substitution. Les auteurs en concluent qu'une hausse du coût d'usage du capital engendre une diminution simultanée de la demande des deux facteurs de production (capital et travail).

---

[9] Crépon B., Gianella C., 2001, « Fiscalité et coût d'usage du capital : incidences sur l'investissement, l'activité et l'emploi », *Économie et statistique*, n°341-342, « L'investissement et le financement des entreprises », pp. 107-128.

III. Investissement et sphère financière

La connexion entre la sphère réelle, les banques et les marchés financiers, passe souvent par une variable clé qui est l'investissement. Cette section sera l'occasion de découvrir de nouveaux facteurs qui concourent à la détermination de l'investissement. On abordera trois grandes approches établissant un lien entre la sphère financière et l'économie réelle, et notamment le rôle de la finance dans le déroulement du cycle économique (alternance de phases de croissance, de crise et de récession).

a. <u>La théorie des choix de portefeuille et le Q de Tobin[10]</u>

Tobin reformule la théorie du choix de portefeuille d'actifs de Keynes. Rappelons que chez Keynes, les ménages arbitrent entre monnaie et titres (obligations) en fonction du niveau du taux d'intérêt. Il établit que la demande de monnaie est une fonction décroissante du taux d'intérêt : en effet, quand le taux d'intérêt augmente, les titres sont plus attractifs que la monnaie, et par conséquent les ménages délaissent la monnaie au profit de la détention de titres. Quand, au contraire, le taux d'intérêt diminue, c'est la préférence pour la liquidité qui reprend le dessus : les agents économiques vendent leurs titres pour récupérer de la monnaie.

L'analyse de Keynes est cependant simpliste dans la mesure où le portefeuille d'actifs des ménages ne contient que de la monnaie ou que des titres. Tobin reformule la théorie de Keynes en introduisant le principe de diversification : les agents peuvent déterminer la structure de leur portefeuille en fonction du rendement des actifs, du risque associé à la détention d'actifs et de la préférence pour la liquidité. La monnaie présente un rendement nul, mais a l'avantage d'être un actif très sécurisé : le risque de perte en capital est nul à court

---

[10] Tobin, J., (1969), "A General Equilibrium Approach to Monetary Theory", *Journal of Money Credit and Banking* (11), p. 15–29.

terme. En revanche, lorsqu'un agent détient des titres (actions ou obligations), le rendement est positif, mais il y a un risque de perte en capital si le cours des titres fluctue. Un agent économique peut donc détenir plusieurs types d'actifs dans son portefeuille pour diversifier le risque. La demande de monnaie selon Tobin va dépendre de 3 facteurs : le rendement anticipé des titres, l'inflation, et la richesse globale de l'agent.

Ainsi, quand le rendement anticipé des titres augmente, la demande de monnaie diminue en faveur des titres. Quand l'inflation s'accélère, le rendement réel des titres diminue et la demande de monnaie augmente. Quand la richesse globale de l'agent augmente, ce dernier aura tendance à augmenter sa demande de monnaie. On retrouve le résultat keynésien selon lequel la demande de monnaie est une fonction décroissante du taux d'intérêt, c'est-à-dire du taux de rendement des actifs.

Pour établir un lien entre la sphère financière et la sphère réelle, Tobin introduit la théorie « Q » de l'investissement.

Selon lui, les entreprises qui décident d'investir ou de placer leurs profits comparent la valeur de marché des entreprises et le coût d'acquisition des nouveaux biens de production (prix d'acquisition du capital). Le Q est un ratio qui s'exprime ainsi :

$$Q = \frac{Vaeur\ boursière\ des\ entroises}{coût\ d'acquisation\ du\ capital\ fixe}$$

Si l'entreprise souhaite acquérir un capital pour produire plus ou pour améliorer sa productivité, elle compare :

- Le prix d'acquisition du capital déjà existant dans les entreprises concurrentes, qu'elle peut acheter en faisant l'acquisition d'actions ;
- Le prix d'acquisition des nouveaux biens capitaux.

Si le prix des actions est supérieur au prix des biens capitaux, l'entreprise va investir, c'est-à-dire acheter de nouveaux biens de production. Si le prix des actions est inférieur au prix des biens capitaux, l'entreprise choisit d'entrer dans le capital d'entreprises concurrentes pour faire l'acquisition d'un matériel de production déjà existant.

La valeur boursière des actifs est donc un paramètre important dans la décision d'investir ou de placer. La finance est un canal de transmission de la politique monétaire. C'est ce que Keynes avait déjà entrevu en soulignant dans une note de bas de page du chapitre 12 de la *Théorie Générale* qu'un accroissement du cours boursier est équivalent à une augmentation de l'efficacité marginale du capital.

Supposons que la banque centrale décide d'augmenter l'offre de monnaie en circulation. Les agents économiques vont disposer d'une encaisse monétaire excédentaire dont ils vont se servir pour acheter des titres. Le cours des obligations augmente, et donc le taux d'intérêt diminue. Mais si le taux d'intérêt diminue, le rendement des actions peut devenir plus attractif par rapport au rendement des obligations. Donc les agents vont accroître leur demande d'actions au détriment des obligations. La demande d'actions augmente et le cours des actions augmente. Cette augmentation augmente la valeur du Q de Tobin, et par conséquent l'investissement des entreprises augmente.

Cette connexion entre le marché financier et l'investissement productif des firmes est une clé de compréhension supplémentaire de l'instabilité de l'investissement, car la cotation des actions est elle-même particulièrement instable. En s'appuyant sur les enseignements de Keynes dans le chapitre 12 de la Théorie Générale consacré à la prévision de long terme, l'École française des Conventions (André Orléan en particulier) fournit des éléments d'explication de l'instabilité des cours boursiers... et donc de la dépense d'investissement.

Sur le marché des titres d'occasion (déjà émis), il est possible de distinguer deux types d'évaluations boursières. Ces évaluations ont pour objet de déterminer la valeur de l'action en vue de réaliser le meilleur placement possible.

Le premier type d'évaluation est appelé « fondamentale » : elle consiste à analyser des données extérieures au marché boursier (à savoir : la conjoncture économique, les parts de marché de l'entreprise, son chiffre d'affaires, ses charges, etc.) en vue de calculer la somme des revenus futurs (dividendes futurs) que l'action va rapporter.

Comme pour l'obligation, la valeur fondamentale de l'action est égale à la somme actualisée des revenus (ici, les dividendes futurs) qu'elle permet de percevoir. L'évaluation fondamentale consiste à analyser tous les paramètres qui vont influencer cette distribution future de dividendes.

Keynes appelle l'activité consistant à calculer une valeur fondamentale de l'action : l'activité d'entreprise. Imaginons qu'il n'existe aucun marché de l'occasion sur lequel l'épargnant peut revendre ses actions. Cela signifie qu'une fois les actions acquises, le placement devient irrévocable (il ne peut plus convertir ses actions en monnaie). Dans ce cadre, le prix de l'action reste fixe : c'est le prix à l'émission. L'épargnant serait contraint de procéder à une évaluation fondamentale du prix de l'action et peut choisir au mieux ses placements.

L'introduction d'un marché de l'occasion rend révocables les placements. Les actions anciennement émises peuvent être revendues, rachetées, à un certain prix qui fluctue en fonction des variations de l'offre et de la demande de ce titre. On dit que l'action devient un actif financier liquide. La liquidité signifie qu'un actif peut être converti en monnaie en un minimum de délai et de risque de perte en capital. Ce marché de l'occasion rend possible un autre type d'évaluation boursière : l'évaluation spéculative.

Avec un marché de l'occasion, l'action peut désormais rapporter deux types de revenus : le dividende, mais aussi la plus-value issue de la revente de l'action lorsque son prix a augmenté (entre le moment de l'émission et le moment de la revente). Les intervenants sur le marché boursier peuvent chercher à anticiper non pas les données fondamentales extérieures au marché (pour évaluer les dividendes), mais les variations du prix de l'action sur le marché boursier en vue d'encaisser des plus-values. L'objet de l'évaluation de spéculation est le prix de l'action lui-même, qui reflète l'état de l'opinion sur le marché boursier. Elle consiste donc à anticiper les mouvements de l'opinion sur le marché. On parle d'anticipation autoréférentielle, parce que l'objet de l'anticipation est le prix, c'est-à-dire l'opinion de marché. Keynes parle d'activité de spéculation et évoque pour illustrer sa démonstration l'exemple du concours de beauté. Dans ce concours, un certain nombre de « miss » défilent. L'enjeu est de voter, non pas la miss que l'on trouve la plus belle, mais de voter pour la miss dont on pense qu'elle sera élue par la majorité.

C'est la liquidité de l'action qui rend possible l'activité de spéculation. Plus le marché est liquide (c'est-à-dire que plus le marché est vaste, plus il est facile de revendre ses titres), plus l'activité de spéculation sera intense. Mais cette liquidité est paradoxale. Elle n'a de sens qu'à l'échelle individuelle. En effet, si tous les épargnants se mettent à revendre en même temps la même action, le marché de cette action s'effondre et disparaît. La liquidité d'une action impose qu'il existe une multitude d'opinions divergentes sur l'évolution du cours du titre, et donc une multitude d'offres et de demandes.

L'activité de spéculation engendre une instabilité des cours boursiers. En effet, la loi de l'offre et de la demande qui habituellement concourt à stabiliser le marché ne fonctionne plus : lorsque le prix de l'action augmente, la demande pour cette action a tendance à augmenter au lieu de diminuer, ce qui nourrit l'augmentation des cours. Lorsqu'au contraire le cours diminue, les anticipations s'orientent aussi à la baisse et la demande pour l'action diminue, ce qui renforce la tendance baissière. L'activité de spéculation rend le cours de bourse instable et cette instabilité nourrit l'incertitude de la prise de décision des entrepreneurs qui prennent des décisions en matière d'investissement productif. L'instabilité du cours des actions doublée de l'incertitude intrinsèque aux décisions qui engagent le long terme façonne un environnement d'incertitude radicale que Keynes a bien décrit dans la *Théorie Générale*.

b. <u>la théorie néo-keynésienne de l'accélérateur financier[11]</u>

La théorie de l'accélérateur financier repose sur les hypothèses d'imperfection de l'information et de la concurrence. Les économistes néoclassiques/néokeynésiens reprennent à leur compte l'idée selon laquelle il existe des asymétries d'information entre le débiteur et son créancier sur le marché du crédit et le marché des capitaux. Ces asymétries d'information provoquent des phénomènes d'antisélection et d'aléa moral.

> ➢ *L'asymétrie d'information ex ante, ou problème de sélection adverse.*

Le phénomène de sélection adverse relève d'une asymétrie qui caractérise la période précédant la signature du contrat de prêt. L'économiste Akerlof (1970)[12] a théorisé ce premier type d'asymétrie en prenant l'exemple du marché des voitures d'occasion. Sur ce marché, il existe en l'absence de règlementation publique une asymétrie d'information entre le vendeur et l'acheteur puisque le vendeur peut avoir intérêt à faire de la rétention d'information sur la qualité de la voiture qu'il vend. Il peut cacher certaines informations (par exemple, le défaut ou les problèmes de panne de la voiture). L'acheteur est donc amené à se méfier du discours du vendeur et est incité à

---

[11] Bernanke B., Gertler M, Gilchrist, S., (1996) « The Financial Accelerator and the Flight to Quality », *The Review of Economics and Statistics*, vol. 78, n°1, p. 1–15.
[12] Akerlof G., (1970), « The Market for "Lemons" : Quality Uncertainty and the Market Mechanism », *Quarterly Journal of Economics*, vol. 84, n° 3, p. 488-500.

proposer un prix plus faible pour se prémunir du risque d'achat d'un véhicule de mauvaise qualité. Or, si tous les acheteurs proposent des prix plus faibles que la qualité intrinsèque des voitures pour se couvrir contre ce risque, les vendeurs de voitures de bonne qualité vont se retirer du marché, car le prix proposé ne correspond pas à la qualité de la voiture mise sur le marché. On parle de phénomène de sélection adverse ou d'antisélection. Le prix ne joue plus son rôle d'indicateur de la qualité d'un produit en raison de l'information imparfaite.

Il est possible de transposer ce problème à la relation contractuelle entre emprunteur et prêteur. En effet, les emprunteurs peuvent avoir intérêt à cacher certaines informations sur la nature du projet qu'ils souhaitent financer. Ils peuvent par exemple communiquer des informations qui amènent le prêteur à sous-estimer le risque du projet. Pour se couvrir contre ce risque de mauvaise estimation du risque, les prêteurs vont proposer des taux d'intérêt plus élevés. Ce faisant, les individus ayant des projets de qualité et à faible risque se retirent du marché, car les taux proposés sont trop élevés. Sans le vouloir, les prêteurs vont sélectionner les projets les plus risqués et de moins bonnes qualités. On parle aussi de phénomène d'antisélection.

> ### *L'aléa moral*

L'asymétrie d'information *ex post* caractérise le moment suivant la signature du contrat, sur la période où se déroule l'exécution du projet. L'agent non informé (le prêteur) ne peut parfaitement vérifier les actions de l'agent informé (l'emprunteur) avec qui il s'est engagé contractuellement. Cette asymétrie caractérise notamment le domaine de l'assurance. En effet, lorsqu'un contrat d'assurance est signé, l'assureur ne peut pas parfaitement vérifier et contrôler le comportement de l'assuré qui peut relâcher son comportement vis-à-vis des risques. La gestion de cette asymétrie d'information passe par la mise en place de contrats avec franchise. Rapporté au problème de l'intermédiation financière, le problème d'aléa moral se traduit par la façon dont l'agent non informé (celui qui a prêté des fonds) va s'assurer que le comportement de l'agent informé soit conforme à son intérêt, c'est-à-dire qu'il limite la prise de risque dans l'exécution de son projet. Les problèmes d'asymétrie d'information mettent donc les activités d'inter-médiation financière en contradiction avec l'hypothèse d'information parfaite et de transparence qui caractérisent les marchés de concurrence pure et parfaite.

Ainsi, pour se prémunir des risques de non-remboursement, et ne sachant véritablement à quel profit d'entrepreneur la banque a à faire, l'établissement financier applique au taux d'intérêt une prime de risque qui augmente le coût du crédit pour l'emprunteur.

Cette prime de risque est procyclique, c'est-à-dire qu'elle suit les mouvements de la conjoncture. En période de croissance, les risques perçus sont plus faibles, et la prime de risque di-minue. En revanche, en période de crise ou de récession, les risques de non-remboursement sont plus élevés, et les banques augmentent leur prime de risque. Le coût du crédit augmente donc. C'est par ce canal que la sphère financière a tendance à amplifier les phases ascendantes ou descendantes du cycle. En période de croissance, la baisse de la prime de risque fait baisser le coût du crédit, ce qui encourage l'inves-tissement et amplifie le processus de croissance économique. En période de récession, la hausse de la prime de risque fait augmenter le coût du crédit, ce qui met en difficulté les entre-prises dont le profit diminue. L'investissement productif est découragé, ce qui amplifie le phénomène de ralentissement de la croissance.

La prime de risque des établissements bancaires constitue donc un élément *d'accélération financière*, car la sphère finan-cière amplifie et accélère les mouvements de la conjoncture via leur impact sur l'investissement des firmes.

c. <u>La théorie postkeynésienne de l'instabilité financière : Minsky[13]</u>

Minsky distingue 3 types de structure de financement dans l'économie :

- **Le financement couvert** : les flux de trésorerie perçus par les entreprises couvrent à la fois le principal et les intérêts. Les firmes remboursent progressivement leur crédit.
- **Le financement spéculatif** : les flux de trésorerie perçus par les entreprises assurent le paiement des intérêts, mais sont insuffisants pour rembourser le principal. Lorsqu'une dette arrive à échéance, l'entreprise contracte une nouvelle dette pour rembourser la précédente. On dit que la firme « roule sa dette ».
- **Le financement de Ponzi** : les flux de trésorerie sont totalement insuffisants, à la fois pour payer les intérêts et le principal. L'entreprise doit revendre ses actifs pour rembourser (liquidation des actifs) et/ou fait faillite.

Le cycle économique évolue à travers des phases de stabilité, où le financement est principalement couvert, et des phases d'instabilité, où le financement tend à être de type spéculatif ou Ponzi. Minsky considère que le passage de la stabilité à l'instabilité est un processus endogène à l'activité économique : c'est l'accumulation des dettes portée par les anticipations optimistes propres à la phase d'expansion qui va constituer un frein à l'investissement pendant les phases de crise et de dépression. Minsky reprend à son compte la théorie keynésienne de l'investissement, qui décrit comment les anticipations des entrepreneurs sont exagérément optimistes en phase d'expansion, et exagérément pessimistes en phase de dépression.

---

[13] Minsky, H. (2008) *Stabilizing an Unstable Economy*, McGraw Hill Professional, 1er mai (ISBN 978-0-07-159300-7).

Lors d'une phase d'expansion, les entreprises réalisent des profits, leur financement est de type couvert ; les prévisions étant optimistes, elles ont tendance à poursuivre l'endettement jusqu'à certains excès. La période de croissance a tendance à générer des pressions inflationnistes (car la demande augmente rapidement). Les dettes s'accumulent par les projets d'investissement financés par la dette et se succèdent. Au cours de cette période d'accroissement des dettes, les établissements bancaires augmentent leur prime de risque, car ils craignent le défaut de leurs clients. Par ailleurs, la banque centrale intervient en augmentant les taux d'intérêt pour stopper les pressions inflationnistes. Cependant, cette hausse du taux d'interêt (prime de risque comprise) met en difficulté les entreprises qui se sont endettées en excès. La charge d'endettement augmente et les entreprises commencent à faire faillite. L'économie entre en phase de financement de Ponzi. Le « moment Minsky » est celui où les entreprises vendent massivement leurs actifs pour rembourser leurs dettes, mais malheureusement, ce mouvement de ventes en chaîne alimente la chute des cours boursiers et accentue les difficultés des entreprises. Le blocage et le recul brutal de l'investissement productif sont liés à un mécanisme endogène d'accroissement inconsidéré des dettes au moment de la phase d'expansion. Ce « trop plein » d'enthousiasme des entreprises au moment de la croissance s'explique par le contexte d'incertitude radicale dans lequel les décisions sont prises et le caractère éminemment subjectif de ces dernières.

d. <u>Le surcoût du capital et le profit sans accumulation du capital</u>

Un certain nombre d'économistes postkeynésiens (entre autres) se sont interrogés sur l'impact de la financiarisation de l'économie sur l'investissement des firmes. Un découplage entre le profit des firmes et le montant de l'investissement a pu même être observé dans certains pays, alors même que du point de vue de la théorie économique postkeynésienne (Kalecki), il s'agit d'une identité comptable.

En effet, le produit intérieur brut peut être décomposé en salaire et profits du point de vue de la répartition des richesses, et en consommation et investissement du point de vue de la dépense globale :

$$Y = Salaires + profit = consommation + investissement$$

Distinguons les dépenses de consommation sur les salaires et la dépense de consommation sur les profits :

$$Y = salaires + profit$$
$$= conso\ sur\ salaire + conso\ sur\ profit$$
$$+ investissement$$

Si on suppose que les salariés dépensent l'intégralité de leur salaire, la consommation sur salaire est équivalente au salaire. On peut donc simplifier notre identité :

$$profit = conso\ sur\ profit + investissement$$

Si les capitalistes ne consomment pas, on aura l'identité suivante :

$$profit = investissement$$

Kalecki pose alors la question de savoir comment lire cette identité : signifie-t-elle que les capitalistes dépensent leur profit sous forme d'investissement, ou bien l'investissement génère-t-il un profit d'un montant équivalent ? Pour répondre à cette question, il faut savoir quelle grandeur fait l'objet d'une décision des capitalistes. Les capitalistes ne choisissent bien sûr pas le montant des profits qu'ils récoltent. Par contre, ils décident du montant de leur investissement en fonction de leurs prévisions. Par conséquent, c'est l'investissement décidé par les firmes qui engendre ou détermine un profit équivalent : les entrepreneurs gagnent ce qu'ils dépensent, tandis que les salariés dépensent ce qu'ils gagnent.

Le point de départ de l'analyse de Cordonnier (2006)[14] est le constat statistique du divorce entre la rentabilité du capital et l'investissement. À partir du début des années 80, la rentabilité des entreprises françaises et américaines ne cesse de s'accroître durant une vingtaine d'années. A contrario, le trend de l'accumulation apparaît nettement descendant. Or, dans une représentation de l'économie capitaliste réduite à son épure, le profit des capitalistes prend la forme unique de l'investissement, conformément à la loi de Kalecki. Dans un tel cadre, la distinction entre le rythme d'accumulation et l'évolution du taux de profit n'est pas concevable. C'est à l'aide des instruments théoriques de Kalecki que Cordonnier tente d'expliquer le « divorce » empiriquement constaté. Il introduit dans les équations kaleckiennes la consommation de la partie des profits destinée aux actionnaires. L'origine du phénomène d'accroissement du profit sans augmentation corrélative de l'investissement est, d'après l'auteur, l'augmentation vertigineuse du taux de distribution des dividendes accompagnant l'émergence du capitalisme financier.

Réécrivons de manière formelle l'identité entre profit et dépense des capitalistes :

$$\pi = \mu\pi + I$$

Le profit est égal à la partie des profits dépensés sous forme de consommation $\mu\pi$ à laquelle s'ajoute la dépense d'investissement I.

---

[14] Cordonnier, (2006), « Le profit sans l'accumulation : la recette du capitalisme gouverné par la finance », *Innovations*, vol. n° 23, 1, p. 79-108.

Toute dépense des agents qui dépasse le montant du reflux du coût de production génère un profit. La distribution de dividendes, dans la mesure où elle fournit un élément de recettes aux firmes, vient augmenter le montant du profit au-delà de ce qu'autorise la dépense d'investissement. L'explication de ce phénomène est que la distribution de dividendes, si elle permet d'augmenter les recettes par la dépense en biens de consommation, ne constitue pas une charge venant grever le compte de résultat de l'entreprise. Il s'agit d'une simple opération de bilan. Il est possible de réaménager la formule précédente pour faire apparaître ce que Laurent Cordonnier appelle le « multiplicateur de rentabilité » :

$$\pi = \frac{1}{1-\mu}I$$

Le terme $\frac{1}{1-\mu}$ représente le rapport dans lequel le profit peut diverger de l'accumulation du capital lorsque les capitalistes distribuent un certain taux de profit sous la forme de dividendes.

Si nous nous en tenons à cette explication, l'une des raisons principales du profit sans accumulation réside dans l'augmentation de la distribution de dividendes aux actionnaires. Il y a substitution de la dépense de dividendes en biens de consommation à l'investissement, ce qui n'est pas sans conséquence sur l'évolution du chômage. En effet, la dépense d'investissement a la propriété d'être en général le vecteur de gains de productivité. C'est ce qu'enseigne par exemple la nouvelle génération des modèles de croissance qui incorporent à l'accumulation du capital un progrès technique endogène.

Le scénario envisagé par Cordonnier est le suivant. Le retour de l'actionnaire s'est traduit par des exigences de rentabilité nouvelles pesant sur l'investissement : l'efficacité marginale des projets d'investissement éligibles s'est trouvée augmentée du fait de ces exigences de rendement accrues. Il y a eu, d'après l'auteur, un fort effet de sélection qui n'a sans doute pas été sans déprimer l'accumulation. La conséquence immédiate en a été une nouvelle complainte de la finance, qui consiste à dire que si les profits ne sont pas utilités pour l'investissement, ils doivent être restitués aux actionnaires. Le résultat inattendu de la distribution accélérée de dividendes a été de soutenir les profits des entreprises.

L'étude du laboratoire de recherches CLERSE sur le coût du capital confirme cette analyse. Cordonnier (2013)[15] font dans ce travail la distinction entre le « vrai coût » du capital, représenté par le prix d'acquisition des biens capitaux, à savoir des équipements, et le coût financier du capital, représenté par le versement des intérêts et des dividendes.

Selon Cordonnier, une grande part de ce coût financier n'est pas justifiée, car elle ne correspond à aucun service économique rendu, que ce soit aux entreprises elles-mêmes ou à la société dans son ensemble. Il importe alors de savoir ce que représente cette partie du coût financier totalement improductive, résultant d'un phénomène de rente.

Pour connaître le montant de cette rente indue, les économistes du Clersé ont retranché des revenus financiers la part qui pourrait se justifier par de bonnes raisons économiques : une partie des intérêts et des dividendes couvrent en effet le risque encouru par les prêteurs et les actionnaires de ne jamais revoir leur argent, en raison de la possibilité de faillite inhérente à tout projet d'entreprise. C'est ce que l'on peut appeler le risque entrepreneurial. Une autre partie de ces revenus peut également se justifier par ce qu'ils appellent le « coût d'administration » de l'activité financière, laquelle consiste à transformer et aiguiller l'épargne liquide vers les entreprises.

Lorsque sont soustraites de l'ensemble des revenus financiers ces deux composantes qui peuvent se justifier (risque

---

[15] Cordonnier L., Dallery T., Duwicquet V., Melmiès J. et Van de Velde F., (2013), « À la recherche du coût du capital », *La Revue de l'Ires*, 79, p. 111-136.

entrepreneurial et coût d'administration), les économistes ayant participé à cette étude obtiennent une mesure de la rente indue qu'ils appellent « surcoût du capital » qui vient surcharger inutilement le « vrai » coût du capital.

D'après cette étude menée en 2013, le surcoût du capital représentait en France, pour l'ensemble des sociétés non financières, 94,7 milliards d'euros. En le rapportant au « vrai » coût du capital, c'est-à-dire à l'investissement en capital productif de la même année (la FBCF), qui était de 202,3 milliards d'euros, on obtient un surcoût du capital de 50 %... En rapportant ce surcoût à la seule partie de l'investissement qui correspond à l'amortissement du capital, ils aboutissent à une évaluation de l'ordre de 70 %.

En termes keynésiens, le surcoût du capital équivaut à une baisse de l'efficacité marginale du capital qui traduit une sélectivité accrue des investissements productifs. Un tel phénomène entretient l'insuffisance de la demande effective et favorise le développement du chômage. L'insuffisance de l'investissement productif hypothèque par ailleurs le potentiel de croissance en affaiblissant les gains de productivité. Cordonnier et alii (2013) ajoutent à cet égard :

« Tant que le plein-emploi de la main-d'œuvre n'est pas atteint, tout accroissement de l'investissement productif est justifié du point de vue de l'intérêt de l'ensemble des catégories d'agents économiques. Justifié même si à un investissement supérieur correspond nécessairement une efficacité plus faible, pour la simple raison que les projets d'investissement estimés les plus rentables sont mis en œuvre en premier. Imposer aux entreprises une rentabilité minimale indépendamment de la situation de l'emploi, quelle que soit la manière dont cette norme est établie, c'est faire prévaloir les intérêts de la propriété sur ceux de l'activité » (p. 63).

IV.   L'impact de l'investissement sur le PIB

a. <u>Le multiplicateur keynésien</u>

Après avoir analysé les déterminants de l'investissement, nous allons montrer que si l'investissement est influencé par les variations de la demande (effet accélérateur), il agit également en retour sur les fluctuations de la demande globale (effet multiplicateur).

Le principe du multiplicateur (mis en évidence par Kahn en 1931[16] puis par Keynes en 1936) montre qu'un accroissement de l'investissement entraîne une augmentation du PIB plus que proportionnelle, en raison des vagues successives d'accroissement de la consommation qu'il provoque. Ce principe s'applique aussi bien pour l'investissement privé des entreprises que pour la dépense publique de l'État.

Le multiplicateur s'obtient en combinant la condition d'équilibre du marché des biens et la fonction de consommation keynésienne.

Le marché des biens est en équilibre lorsque l'offre Y est égale à la demande globale ($C+I$, consommation + investissement). Une autre manière d'exprimer la même idée est que le marché des biens est en équilibre lorsque tout le revenu Y est dépensé sous forme de consommation et d'investissement. La condition d'équilibre s'écrit donc :

$$Y = C + I$$

Remplaçons C par son expression donnée par la fonction de consommation. On a :

$$Y = c'Y + c_0 + I ==> Y - c'Y = c_0 + I ==> Y(1 - c') = c_0 + I$$

L'expression du multiplicateur est alors obtenue :

$$Y = \frac{1}{(1 - c')}[c_0 + I]$$

---

[16] Kahn, R.F., 1931, « La relation entre l'investissement intérieur et le chômage », *Economic Journal*, juin.

Si on suppose que l'investissement augmente d'un montant ΔI, et que la consommation autonome co a une variation nulle, on obtient l'expression :

$$\Delta Y = \frac{1}{(1 - c')} [\Delta I]$$

Le multiplicateur correspond au coefficient *1/1-c'*. C'est en fait l'inverse de la propension marginale à épargner. En effet, nous avons vu dans le chapitre 1 que propension marginale à consommer et propension marginale à épargner sont complémentaires.

$$\Delta Y = \frac{1}{s'} [\Delta I]$$

L'importance de l'effet multiplicateur va dépendre du niveau de la propension marginale à consommer. Plus cette dernière est élevée, plus le multiplicateur sera grand.

Détaillons le processus de multiplication de manière schématique à partir d'un exemple. Supposons que la propension marginale à consommer soit de 80% et que l'investissement des firmes augmente de 100 millions d'euros.

Augmentation de l'investissement de 100M ==>
Augmentation de la production des biens de production à hauteur de 100M ==>
Distribution de revenus supplémentaires de 100M ==>
Augmentation de la consommation à hauteur de 100M* 0.8=80M ==>
Augmentation de la production des biens de consommation à hauteur de 80M ==>
Distribution de revenus à hauteur de 80M ==>
Augmentation de la consommation de 80M* 0.8=64M ==>
Augmentation de la production des biens de consommation à hauteur de 64M ==>
Augmentation des revenus puis de la consommation à hauteur de 64M* 0.8=51.2M et ainsi de suite jusqu'à épuisement des vagues d'accroissement de la consommation.

Au total, le revenu global ou PIB augmente de :
*100+80+64+51.2+...=100+(100*0.8)+(100*0.8*0.8)+(100*0.8*
0.8*0.8)+...*

Il s'agit d'une suite géométrique dont la somme des termes est
égale à :
100(1/(1-0.8))=500 millions d'euros.*

Ce principe du multiplicateur, qui s'applique également à la
dépense publique, fournit une justification théorique pour
Keynes de l'utilité d'utiliser l'outil budgétaire pour stimuler la
conjoncture économique et lutter contre le chômage.

Bien sûr, le principe du multiplicateur suppose qu'il existe
une réserve de main-d'œuvre inexploitée (donc du chômage),
et que les capacités de production ne sont pas non plus pleinement utilisées, de sorte que la production puisse augmenter à
court terme pour répondre aux accroissements de la demande.
Si ce n'est pas le cas, ce n'est pas la production en volume qui
augmente, mais le prix des biens.

b. <u>Le super multiplicateur</u>

Le super multiplicateur (que l'on doit à l'économiste Ackley[17]
dans les années 60) implique de faire une distinction entre
l'investissement autonome I_a (indépendant du revenu) et l'investissement induit I_i. L'investissement induit résulte d'une
variation du revenu global, donc d'une variation de la demande globale. Réécrivons la condition d'équilibre du marché
des biens :

$$Y = C + I_a + I_i$$

Le montant de l'investissement induit va dépendre du niveau
de la propension marginale à investir o, qui mesure le supplément d'investissement consécutif à l'accroissement d'une

---

[17] Ackley G., (1961), *Macroeconomic Theory*, New York, MacMillan.

unité du revenu global. La fonction d'investissement induit s'écrit donc :

$$I_i = oY$$

On peut à nouveau réécrire la condition d'équilibre du marché des biens :

$$Y = c'Y + oY + I_a \;\blacktriangleright\; Y - c'Y - oY = I_a \;\blacktriangleright\; Y = \frac{1}{1-c'-o}(I_a)$$

$\frac{1}{1-c'-o}$ correspond au super multiplicateur. Sa valeur est plus élevée que la valeur du multiplicateur keynésien, car l'accroissement du revenu engendre non seulement des vagues successives d'accroissement de la consommation, mais aussi des vagues successives d'accroissement de l'investissement. Dans son ouvrage de Macroéconomie, Ackley le décrit en ces termes : si une augmentation des revenus entraîne non seulement une augmentation de la consommation, mais aussi une augmentation des investissements (créant ainsi la base d'une nouvelle expansion des revenus, de la consommation et des investissements dans une chaîne sans fin, mais décroissante), l'augmentation finale des revenus sera plus importante que si seule la consommation répondait à l'augmentation des revenus.

Dans la version du multiplicateur keynésien simple, une baisse de la propension marginale à consommer (donc une hausse de la propension marginale à épargner) fait baisser la valeur du PIB qui équilibre le marché des biens, mais laisse inchangés les montants de l'épargne et de l'investissement. Ainsi, pour exemple, si la propension marginale à consommer passe de 80% à 50% avec un investissement autonome qui reste à 100 millions d'euros, le PIB d'équilibre passe de :

$$Y = C + I \;\blacktriangleright\; Y = 0.8Y + 100 \;\blacktriangleright\; Y = \frac{1}{1-0.8}x100 = 500$$

L'investissement autonome est de 100 millions et l'épargne est égale au produit de la propension marginale à épargner et du revenu global (PIB) : $S = 0.2 \, x \, 500 = 100$.

Sans surprise, l'épargne est égale à l'investissement puisque le marché des biens est en équilibre.

Voyons maintenant quelle est la valeur du PIB d'équilibre lorsque la propension marginale à consommer passe à 50%. L'investissement se maintient *par hypothèse à 100 millions d'euros.*

$$Y = C + I \rightarrow Y = 0.5Y + 100 \rightarrow Y = \frac{1}{1-0.5}x100 = 200$$

Le PIB d'équilibre passe à 200 millions, mais l'investissement reste au même niveau (cette dépense est indépendante du revenu) ainsi que l'épargne puisque $S = 0.5 \; x \; 200 = 100$.

Passons à présent au modèle du super multiplicateur. Nous conservons les mêmes valeurs de propension marginale à consommer (80% puis 50%) et d'investissement autonome (100 millions). On introduit par contre une propension marginale à investir de 10%. Comme la valeur du multiplicateur est plus grande, on doit obtenir un PIB d'équilibre plus élevé sur les deux périodes de temps.

Lorsque la propension marginale à consommer est de 80%, le PIB d'équilibre est :

$$Y = \frac{1}{1 - 0.8 - 0.1}x100 = 1000$$

L'investissement global (somme de l'investissement autonome et induit) est égal à :

$$I = 100 + 0.1x1000 = 200$$

Et l'épargne est égale à :

$$S = s'Y = 0.2 * 1000 = 200$$

L'épargne est égale à l'investissement.

Passons à la seconde période : la propension marginale à consommer diminue. Les autres paramètres restent constants. Le PIB d'équilibre est égal à :

$$Y = \frac{1}{1 - 0.5 - 0.1} x100 = 250$$

L'investissement global est maintenant égal à :

$$I = 100 + 0.1x250 = 125$$

Et l'épargne est égale au même montant que l'investissement :

$$S = s'Y = 0.5 * 250 = 125$$

Ce résultat est appelé paradoxe de l'épargne. Dans la théorie néoclassique, une hausse du taux d'épargne des ménages permet d'accroître l'épargne à l'échelle microéconomique et l'échelle macroéconomique à la fois. Un supplément d'épargne permet d'augmenter l'investissement en faisant baisser le taux d'intérêt. Or, pour les postkeynésiens, ce qui est valable à l'échelle microéconomique n'est pas valable à l'échelle macroéconomique. Une augmentation de la propension marginale à épargner conduit à une baisse de la consommation, donc du revenu global, donc de l'investissement. Or, un revenu global plus faible implique une épargne globale plus faible. Il est donc vain, d'après les postkeynésiens, de promouvoir l'investissement des firmes en favorisant l'épargne des ménages, car cela conduit à déprimer l'activité économique.

Chapitre 3 : La dépense publique comme outil de politique économique

Introduction

On distingue généralement deux types de politiques économiques : les politiques structurelles et les politiques conjoncturelles.

La politique structurelle vise à modifier les structures du système économique lui-même pour en améliorer le fonctionnement et la compétitivité à moyen/long terme. Elles passent par des transformations règlementaires, institutionnelles, organisationnelles. Parmi elles, on compte la politique industrielle, la politique de concurrence, la politique de formation, la politique d'aménagement du territoire, la politique de recherche.

La politique conjoncturelle regroupe l'ensemble des moyens utilisés à court terme pour remplir quatre objectifs (qui ne sont pas forcément compatibles entre eux) : promouvoir la croissance économique, lutter contre l'inflation, lutter contre le chômage, assurer l'équilibre de la balance commerciale. Cette politique conjoncturelle dispose habituellement de deux instruments principaux : la politique budgétaire et la politique monétaire.

La politique budgétaire consiste à faire varier les dépenses publiques et les prélèvements fiscaux en vue de stimuler ou freiner la conjoncture.

La politique monétaire consiste, dans sa conception la plus traditionnelle, à faire varier le taux d'intérêt pour impacter la conjoncture.

Dans ce chapitre, nous allons étudier la politique budgétaire de relance, qui consiste à augmenter les dépenses publiques ou à baisser les impôts pour faire augmenter le PIB et l'emploi.

L'expression « *dépenses publiques* » désigne généralement les dépenses de l'ensemble des administrations publiques. Elles s'élèvent à 1477 milliards d'euros en 2021 (59% du PIB). Les dépenses publiques sont souvent rapportées au PIB pour apprécier leur importance relative, car elles sont principalement financées par des prélèvements obligatoires dont l'assiette peut être mesurée, en première approximation, par le produit intérieur. Il convient toutefois de souligner que le chiffre de 59% de PIB ne signifie pas que les administrations réalisent plus de la moitié de la production française. Une partie des impôts prélevés sont en effet redistribués sous forme de prestations sociales et de subventions diverses. Certaines dépenses relèvent de transferts entre administrations.

On observe une tendance à long terme : l'augmentation de la part des dépenses publiques dans le PIB. En France par exemple, le taux de dépenses publiques était d'environ 40% avant 1975, puis elle a été d'environ 50% dans les années 80, pour approcher les 55% dans les années 2000, 2010 et 2020. Un pic a été atteint en 2020 avec 62.1% de part de dépense publique dans le PIB (en lien avec la crise sanitaire et ses conséquences économiques).

Les économistes fournissent différentes interprétations pour rendre intelligible ce phénomène de croissance de la part des dépenses publiques dans le PIB. Sur le long terme, la loi de Wagner est souvent mobilisée pour expliquer la montée du rôle de l'État. Cette loi exprime l'idée d'une tendance structurelle d'augmentation des dépenses publiques liée au degré de développement d'un pays. C'est une nécessité liée à la fois au développement de l'économie (qui appelle le déploiement d'infrastructures publiques toujours plus importantes) et au désir de consommations collectives et de protection sociale exprimé par les citoyens. D'après cette loi, l'enrichissement des nations implique la croissance des dépenses publiques. Il est possible également de mettre en relation cette tendance avec la montée des individus dans leur pyramide des besoins : la sécurité, la santé, l'écologie ou le savoir constituent des besoins « supérieurs » qui sont souvent couverts par l'action publique.

Pour certains économistes, la hausse des dépenses publiques est le résultat d'une gestion malsaine des finances publiques. Lorsqu'une crise survient, l'État intervient pour limiter les destructions d'emplois et le développement de la pauvreté. Lorsque la croissance revient, l'État doit équilibrer son budget en faisant en sorte que ses dépenses diminuent ou augmentent moins rapidement que le PIB. Ce n'est pas ce qui s'est produit en France, où la part des dépenses publiques stagne dans les périodes de croissance au lieu de reculer. C'est ce que les économistes nomment l'effet « de cliquet » ou « syndrome de la cagnotte » : les marges dégagées par la croissance sont souvent utilisées pour accroître les dépenses publiques au lieu de les diminuer.

Dans ce chapitre, on analysera la dépense publique sous l'angle d'outil de régulation conjoncturelle. Une présentation volontairement manichéenne et schématique sera faite des deux grandes visions qui séparent les économistes sur cette question : la vision néoclassique et la vision keynésienne.

I. Le point de vue néoclassique sur la politique budgétaire de relance

Dans la version la plus simpliste de leurs modèles macroéconomiques, les économistes néoclassiques reproduisent un résultat déjà mis avant par Jean-Baptiste Say[18] au XIXe siècle en vertu duquel les entreprises n'ont pas de contrainte de débouché. Les crises de surproduction sont impossibles et le plein-emploi est la règle dès lors que les conditions de la concurrence parfaite sont respectées. Dans ce contexte, la politique budgétaire de régulation conjoncturelle n'a pas sa place, quel que soit son mode de financement (l'impôt, l'emprunt sur les marchés ou la création monétaire de la banque centrale).

---

[18] Say, J.B (1999), *Cours d'économie politique et autres essai*, Flammarion (réédition)

a. <u>La crise de surproduction est impossible : la loi de Jean-Baptiste SAY</u>

Say présuppose que la monnaie n'est qu'un simple voile sur les échanges et qu'elle ne peut être demandée pour elle-même. Tout se passe donc comme si, sur les marchés, les produits s'échangent contre les produits.

L'activité de production donne naissance à des revenus qui vont être distribués sous forme de salaires et de profits. Ces revenus sont, selon Say, intégralement dépensés : le revenu se partage entre consommation et épargne, mais l'épargne est utilisée pour financer l'investissement des entreprises qui est également une dépense. Comme la monnaie, par hypothèse, n'est pas thésaurisée (mise de côté par les agents économiques), tout le revenu est dépensé. L'offre crée sa propre demande. L'offre globale de biens est toujours égale à la demande globale.
Des déséquilibres localisés sur certains marchés peuvent survenir, mais ils ne sont que temporaires. La loi de l'offre et de la demande assure un retour automatique vers l'équilibre.

b. <u>L'impact de la dépense publique sur le PIB dans la théorie basique des néoclassiques</u>

➤ *Quelques généralités*

Pour bien cerner le raisonnement néoclassique sur la question de la politique budgétaire, il est utile de reprendre la présentation d'Éric Berr et al. dans l'ouvrage « L'économie postkeynésienne » paru en 2018. L'équilibre macroéconomique peut s'écrire à l'aide de l'équation bien connue :

$$Y = C + I + G + X - M$$

Le marché des biens est équilibré lorsque la production offerte (Y) est égale à la demande globale qui comprend les dépenses de consommation C, les dépenses d'investissement I, les dépenses publiques ou gouvernementales G et enfin les exportations X diminuées des importations M.
Du point de vue de la distribution des revenus, l'équation peut s'écrire :

$$Y = W + \pi + T$$

Le produit, équivalent à la somme des revenus distribués, est égal aux salaires W, auxquels s'ajoutent les profits des entreprises π et les recettes fiscales de l'État T.

En combinant les deux équations, on peut écrire :

$$C + I + G + X - M = W + \pi + T$$

D'où on peut tirer :

$$I = (W - C) + \pi + (T - G) + (M - X)$$

Dans la théorie néoclassique, l'investissement des entreprises I est financé par l'épargne. Dans cette équation, on voit que l'épargne se compose de l'épargne des ménages (Salaires-Consommation finale), du profit non distribué des entreprises, de l'épargne de l'État (Recettes fiscales – Dépenses publiques), et enfin de l'épargne extérieure (Importations – Exportations). L'investissement étant le moteur de la croissance, il faut favoriser l'épargne qui le détermine. Ainsi, dans cette perspective, il faut alléger la fiscalité des ménages les plus riches, c'est-à-dire les plus à même d'épargner. Il faut favoriser l'augmentation du profit des entreprises par une politique de réduction du coût du travail et de réduction de la fiscalité pensant sur la production et les bénéfices. Dans la même perspective, l'État ne doit pas ponctionner l'épargne globale par une politique de déficit budgétaire, car cela pénalise *in fine* l'investissement privé. Au minimum, l'État doit préserver son équilibre budgétaire. À une épargne globale abondante correspond un faible taux d'intérêt et un niveau d'investissement élevé, vecteur de croissance.

> ### *La politique budgétaire financée par l'emprunt sur le marché financier*

Le marché financier ou marché des fonds prêtables est le lieu de rencontre entre l'offre et la demande d'épargne. L'offre d'épargne émane des ménages qui souhaitent effectuer un placement de leur épargne. La demande d'épargne émane des entreprises et de l'État qui ont un besoin de financement et qui empruntent donc sur le marché. La rencontre entre l'offre et la demande permet la détermination du prix de l'épargne : le taux d'intérêt.

L'offre d'épargne des ménages est une fonction croissante du taux d'intérêt considéré comme le prix de la renonciation à la consommation présente. Lorsque le taux d'intérêt augmente, les ménages sont plus enclins à épargner dans la perspective de consommer davantage dans le futur. La demande d'épargne des entreprises est une fonction décroissante du taux d'intérêt. Plus ce dernier est élevé, plus il est coûteux d'investir. La recherche d'un profit maximum impose donc une diminution de la demande d'épargne lorsque le taux d'intérêt augmente. La courbe de demande d'épargne est confondue avec celle de la productivité marginale du capital qui elle-même est décroissante.

Le taux d'intérêt est le prix du marché des fonds prêtables et il varie selon les règles de la loi de l'offre et de la demande, comme le prix de n'importe quel produit. Lorsque le marché des fonds prêtables est équilibré, l'investissement est égal à l'épargne. Or, une telle égalité signifie que le marché des biens est lui aussi équilibré. En effet, les revenus distribués (offerts) se partagent en consommation et épargne. De même, ces revenus peuvent être consommés ou investis. Lorsque l'épargne est égale à l'investissement, cela signifie que tout le revenu est dépensé, et donc que le marché des biens est équilibré. La parfaite flexibilité du taux d'intérêt assurant l'équilibre permanent du marché des fonds prêtables, il assure par la même occasion l'équilibre du marché des biens.

Lorsque l'État intervient sur ce marché pour financer un certain montant de dépense publique, la demande d'épargne augmente : cela se traduit par un déplacement vers la droite de la courbe de demande. Cela signifie que pour un même taux d'intérêt, la demande d'épargne est plus importante. Or, une telle augmentation de la demande fait augmenter le prix de ce marché, c'est-à-dire le taux d'intérêt. Or, l'augmentation du taux d'intérêt fait baisser d'une part l'investissement des entreprises et d'autre part la consommation des ménages qui décident alors d'épargner plus. La dépense publique évince la dépense privée des entreprises et des ménages. Elle n'a aucun effet global sur la demande de biens, donc sur le PIB. On parle alors d'effet d'éviction total. La dépense publique ne fait que se substituer à la dépense privée. L'effet global sur le niveau de production et le niveau d'emploi est nul.

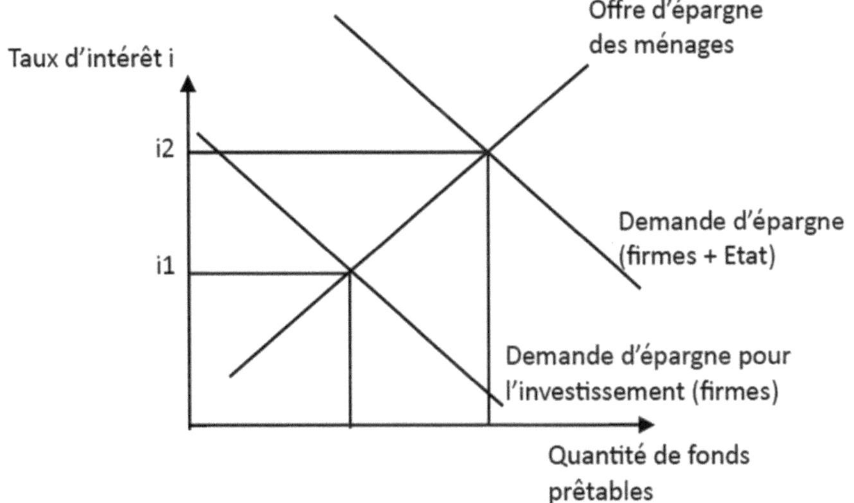

> ➤ *La dépense publique financée par l'impôt*

On va supposer que l'État décide d'augmenter les dépenses publiques en augmentant les impôts sur les revenus du travail et sur les revenus de l'épargne.

Lorsque l'impôt sur les revenus du travail augmente, deux effets sont possibles selon les économistes néoclassiques :

-un effet substitution : la diminution de la rémunération du travail liée à l'augmentation de l'impôt incite les ménages à diminuer leur offre de travail au profit des loisirs. Dans leur arbitrage travail/loisirs, les ménages décident d'accorder plus de temps à leurs loisirs. L'impôt a donc un effet désincitatif sur l'offre de travail des ménages.

-un effet revenu : la diminution de la rémunération du travail liée à l'augmentation de l'impôt pousse les ménages à augmenter leur offre de travail pour compenser les pertes de revenu.

Pour les néoclassiques, c'est l'effet substitution qui l'emporte sur l'effet revenu à l'échelle macroéconomique. La diminution de l'offre de travail consécutive à l'augmentation des impôts entraîne une baisse du PIB.

Étayons l'argument. Dans le modèle néoclassique, les agents économiques arbitrent entre travail et loisirs pour déterminer leur offre de travail. Si un taux de prélèvement obligatoire t frappe le salaire horaire w du travailleur, son revenu journalier maximal sera de :

$$(1 - t)wJ$$

Avec *J=24 heures.*

Renoncer à une heure de travail revient à acheter du loisir au prix du travail. En réalité, avec son salaire journalier total disponible, le travailleur achète deux biens : un bien de consommation en quantité Q et le loisir mesuré en heures noté H, L étant le temps de travail journalier.

La contrainte budgétaire de l'offreur de travail peut donc s'écrire :

$$(1 - t)wJ = Qp + Hw(1 - t)$$

d'où

$$Q = (1 - t)\frac{w}{p}(J - H)$$

Cette dernière équation traduit le fait que le travailleur pourra acheter la quantité du bien de consommation Q en proportion de son salaire réel *W/P*, de son temps de travail effectif *J-H* et du taux de prélèvement obligatoire. Lorsque le rendement du travail est plus faible en raison d'impôts plus élevés, le prix du loisir diminue et les individus auront tendance à choisir davantage de loisirs et moins de travail.

Il va de même pour l'impôt frappant les revenus de l'épargne. Si cet impôt augmente, les ménages vont se détourner de l'épargne au profit de la consommation, car la rémunération de l'épargne diminue. Or, l'épargne finance l'investissement des entreprises. Donc une diminution de l'épargne signifie une diminution de l'investissement, ce qui retentit négativement sur le PIB.

L'augmentation des impôts est par conséquent susceptible de pénaliser l'activité économique par un double effet substitution frappant le travail et l'épargne. L'augmentation de la dépense publique financée par l'impôt est contre-productive. La diminution du niveau d'activité implique la diminution des recettes fiscales dont le taux s'applique à la valeur ajoutée, c'est-à-dire l'ensemble des revenus générés par l'activité économique.
On a donc la séquence suivante :

> Augmentation des impôts ==> Désincitation à l'effort de travail et à l'effort d'épargne ==> Baisse du PIB ==> Diminution des recettes fiscales.

On arrive au résultat paradoxal selon lequel la hausse des impôts entraîne une baisse des ressources fiscales de l'État : « trop d'impôts tue l'impôt ». C'est ce qu'exprime la très connue courbe de Laffer en forme de cloche. Sur la représentation graphique, T représente les recettes fiscales encaissées par l'État en fonction du taux de prélèvements obligatoires noté t.

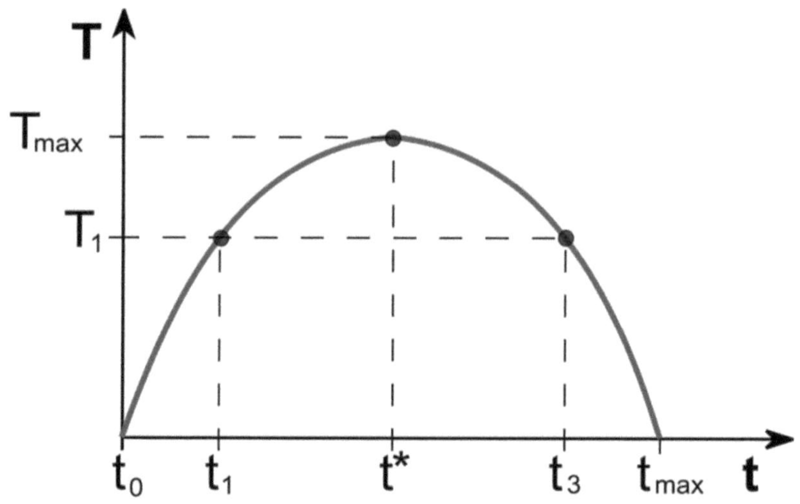

Cette courbe met en relation le taux d'imposition décidé par l'État avec les rentrées fiscales dont bénéficie le budget de l'État. Lorsque les taux sont acceptables, c'est-à-dire relativement faibles, l'augmentation du taux d'imposition n'a pas d'effet dissuasif sur l'activité et donc augmente les recettes fiscales. Mais au-delà d'un taux critique, les impôts deviennent dissuasifs et par conséquent, toute hausse du taux d'imposition entraîne une baisse des recettes fiscales de l'État, en lien avec une diminution de l'activité économique qui constitue l'assiette de l'impôt.

Laffer lui-même reconnaît qu'il n'est pas l'inventeur de cette courbe qu'il n'a fait que reproduire sur la base de simples intuitions. On la retrouve, par exemple, au XIVe siècle, sous la plume du philosophe Ibn Khaldun. Des versions plus récentes ont été écrites par de nombreux économistes appartenant à différentes écoles de pensée, de Ludwig von Mises à Keynes lui-même.

Quelques rares pays ont connu la phase décroissante de la courbe de Laffer comme la Suède dans les années 70 et 80, mais elle concerne essentiellement les pays en voie de développement qui connaissent une activité souterraine (non déclarée) extrêmement importante.

De nombreuses critiques ont été formulées à l'encontre de la courbe de Laffer. Tout d'abord, son caractère opérationnel est très limité, car il est très difficile de connaître le taux critique au-delà duquel les recettes fiscales vont baisser. D'une manière générale, les économistes ont plutôt constaté que c'est l'instabilité des règles fiscales ainsi que leur complexité qui sont coûteuses en termes de PIB, en raison de l'incertitude que cela engendre. En outre, les études économétriques ne sont jamais parvenues à vérifier la courbe de Laffer à moins de faire l'hypothèse d'une élasticité de l'offre de travail et de l'offre d'épargne proche de l'unité (l'offre doit diminuer au même rythme que l'impôt augmente), ce qui ne correspond pas à la réalité des estimations. Cette courbe de Laffer est si contestée que certains économistes ont décidé de ne plus l'enseigner.

> ### *La dépense publique financée par la création monétaire*

D'après les néoclassiques, la dépense publique financée par la création monétaire de la Banque Centrale est une source d'inflation. Elle n'augmente le PIB et l'emploi, mais les prix.

C'est ce qu'indique la théorie quantitative de la monnaie néoclassique : toute hausse de la masse monétaire en circulation dans l'économie se traduit par une dépréciation du pouvoir d'achat de la monnaie, c'est-à-dire une augmentation du prix des biens.

C'est cette théorie qui a inspiré les directives du Traité de Maastricht (traité qui a introduit la monnaie unique en Europe et qui a défini les statuts et les missions de la Banque Centrale Européenne).

En effet, le traité de Maastricht interdit strictement le financement direct du déficit budgétaire des États par la Banque Centrale Européenne. Les États sont donc dans l'obligation de se tourner vers les marchés financiers pour financer leurs dépenses publiques.

Depuis 2010, avec l'éclatement de la crise des dettes publiques en Europe, la BCE déroge à cette interdiction, ou du moins la contourne.

En 2010, suite à la crise des *subprimes*, les États ont vu leur déficit budgétaire augmenter pour une double raison : une chute de l'activité économique (donc chute des recettes fiscales et augmentation des dépenses sociales), mais aussi mise en place de plans de relance pour sauver l'emploi. L'accroissement de la dette a conduit les marchés financiers à spéculer et surtout douter de la capacité des États à rembourser. L'offre de fonds prêtables s'est détournée des États en situation de fort déficit budgétaire et les taux d'intérêt ont explosé, mettant en difficulté de nombreux pays de la zone euro.

Pour pallier ces difficultés de financement des États, la Banque Centrale Européenne s'est mise à acheter des titres de la dette publique sur les marchés financiers de l'occasion. Ainsi, elle a contribué à faire baisser les taux d'intérêt en faisant augmenter la demande de titres de dette.

➢ *Le théorème d'équivalence Barro-Ricardo*

Basé sur une intuition de Ricardo, ce théorème a été formalisé par Barro[19] et exploité par Buchanan dans les années 70. L'idée est que lorsque l'État pratique une politique de déficit budgétaire par endettement pour soutenir l'activité, les agents économiques anticipent la hausse future des impôts que cette politique impliquera. Ils accroissent donc leur épargne, ce qui bloque l'effet multiplicateur keynésien. Si l'État pratique le même type de politique en étant financé par la banque centrale, l'inflation est rationnellement anticipée, et par conséquent les ménages prévoient que leur pouvoir d'achat sera rogné dans le futur. Ils augmentent donc leur épargne de la même manière de sorte que l'effet du déficit public sur la consommation des ménages est nul. Le message véhiculé par ce modèle est que non seulement les politiques de relance de type keynésien sont inefficaces, mais en outre qu'elles sont équivalentes quel que soit leur mode de financement. Il faut malgré tout mettre en évidence que ce modèle néoclassique repose sur des hypothèses fortes et restrictives :

---

[19] Barro, R., 1974, « Are Government Bonds Net Wealth? », *Journal of Political Economy*, vol. 82, n° 6, novembre, p. 1095–1117 (ISSN 0022-3808 et 1537-534X, DOI 10.1086/260266).

-Les ménages sont dotés d'une rationalité parfaite et ont un horizon de vie infini. Leurs anticipations sont rationnelles, c'est-à-dire qu'en moyenne, sur le plan macroéconomique, elles sont exactes, car les individus connaissent le « vrai » modèle de l'économie. Leur altruisme intergénérationnel est très fort : au lieu de profiter des avantages à court terme procurés par l'État, ils préfèrent sauvegarder le pouvoir d'achat des générations futures en épargnant davantage.

-Les marchés financiers sont par ailleurs parfaits et il n'existe pas de contrainte de liquidité, aussi bien pour les entreprises que les ménages. Or, si les ménages sont rationnés par le crédit, on peut très bien imaginer que des aides de l'État vont mécaniquement leur permettre de consommer davantage.

-les impôts dont parle le modèle sont forfaitaires ou parfaitement proportionnels ; ils ne doivent pas affecter la structure de la richesse des agents. Or, on sait que dans la plupart des systèmes fiscaux, les prélèvements obligatoires ont une certaine progressivité et ont des effets redistributifs non négligeables.

II. Le point de vue de Keynes sur les effets de la dépense publique sur le PIB

Keynes a développé une théorie économique dans laquelle il montre que le chômage est la conséquence d'un fonctionnement normal des marchés. Il considère même que le chômage est l'un des vices marquants du capitalisme. Pour lutter contre ce fléau, l'État doit intervenir là où le marché échoue. D'une manière générale, l'économie souffre d'un déficit chronique de demande sur le marché des biens, ce qui conduit au développement du chômage.

Insuffisance de la demande anticipée ==> Insuffisance de la production ==> Niveau d'emploi trop faible pour absorber toute la main-d'œuvre disponible

L'État doit jouer un rôle actif pour pallier l'insuffisance de la demande. Il doit donc utiliser la dépense publique pour venir augmenter la demande globale adressée aux entreprises.

L'un des points d'opposition fondamentaux entre l'économie keynésienne/postkeynésienne et l'économie néoclassique est que chez les keynésiens, l'épargne ne finance pas l'investissement. C'est l'investissement qui crée l'épargne. L'idée est que toute épargne est la conséquence de la formation d'un revenu, et la formation d'un revenu est le résultat d'une dépense. La dépense elle-même est le résultat d'un endettement. *In fine*, la formation de l'épargne dépend d'un acte d'endettement. C'est en substance le résultat du principe du multiplicateur exposé dans le chapitre 2. D'après ce principe, l'accroissement de l'investissement (donc de la dépense) génère un accroissement du revenu dont va découler une augmentation de la consommation et de l'épargne. Il n'y a plus lieu, par conséquent, de promouvoir l'équilibre budgétaire pour favoriser l'investissement des firmes.

Dès le début des années 30, Keynes milite pour la mise en œuvre de politique de grands travaux financée par emprunt dont le but est de lutter contre la crise et le chômage. L'écriture de la *Théorie Générale* permet à Keynes d'affiner son point de vue puisque l'auteur développe l'idée que l'investissement des entreprises est particulièrement volatile en raison de l'instabilité des anticipations des entrepreneurs. L'État doit jouer un rôle dans la stabilisation de l'investissement et doit le socialiser. Keynes distingue le budget ordinaire (de fonctionnement, qui concerne les dépenses courantes) et le budget d'investissement. Le budget de l'État peut globalement être en déficit pour promouvoir l'investissement public.

a. <u>La dépense publique financée par la création monétaire dans l'optique keynésienne</u>

La création monétaire est, dans une perspective keynésienne, le mode de financement de la dépense publique le plus efficace parce qu'elle conduit à produire des effets multiplicateurs les plus élevés possibles.

Revenons sur l'équilibre du marché des biens et introduisons la composante G dépense publique.

$$Y = C + I + G$$

Si on remplace la consommation par son expression donnée par la fonction de consommation keynésienne, on obtient :

$$Y = c'Y + c_0 + I + G$$
$$Y - c'Y = c_0 + I + G$$
$$Y(1 - c') = c_0 + I + G$$

On obtient la formule du multiplicateur avec dépense publique G:

$$Y = \frac{1}{1 - c'}[c_0 + I + G]$$

Si seule la dépense publique augmente d'un montant ΔG, on a :

$$\Delta Y = \frac{1}{1 - c'}[\Delta G]$$

L'augmentation de la dépense publique entraîne une augmentation démultipliée du PIB. La valeur du multiplicateur *1/(1-c')* est maximale lorsque la dépense publique est financée par la création monétaire de la banque centrale.

b. <u>La dépense publique financée par un emprunt sur le marché financier</u>

Dans une perspective keynésienne (*Théorie Générale* et modèle ISLM qui sera étudié ultérieurement), un tel mode de financement de la dépense publique est susceptible de provoquer comme chez les néoclassiques une augmentation du taux d'intérêt. Il y aurait donc aussi chez Keynes un effet d'éviction. Mais ce qui différencie la théorie keynésienne de la théorie néoclassique, c'est que cet effet d'éviction n'est que partiel. La dépense publique ne se substitue pas totalement à la dépense privée. Elle reste donc efficace pour lutter contre le chômage.

L'importance de cet effet d'éviction dépend :
- de la sensibilité du taux d'intérêt à l'augmentation de la demande de financement, qui va déterminer l'importance de la hausse de ce taux ;
- de la sensibilité de l'investissement à l'augmentation du taux d'intérêt ; cette sensibilité est faible lorsque l'investissement est fortement autofinancé par les entreprises.

Pour résumer, la dépense publique financée par emprunt entraîne un effet d'éviction partiel et reste donc efficace pour stimuler la conjoncture. L'effet multiplicateur est moindre que dans le cas de la création monétaire de la banque centrale.

Notons tout de même que chez les postkeynésiens, l'effet d'éviction n'existe pas.

c. La dépense publique financée par l'impôt

Pour analyser l'effet de la dépense publique financée par l'impôt sur le PIB, il est nécessaire de modifier la fonction de consommation keynésienne en y introduisant l'impôt.
Par souci de simplification, on va supposer que l'impôt est forfaitaire. Un impôt forfaitaire est une somme fixe à payer, quel que soit son niveau de revenu ou de dépense. La fonction de consommation devient :

$$C = c'(Y - T) + c_0$$

La propension marginale à consommer c' s'applique au revenu disponible, c'est à dire au revenu après le prélèvement l'impôt ou de la taxe T.
Revenons à notre condition d'équilibre du marché des biens pour mettre en évidence le multiplicateur :

$$Y = C + I + G$$

Lorsque la dépense publique et l'impôt augmentent simultanément et d'un même montant, soit : $\Delta G = \Delta T$, on a :

$$\Delta Y = c'(\Delta Y - \Delta T) + \Delta G$$
$$\Delta Y - c'\Delta Y = c'\Delta T + \Delta G$$
$$\Delta Y(1 - c') = \Delta G(1 - c')$$
$$\Delta Y = \Delta G$$

Le PIB augmente du même montant que la dépense publique lorsque le supplément de dépense publique est financé par un supplément d'impôt.

Avec ce moyen de financement, il n'y a pas d'effet multiplicateur, mais cela ne signifie pas qu'il s'agit d'une politique de relance inefficace. Le PIB augmente, mais du montant de l'accroissement de la dépense publique. Ce résultat est connu sous le nom de théorème d'Haavelmo: il est possible de stimuler la croissance sans dégrader le solde budgétaire de l'État ou en maintenant l'équilibre budgétaire. L'explication de l'absence d'effet multiplicateur est particulièrement simple. Dans le mécanisme de multiplication, l'augmentation de la dépense publique fait croître le revenu global d'un montant équivalent ; cette dernière augmentation fait augmenter la consommation et entraîne une nouvelle vague d'accroissement du revenu. Or, ici, le revenu disponible des ménages n'augmente pas en raison de l'augmentation de l'impôt. Ainsi, la multiplication du revenu ne se produit pas.

d. <u>La relance par la baisse des impôts</u>

Supposons que l'État décide de relancer la consommation des ménages en diminuant l'impôt sur leur revenu d'un montant ΔT. Dans ce cas, l'impact sur le PIB sera :

$$\Delta Y = c'(\Delta Y - \Delta T)$$
$$\Delta Y = c'\Delta Y - c'\Delta T$$
$$\Delta Y - c'\Delta Y = c'\Delta T$$
$$\Delta Y(1 - c') = c'\Delta T$$
$$\Delta Y = \frac{c'}{1 - c'}(\Delta T)$$

On constate que le multiplicateur, ici égal à *c'/(1-c')* est inférieur au multiplicateur de dépense publique qui est de *1/(1-c')*. En effet, *c'* la propension marginale à consommer est selon l'hypothèse keynésienne inférieure à 1. Par conséquent, selon ce petit modèle, une politique d'accroissement de la dépense publique est plus efficace d'une politique de diminution des impôts du point de vue de l'accroissement de l'activité économique qui peut en résulter.

e. <u>La position des économistes postkeynésiens</u>

Pour les économistes postkeynésiens, l'État n'est pas contraint pas l'épargne (pas plus que ne l'est l'investissement des entreprises), car c'est la dépense qui génère l'épargne. L'objectif de l'État doit donc être de fixer des montants de dépenses publiques et d'impôts de telle sorte que le plein-emploi soit réalisé. La contrainte budgétaire de l'État doit passer au second plan, car c'est l'équilibre et la stabilité de l'économie dans son ensemble qui importent le plus. Cela est d'autant plus vrai que pour Keynes comme pour les postkeynésiens, la dépense publique a des effets multiplicateurs sur le revenu et l'emploi.

Certains auteurs estiment que la priorité de l'État doit être la lutte contre les inégalités économiques dans la mesure où ces dernières dépriment la demande, la production et l'emploi. Si l'on fait l'hypothèse que la propension marginale à consommer nationale est une moyenne des propensions marginales des différents groupes sociaux, une redistribution des revenus en faveur des plus pauvres entraînerait une augmentation de la propension marginale à consommer nationale (sachant que plus les revenus sont faibles, plus la propension marginale à consommer est élevée). Or, cette propension détermine le niveau du coefficient multiplicateur. Si la diminution des inégalités de revenu permet une augmentation de la propension à consommer, les effets multiplicateurs de l'investissement et de la dépense publique seront plus élevés. Des auteurs comme Nevele et Kriesler préconisent d'opérer des transferts de revenu en faveur des plus pauvres, et à plus long terme, de réaliser des plans d'investissements publics pour agir sur la croissance économique effective et potentielle.

L'économiste Minsky souligne que l'État doit non seulement assurer le plein-emploi que l'économie de marché est incapable de réaliser, mais aussi sa stabilité. L'investissement dépend d'anticipations volatiles et capricieuses. L'État doit participer à la stabilisation de l'investissement en pratiquant une politique d'investissement public qui assure une hausse des profits des entreprises lorsque l'investissement privé est en chute. L'économie monétaire étant caractérisée par une forte incertitude, le rôle de l'État est de la diminuer. Cette réduction de l'incertitude vaut aussi sur le front de l'emploi : certains postkeynésiens estiment que l'État doit être un employeur en dernier ressort en assurant une offre d'emploi pour toute personne au chômage.

Enfin, dans un contexte de changement et de réchauffement climatique, l'État doit aussi prendre en charge la transition écologique via des investissements publics et des emplois publics verts, des prêts garantis, des taxes, des crédits d'impôts.

La *Théorie Monétaire Moderne* (Randall Wray[20]) est une branche de la théorie postkeynésienne et se veut encore plus radicale. Les économistes de cette sous école sont appelés néo-chartalistes. Pour ces derniers, dans un État avec une monnaie parfaitement souveraine, l'État réalise ses dépenses publiques en créditant simplement les comptes du secteur privé, indépendamment de tout revenu antérieur ou d'impôt perçu. La contrainte de financement de l'État est totalement inexistante, car il peut payer ses factures en émettant sa propre monnaie. Un pays dispose d'une pleine souveraineté monétaire lorsqu'il emprunte dans sa propre monnaie. Par ailleurs, l'État promet de ne pas convertir cette monnaie dans un autre actif qui pourrait venir à manquer (une devise ou de l'or, par exemple). Ce sont les deux conditions de la pleine souveraineté monétaire. L'État peut et doit financer les dépenses publiques nécessaires au maintien du plein-emploi : c'est la thèse de la finance fonctionnelle. L'État ne doit pas chercher à équilibrer son budget, mais à atteindre un certain nombre d'objectifs sociaux et économiques comme la lutte contre le chômage, la fourniture des services publics et la diminution des inégalités.

Par ailleurs, pour les tenants de la *Théorie Monétaire Moderne*, il est totalement contre-productif de réduire le déficit

---

[20] Voir son ouvrage : *Understanding Modern Money: The Key to Full Employment and Price Stability* (Elgar, 1998).

budgétaire de l'État et d'obtenir un excédent, car cela implique nécessairement une réduction de l'épargne du secteur privé. Le déficit public nourrit l'épargne privée, contrairement à ce qu'affirme la thèse de l'effet d'éviction. Il est possible de s'appuyer sur les équations de la comptabilité nationale pour le montrer. La somme des revenus distribués en économie fermée est égale à la somme de la consommation, de l'épargne et des impôts (C+S+T). La somme des dépenses est celle de la consommation, de l'investissement et de la dépense gouvernementale (C+I+G). Donc lorsque si tout le revenu est globalement dépensé, on a l'égalité C+S+T=C+I+G donc S-I=G-T. Si l'État dépense davantage qu'il ne récolte d'impôts (G>T), alors l'épargne privée est excédentaire sur l'investissement (S>I). Dans le cas contraire, les agents privés, pris comme un tout, doivent s'endetter.

Il est possible d'expliquer le phénomène encore autrement. Dans l'approche néoclassique, le fait que l'État pratique un déficit public fait pression sur l'épargne disponible et fait augmenter le taux d'intérêt, qui décourage l'investissement privé. La *Théorie Monétaire Moderne* montre qu'au contraire, le déficit public fait baisser le taux d'intérêt sur le marché monétaire. Supposons que l'État emprunte 100 euros à la Banque centrale. Ces 100 euros vont être dépensés pour payer par exemple une augmentation de salaire des fonctionnaires. Les fonctionnaires déposent ces 100 euros dans leur compte bancaire. Les banques disposent alors de 100 euros de liquidité supplémentaire. Elles peuvent utiliser ces réserves supplémentaires soit en les déposant sur leur compte à la banque centrale, soit en achetant des bons du Trésor que leur vend la banque centrale. Dans tous les cas, l'augmentation de la quantité de monnaie disponible fait pression à la baisse sur le taux d'intérêt, car l'offre de fonds prêtable des banques augmente et devient plus abondante. On voit par ailleurs que ce ne sont pas les bons du Trésor détenus par les banques privées qui ont financé le déficit budgétaire, mais bien la création monétaire de la banque centrale. Cela permet de comprendre pourquoi le taux d'intérêt de la dette souveraine au japon est de 1% sur 10 ans, alors que le taux de dette publique dépasse les 200% du PIB.

La *Théorie Monétaire Moderne* critique les États européens qui ont abandonné leur souveraineté monétaire en adhérant à l'Euro. Le Traité sur le fonctionnement de l'Union européenne (TFUE) garantit, d'une part, l'indépendance de la Banque centrale européenne (BCE) et des banques centrales nationales des États membres (article 130) et interdit, d'autre part, le financement monétaire des gouvernements européens par la BCE et par les banques centrales nationales (article 123). Cette théorie ne peut donc pas s'appliquer à la zone euro.

Plusieurs critiques se sont dressées contre la *Théorie Monétaire Moderne*. La première est que la principale limite du développement des dépenses publiques est l'inflation. La *Théorie Monétaire Moderne* n'exclut nullement cette idée, mais stipule qu'il est préférable d'accepter un certain niveau d'inflation pour obtenir le plein-emploi. Pour le *TMM*, il faut stimuler l'activité par des déficits budgétaires élevés, en acceptant un risque inflationniste plus élevé. D'autres économistes mettent en avant l'effet pervers Olivera-Tanzi. Les paiements d'impôts ne sont pas effectués immédiatement au moment où le fait imposable s'est produit. Ces retards de paiement ou de recouvrement n'ont que peu d'importance lorsque le taux d'inflation est faible. À l'inverse, si l'inflation est forte, et qu'un pays tente de financer les dépenses publiques en créant davantage de monnaie, cette création monétaire augmente le taux d'inflation et réduit les recettes fiscales. Les euros perçus par l'État en période de fortes inflations ont une valeur qui diminue en continu. Le gouvernement serait de plus placé dans l'incapacité d'emprunter dans sa propre monnaie, car les fonds qu'il devrait emprunter auraient perdu toute valeur au moment où il les recevrait. Le gouvernement est alors confronté à la perspective d'un défaut de paiement, bien qu'il soit capable d'imprimer n'importe quelle quantité de sa propre monnaie. Le problème de ce raisonnement est qu'il présuppose que la création monétaire étatique génère automatiquement de l'inflation, ce qui n'est pas le cas lorsque l'économie est en sous-emploi (situation qui justifie l'expansion des dépenses publiques) et que l'offre est élastique aux augmentations de la demande (elle les anticipe suffisamment à l'avance).

Il existe une certaine proximité entre l'approche postkeynésienne et l'approche néochartaliste ; au sein des deux courants, on trouve l'idée que la monnaie est endogène, que les prêts font les dépôts et les dépôts font les réserves (logique du diviseur du crédit), ou encore que l'objectif de la Banque centrale porte sur le taux d'intérêt au jour le jour et non sur l'offre de monnaie. On trouve par ailleurs une certaine symétrie dans la construction du circuit monétaire de l'économie. Chez les postkeynésiens, les entreprises anticipent la demande et établissent un plan de production. Sur cette base, une demande de crédit est formulée et la création monétaire des banques permet d'initier le circuit. Grâce à cette monnaie, les entreprises paient leurs salariés. Le financement final des entreprises, c'est-à-dire le remboursement de leur emprunt, est assuré par les ventes (financées par les salaires versés) et l'achat d'actifs financiers auprès des ménages.

Dans le circuit néochartaliste, l'État finance sa dépense grâce à la création monétaire de la banque centrale. Cette monnaie se retrouve sur les comptes des banques privées ; grâce à elles, les agents économiques peuvent réaliser leurs transactions. L'État assure son financement final (le remboursement final de son emprunt) par le prélèvement d'impôts et la vente de bons du Trésor aux banques commerciales.

III. Débat actuel autour de la dette publique accumulée par l'État

Les économistes les plus libéraux mettent en avant le danger que représente l'endettement des États au niveau actuel que l'on connaît (les États européens ont un taux d'endettement public, c'est-à-dire un ratio dette/PIB supérieur à 100% aujourd'hui).

Ils affirment que l'État doit se comporter comme un père de famille qui sait gérer son budget : il doit équilibrer ses recettes et ses dépenses pour ne pas mettre en péril sa solvabilité. D'après les économistes libéraux, l'État met en danger sa solvabilité, c'est-à-dire sa capacité de remboursement, et sacrifie les générations futures qui devront rembourser cette dette. La dette d'aujourd'hui est un fardeau pour les générations de demain.

Pour l'économiste (néoclassique) Barro, une politique de relance financée par la dette est équivalente à une politique d'accroissement des dépenses publiques financées par l'impôt. La consommation diminue du montant de l'augmentation des dépenses publiques et l'effet sur le PIB est nul.

L'État constitue un stock de dettes à chaque fois que son budget est en déficit (dépenses>recettes). Chaque déficit nécessite un financement par endettement. Le déficit budgétaire nourrit l'endettement public.
Pour les keynésiens, il est impossible de comparer l'État à un père de famille gestionnaire. Il existe deux différences fondamentales entre l'État et un ménage :
- d'une part, l'État a un contrôle au moins partiel sur les recettes qu'il encaisse en décidant des variations des taux d'imposition ; le père de famille ne module pas ses revenus selon sa propre volonté.
- d'autre part, l'horizon temporel de l'État est infini. La durée de la vie de l'État n'est pas finie, contrairement à celle du père de famille. En conséquence, l'État a la possibilité de renouveler en permanence sa dette, à chaque fois qu'elle arrive à échéance.

Est-ce un fardeau sur les générations futures ? Grâce à l'endettement, l'État acquiert du capital public, construit des routes, des écoles et autres bâtiments publics. Donc pour savoir si cet endettement constituera un fardeau pour les générations futures, il faut comparer cet endettement avec toutes les richesses acquises par l'État, dont bénéficieront les générations futures. Par ailleurs, les générations futures héritent des dettes, mais aussi des actifs, à savoir des bons du Trésor émis par l'État.

Le ratio dette/PIB, qui permet aux économistes et aux marchés financiers d'évaluer l'endettement de l'État n'a pas de réelle signification économique. En effet, il s'agit d'un ratio de type : stock pluriannuel/flux annuel. En réalité, pour analyser la solvabilité d'un État, il conviendrait de calculer le ratio :

(service de la dette annuel) / (recettes annuelles de l'État)

Enfin, lorsqu'on compare les taux d'endettement des États, il convient de prendre en compte le degré de socialisation de certaines dépenses comme celles liées à la maladie, la retraite, le chômage, l'éducation, etc. Lorsque ces dépenses sont prises en charge par l'État, les taux d'endettement publics sont classiquement plus élevés que dans les pays où ces dépenses sont prises en charge par le secteur privé. Mais dans ces derniers pays, le taux d'endettement des agents privés est beaucoup élevé.

Les économistes néoclassiques Reinhart et Rogoff[21] ont publié récemment une étude statistique et montrent, après avoir passé en revue un panel de 44 pays sur 2 siècles que lorsque le taux d'endettement de l'État dépasse 90% du PIB, le PIB diminue de 0.1%. Thomas Herndon, Michael Ash et Robert Pollin (2013) ont cherché à reproduire les résultats de Reinhart et Rogoff en utilisant directement les données utilisées par ces derniers. Ils montrent que trois erreurs cruciales pour l'obtention de leurs résultats ont été réalisées dans le traitement des données.

Ils montrent que Reinhart et Rogoff n'ont pas utilisé dans leur traitement statistique les années où les économies connaissaient à la fois un taux de croissance élevé et un fort

---

[21] Reinhart, C. M., Rogoof K, (2013), « Financial and Sovereign Debt Crises: Some Lessons Learned and Those Forgotten », *IMF Working Paper*, décembre.

endettement public. C'est notamment le cas de l'Australie, de la Nouvelle-Zélande et du Canada dans les années après-guerre. En outre, ils utilisent une méthode spécifique pour pondérer les pays lorsqu'ils agrègent leurs données, ce qui réduit au final le taux de croissance moyen des économies endettées. Enfin, Reinhart et Rogoff n'ont pas sélectionné toutes leurs données sur Excel.

Au final, même si leurs résultats avaient été pertinents, rien n'aurait attesté qu'il existe un lien de causalité allant du taux d'endettement public à la baisse de la croissance économique, car de toute évidence, corrélation n'est pas causalité.

Chapitre 4 : Les déséquilibres : chômage et inflation

Introduction

Les analyses et les explications du chômage et de l'inflation sont au cœur des plus vives controverses théoriques. C'est pourquoi nous tenterons de dresser un large panorama des approches de ces deux phénomènes. Chômage et inflation peuvent être analysés de façon indépendante, mais bien souvent, les deux phénomènes devant faire l'objet d'un arbitrage par les pouvoirs publics, ils font partie d'un seul et même modèle explicatif.

Dans un premier temps, on présentera les analyses du chômage puis de l'inflation séparément. Cela sera l'objet des deux premières sections du chapitre. Dans un second temps, nous verrons comment les économistes formalisent l'arbitrage entre chômage et inflation.

I. L'analyse économique du chômage : une multitude de modèles concurrents

a. <u>L'analyse néoclassique de référence</u>

Dans le cadre néoclassique, le niveau d'emploi est déterminé de manière simultanée avec le salaire réel grâce à la confrontation de l'offre et de la demande de travail.

➤ *L'offre de travail*

L'offre de travail émane des ménages et la demande de travail est exprimée par les entreprises.

On suppose que l'individu représentatif arbitre entre travail et loisirs en fonction du salaire réel en vigueur sur le marché du travail. Le travail est source de désutilité pour l'individu, mais il lui permet de financer sa consommation. Il maximise son utilité $U = U(L, F)$ qui a pour argument les heures de loisir F (freedom) et les heures de travail L (labour) sous la contrainte de budget :

$$WF + PC = WL + R$$

L'ensemble des revenus de l'agent économique (somme des revenus salariaux WL et non salariaux R) sont dépensés sous forme de consommation C (dont la valeur des dépenses est égale PC, P étant le prix des biens consommés) et sous forme de loisirs F dont le prix d'achat équivaut au manque à gagner en termes de salaire W. Le résultat de ce programme de maximisation de l'utilité est que le taux marginal de substitution entre travail et loisirs (combien d'heures de travail l'agent est prêt à céder pour obtenir une heure de supplément de loisirs, de sorte que son utilité reste constante) est égal au salaire réel.

Lorsque le salaire réel augmente, deux effets peuvent être distingués :
- L'effet substitution : le travail étant plus rémunérateur, l'individu va substituer du travail au loisir ;
- L'effet revenu : chaque heure travaillée procurant plus de revenus, il est possible de diminuer son offre de travail tout en maintenant son revenu global.

Les néoclassiques font l'hypothèse que l'effet substitution l'emporte sur l'effet revenu.

De cette analyse microéconomique ressort que l'offre de travail de l'agent économique est une fonction croissante du salaire réel : lorsque le salaire réel augmente, l'offre de travail aurait tendance à augmenter également, grâce à la perspective d'une meilleure rémunération qui compense davantage la désutilité du travail.

> ### ➢ *La demande de travail*

Les entreprises de leur côté déterminent leur demande de travail en fonction du salaire réel de manière à maximiser leur profit. Les entreprises réalisent un calcul à la marge en comparant les recettes attendues de l'embauche d'une unité de travail supplémentaire et les coûts que représente cette embauche.

Les recettes supplémentaires peuvent être notées $\Delta Y.P$ avec ΔY le supplément de production permis par l'embauche d'une unité de travail en plus et P le prix unitaire de vente du bien produit. Les coûts supplémentaires peuvent être notés $w.\Delta L$ avec w le salaire unitaire et ΔL la quantité de travail supplémentaire utilisée.

En employant une unité de travail supplémentaire, l'entreprise compare la recette marginale $\Delta Y.P$ et le coût marginal $w.\Delta L$. Tant que la recette marginale est supérieure au coût marginal, il est intéressant de continuer à embaucher puisque chaque embauche rapporte plus qu'elle ne coûte.

L'entreprise va cesser d'embaucher lorsque le coût marginal égalise la recette marginale donc lorsque $\Delta Y.P = w.\Delta L$. Ce niveau d'embauche est celui qui maximise le profit de la firme.

L'expression $\Delta Y.P = w.\Delta L$ peut être réécrite de la façon suivante :

$$\frac{\Delta Y}{\Delta L} = \frac{w}{P}$$

Cette expression signifie que le profit est maximisé lorsque la productivité marginale du travail
$\Delta Y/\Delta L$ est égale au salaire réel W/P.

Pour rappel, la productivité marginale du travail est le supplément de production obtenu grâce à l'embauche d'une unité de travail supplémentaire, la quantité de capital restant fixe. Lorsque l'emploi augmente, la productivité marginale du travail diminue. Cela implique que la demande de travail est une fonction décroissante du salaire réel : quand le salaire réel, donc lorsque le coût réel du travail augmente, la demande de travail des entreprises diminue.

> ### ➢ *La confrontation de l'offre et de la demande*

À compter du moment où le salaire réel est parfaitement flexible, le plein-emploi est assuré sur le marché du travail. Supposons un choc récessif sur la demande de travail qui est translatée vers la gauche : pour un même niveau de salaire, la quantité d'emplois proposés est plus faible. Cela signifie donc qu'il existe un déséquilibre entre l'offre et la demande de travail (il y a un excès d'offre de travail sur la demande).

Pour rétablir l'équilibre, le salaire réel va diminuer : la demande de travail va augmenter, l'offre de travail va diminuer, ce qui tend à résorber le déséquilibre.

La flexibilité du salaire garantit un retour automatique au plein-emploi.

Toute entrave à la flexibilité du salaire constitue un obstacle à la réalisation du plein-emploi.

La fixation d'un salaire monétaire minimum (indexé sur l'inflation) au-dessus du salaire d'équilibre est de nature à engendrer un certain niveau de chômage.

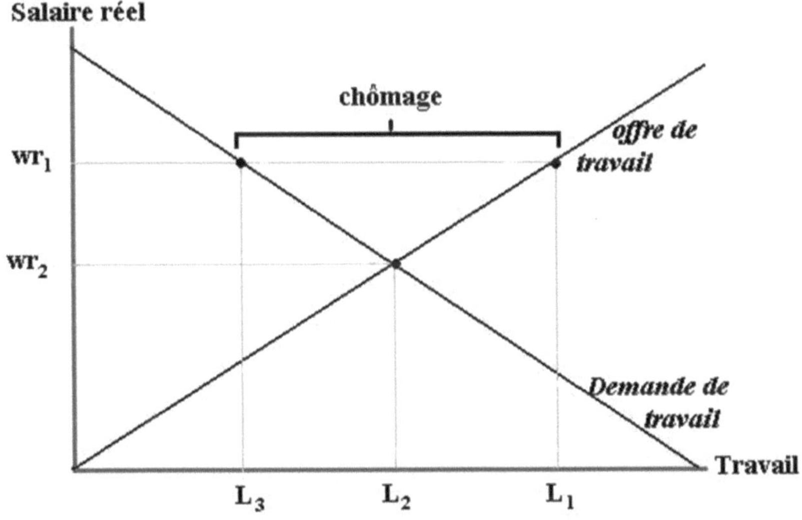

L'assurance chômage est, dans cette perspective, une source de chômage dans la mesure où les indemnités contribuent à la formation d'un salaire de réservation qui peut être au-dessus du salaire qui équilibre le marché du travail. Le salaire de réservation est le salaire en dessous duquel les salariés refusent de travailler, soit parce qu'en dessous de ce salaire, la rémunération en correspond à leur qualification ; soit parce qu'il existe des aides de l'État qui permettent de percevoir une rémunération sans travailler.

La constitution de syndicats de salariés, en empêchant l'ajustement à la baisse des salaires, est une autre origine possible du chômage.

Ce modèle du marché du travail est souvent pris comme référence pour expliquer le chômage des personnes peu qualifiées, qui doivent être rémunérées au SMIC : ce salaire minimum ne correspondrait pas à leur niveau (faible) de productivité. Ce modèle est aussi pris en considération lorsqu'on explique que le coût du travail est trop élevé et qu'il génère du chômage. Le coût du travail trop élevé peut être lié à la fiscalité portant sur les salaires (charges et impôts), mais aussi au niveau du salaire lui-même.

L'un des auteurs de référence qui a mobilisé ce modèle pour expliquer le chômage est Jacques Rueff[22] dans les années 1920-1930.

Dans ses premières études sur le chômage, Rueff montre que jusqu'au début du XXe siècle, le chômage était considéré comme un accident temporaire lié aux ajustements nécessaires du marché du travail. Dans la phase de dépression d'un cycle économique en effet, un processus de déflation (baisse du niveau général des prix) se met en place sans impacter immédiatement les salaires. La baisse des prix augmente le pouvoir d'achat du salaire, à savoir le salaire réel. En conséquence, l'offre de travail augmentait, la demande de travail des entreprises diminuait, et se creusait ainsi un écart temporaire entre l'offre et la demande. Ce phénomène était transitoire (comme le souligne Rueff), car les forces du marché et la loi de l'offre et de la demande poussaient le salaire monétaire à la baisse, ce qui permettait un ajustement du salaire réel qui rééquilibrait l'offre et la demande. Le chômage n'était pas à cette époque un véritable problème de société, car il n'était que

---

[22] Rueff, J. (1925), « Les variations du chômage en Angleterre », *Revue Politique et Parlementaire*, 32, Déc., p. 425-437.

de courte durée. Cette situation a perduré jusqu'à ce que survienne ce que Rueff a appelé « le chômage anglais »: en août 1920, il y avait en Angleterre 120 000 chômeurs, deux mois plus tard 470 000. Un an plus tard, l'Angleterre comptait 2 170 000 chômeurs ; de 1923 à 1930, le chômage anglais resta bloqué entre 1 015 000 et 2 600 000 individus, sans jamais descendre au-dessous de ce niveau. Le chômage devint permanent. Selon Jacques Rueff, l'origine de ce phénomène est l'application en 1920 d'une loi datant de 1911 sur l'assurance chômage. L'instauration d'une assurance chômage (appelée à cette époque la « dole ») crée un salaire plancher en dessous duquel les offreurs de travail refusent le travail. Un tel salaire de réservation empêche le salaire de jouer son rôle de régulateur du marché du travail. Ainsi, dans un article publié en 1931 dans la Revue d'Économie Politique, Rueff affirme la chose suivante[23] :

« Depuis 1911, il existe en Angleterre un système d'assurance chômage, qui donne aux ouvriers sans travail une indemnité connue sous le nom de dole. Ce système d'ailleurs n'a plus d'assurance que le nom, puisqu'il ne peut subsister que par les avances indéfiniment renouvelées de l'État. La conséquence d'un pareil régime a été d'établir un certain niveau minimum de salaire, à partir duquel l'ouvrier préfère toucher la dole plutôt que de travailler pour un salaire qui ne lui vaudrait qu'un excédent assez faible sur la somme qu'il reçoit comme chômeur. Il semble bien qu'au début de l'année 1923 les salaires qui suivaient en Angleterre la baisse des prix soient venus buter contre ce niveau d'équilibre. Ils se sont brusquement arrêtés dans leur chute et depuis ce moment ils ont pratiquement cessé de varier. En fait, d'ailleurs, le niveau des salaires est pratiquement celui qui résulte des contrats collectifs de travail ; mais il est évident que la stricte obédience à des contrats laissant subsister un nombre important de chômeurs n'aurait pu être maintenue sans subvention aux ouvriers sans travail. Ainsi, la dole a surtout pour effet d'assurer

---

[23] Rueff, J. (1931), « L'Assurance-Chômage : Cause du chômage permanent », *Revue d'Économie Politique*, 45, mars-avril, 211-251.

indéfiniment le maintien de la discipline syndicale. C'est elle qui est l'instrument essentiel de la stabilisation des salaires à un niveau entièrement indépendant du niveau des prix, c'est elle qui est, par-là, la cause du chômage permanent » (p. 222).

Nous verrons que Keynes s'est frontalement opposé à son analyse.

b. <u>Les nouvelles théories du marché du travail et le modèle WS-PS (Wage setting-Price setting)</u>

Le modèle précédent avait pour cadre la concurrence pure et parfaite. Entre autres, on supposait que les agents économiques étaient « price takers ». Le modèle WS-PS est un modèle de concurrence imparfaite, aussi bien sur le marché des biens que sur le marché du travail. Il est le fruit des travaux de Layard, Nickell et Jackman au début des années 80[24], et de ceux d'Antoine d'Autume[25].

Cette représentation théorique confronte une courbe WS qui représente les négociations salariales avec une courbe PS qui n'est jamais qu'une courbe de demande de travail en situation de concurrence imparfaite.

On suppose que le salaire demandé par les salariés et les syndicats est donné par l'expression suivante :

$$W = P_a . f(U, \sigma)$$

Avec W le salaire monétaire
P_a = le niveau des prix anticipés
U = le taux de chômage
σ = l'ensemble de paramètres caractérisant le marché du travail (fiscalité et les charges portant sur les salaires ; degré de syndicalisation des travailleurs ; niveau des allocations chômage, etc.).

---

[24] Layard R., Nickell, S. Jackman R., (1991), « Unemployment, Macroeconomic Performance and the Labour Market», *Oxford University Press.*
[25] Voir son article : « Le modèle WS-PS et le chômage d'équilibre » : https://shs.hal.science/halshs-00452567/file/modele-WS-PS.pdf

On obtient un salaire négocié qui est une fonction du taux de chômage. Cette relation est décroissante : plus le taux de chômage est élevé, moins les revendications salariales en matière de salaire sont hautes.

La droite PS dépend du comportement de marge des entreprises, qui dépend lui-même du degré de concurrence entre les firmes.

$$P = W(1 + \mu)$$

Le prix est fixé sur la base des coûts salariaux W auxquels on applique un taux de marge μ.
Ce taux de marge est d'autant plus élevé que le degré d'imperfection de la concurrence est fort (ou que le pouvoir de marché de la firme est grand) : moins la concurrence est vive, plus les entreprises peuvent fixer un taux de marge élevé, de sorte que le prix fixé s'éloigne du coût marginal[26].

$$\frac{W}{P} = \frac{1}{1 + \pi}$$

Le taux de chômage est déterminé au point de rencontre de la courbe WS et de la courbe PS.

L'équilibre est établi lorsque le salaire nominal effectif est bien celui anticipé par les entrepreneurs et que le prix effectif du bien est bien celui anticipé par les salariés. À ces niveaux de prix et de salaire correspond un certain taux de chômage.

---

[26] Nous avons ici présenté la courbe PS comme une droite horizontale. Dans le modèle de référence, il s'agit d'une courbe croissante qui reflète la décroissance de la productivité marginale du travail.

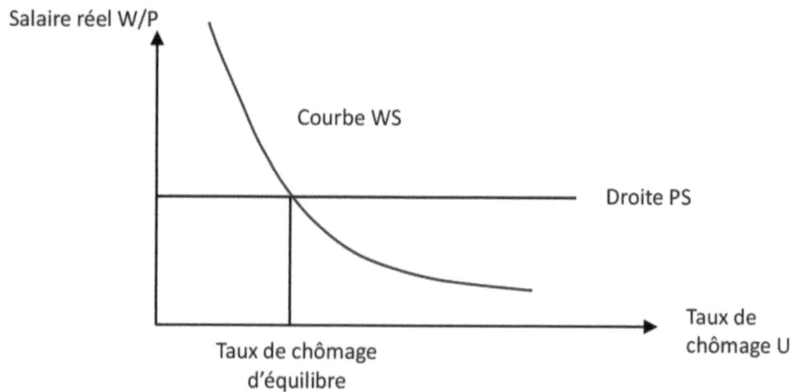

Le taux de chômage dépend du degré de concurrence sur le marché des biens : lorsque la concurrence augmente, le pouvoir de marché des firmes diminue et le taux de marge diminue, PS est translatée vers le haut et le chômage d'équilibre diminue. Le salaire réel d'équilibre augmente en conséquence. De la même façon, si les allocations chômage ou la fiscalité du travail augmentent, les exigences salariales s'accroissent et pour un même taux de chômage, les syndicats de salariés réclament un salaire réel plus élevé : la courbe WS se déplace vers la droite et le taux de chômage augmente.

Dans le modèle WS-PS, le taux de chômage d'équilibre qui est déterminé a pour origine une rigidité à la baisse du salaire réel. Le salaire réel déterminé par le modèle se situe au-dessus du salaire d'équilibre concurrentiel en raison d'un certain nombre de facteurs institutionnels (fiscalité, allocations chômage, degré de syndicalisation) ou encore le comportement des offreurs de travail dont la productivité croît avec le salaire réel (hypothèse de salaire d'efficience). Ce comportement contraint les entreprises à élever le niveau des salaires pour qu'elles puissent maximiser leur profit. C'est pourquoi on peut considérer que le modèle WS-PS synthétise à l'échelle macroéconomique un grand nombre de modèles explicatifs du chômage (les « nouvelles théories du marché du travail ») dont les fondements sont microéconomiques. Voici une présentation succincte de certains de ces modèles.

Dans le modèle de négociation entre syndicats et firmes, il y a confrontation de l'objectif du syndicat (mandant des salariés), qui est d'obtenir le salaire réel le plus élevé possible, avec l'objectif de la firme qui est d'engranger le plus grand profit. Dans le cadre du modèle de droit à gérer (Nickell et Andrews, 1983)[27], la négociation porte sur le seul salaire. Une fois le salaire négocié, la firme conserve un droit à gérer en matière de détermination du niveau d'emploi. L'issue des négociations est formalisée sous la forme d'un programme de Nash : les négociateurs s'efforcent de maximiser le produit pondéré des gains de la négociation, la pondération correspondant au poids de chacun des protagonistes dans la négociation. Le salaire obtenu est d'autant plus grand que le poids de l'emploi dans l'objectif syndical est faible.

Dans les modèles de salaire d'efficience, les firmes ont intérêt à maintenir un salaire réel plus élevé que le salaire concurrentiel parce qu'il existerait une relation croissante entre la productivité du travailleur et sa rémunération réelle. L'objet des modèles de salaire d'efficience est alors d'expliquer comment l'effort du travail est lié positivement au salaire réel qu'il reçoit.

D'après Salop (1979)[28], une élévation du salaire réel permet la réduction du *turn-over* de la main-d'œuvre et augmente la productivité globale de la firme. Pour Akerlof (1982)[29], ce supplément d'effort du travailleur face à une augmentation de salaire répond à une logique de don contre don: une bonne rémunération est perçue comme de la considération de la part de l'employeur, et en échange, le salarié fournit un effort plus grand au travail. Pour Weiss (1980)[30], une baisse des salaires conduit la firme à n'attirer que les mauvais travailleurs ; augmenter les salaires en revanche attire ceux dont l'efficience est plus élevée. Weiss fait ici l'hypothèse d'un contexte de

---

[27] Nickel J, Andrews M. (1983), « Unions, Real Wages and Employment in Britain 1951-79», *Oxford Economic Papers*, vol 35, p. 183-206.
[28] Salop, R. (1979), « A Model of the Natural Rate of Unemployment », *American Economic Review*, vol 69, n°1, mars, p. 117-125.
[29] Akerlov, G. (1982), « Labour Contracts as a Partial Gift Exchange », *Quarterly Journal of Economics*, vol 97, novembre, p. 543-569.
[30] Weiss, A. (1980), « Job Queues and Layoffs in Labour Market with Flexible Wages », *Journal of Political Economy*, vol 88, n°3, juin, p. 526-538.

sélection adverse : la firme ne peut avoir la connaissance de la productivité du travailleur qui n'est connue que par lui-même. C'est aussi l'hypothèse qui est faite dans le modèle de tire-au-flanc de Shapiro-Stiglitz (1984)[31]. L'idée qui y est développée est la suivante : les salariés qui ont pour objectif de maximiser leur utilité instantanée réduisent au maximum leur effort au travail. Les actions de surveillance engagées par la firme ne seraient pas fructueuses et en outre coûteuses, car la probabilité de surprendre un tire-au-flanc en flagrant délit n'est pas unitaire. Le salarié, qui a le choix entre tricher et courir le risque de se faire prendre et être licencié, et ne pas tricher (fournir l'effort nécessaire), doit être incité à accomplir convenablement son travail par une hausse de sa rémunération réelle. La rente que le salarié obtient est d'autant plus grande que la probabilité d'être surpris en train de tricher est faible.

Le bouclage macroéconomique de ce type de modèles permet de déterminer un salaire réel et un taux de chômage d'équilibre comme le montre le modèle WS-PS déjà présenté plus haut.

c. La courbe de Beveridge et le modèle d'appariement UV-VS

La courbe de Beveridge (notée « UV ») met l'accent sur les problèmes d'appariement sur le marché du travail, c'est-à-dire les problèmes de rencontre entre l'offre de travail et la demande de travail. Elle part du constat que peuvent coexister sur le marché du travail du chômage et des emplois vacants.

Cette courbe établit une relation décroissante entre le taux d'emplois vacants et le taux de chômage. Ainsi, lorsque la conjoncture économique est favorable, la croissance économique fait croître la demande de travail des entreprises ; le taux de chômage baisse, car l'activité crée plus d'emplois qu'elle n'en

---

[31] Shapiro C. and Stiglitz J. (1984), « Equilibrium Unemployment as a Discipline Worker Device», *American Economic Review*, vol 74, n°3, juin, p. 433-444.

détruit. Néanmoins, elles ne parviennent pas à pourvoir tous les postes disponibles en raison d'une imperfection de la concurrence sur le marché du travail (problème d'information imparfaite ; problème lié à l'assurance chômage ; problème d'adéquation entre les qualifications requises et les qualifications demandées).

Quand l'économie entre en récession, le taux de chômage augmente, car les entreprises détruisent plus d'emplois qu'elles n'en créent. En conséquence, le taux de vacance des emplois diminue (les besoins en main-d'œuvre des firmes diminuent).

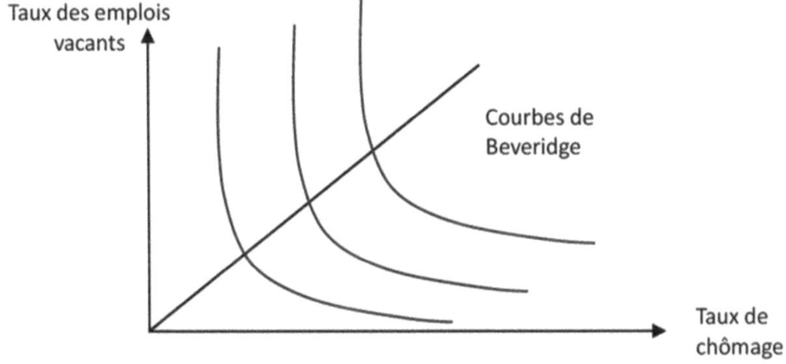

L'intersection de la courbe avec la bissectrice issue de l'origine de la représentation est le point sur lequel le taux de chômage est égal au taux d'emplois vacants. Il y a alors un problème important de rencontre entre l'offre de travail et la demande de travail : les postes offerts ne correspondent pas aux profils des chômeurs demandeurs, ou dit autrement, les employeurs constatent que les chômeurs ne correspondent pas aux profils qu'ils souhaitent recruter.

La position d'une économie sur la courbe est révélatrice de l'état de la conjoncture. Lorsque la conjoncture est mauvaise (faible croissance économique ou baisse du PIB), il y a un chômage élevé et un faible taux d'emplois vacants, ce qui correspond sur la courbe à une position sur le côté inférieur et à droite de la bissectrice. À l'inverse, en période de croissance soutenue, le taux de postes vacants est élevé, avec un faible taux de chômage, ce qui place l'économie sur un point de la courbe à gauche et au-dessus de la bissectrice.

La courbe de Beveridge peut elle-même se déplacer le long de la bissectrice, car les modifications conjoncturelles ou structurelles rendent plus aisée ou plus difficile la rencontre entre l'offre et la demande de travail. Dans ce cadre d'analyse, si le niveau des allocations chômage diminue, les offreurs de travail seront davantage incités à travailler et pour un même taux de chômage, le taux de vacance des emplois va baisser. De la même façon, une politique de formation qui rend les qualifications de la main-d'œuvre plus conforme aux attentes des entreprises peut également faire baisser le taux de vacance d'emplois. Une meilleure circulation de l'information, la création d'une agence de l'emploi qui centralise les offres et les demandes peut aussi faciliter l'appariement entre l'offre et la demande.

Par conséquent, lorsque la courbe de Beveridge se déplace vers le haut de la bissectrice, le déplacement est l'indice d'une dégradation de l'adéquation, de « l'appariement » entre l'offre et la demande de travail. Inversement, une courbe qui se rapproche de l'origine des axes montre au contraire que le marché du travail fonctionne de manière plus fluide et enregistre une meilleure adéquation entre profils des postes offerts et demandés.

Le modèle théorique du « matching » ou d'appariement a pour intérêt d'expliquer la courbe de Beveridge. On le doit à Diamond, Mortensen et Pissarides[32]. Il suppose que le nombre

---

[32] Voir Mortensen, D. T. (1982), « The Matching Process as a Noncooperative Bargaining Game » in *The Economics of Information and Uncertainty* (J. J. McCall, ed.), 233–254, University of Chicago Press, Chicago. [611] ; Diamond, P. A. (1982), "Wage Determination and Efficiency in Search Equilibrium." *Review of Economic Studies*, 49, 217–227 ; Pissarides, C. A. (1985), « Short-Run Dynamics of Unemployment, Vacancies, and Real Wages. » *American Economic Review*, 75, 676–690. [611] Pissarides, C. A. (2009), « The Unemployment Volatility Puzzle: Is Wage Stickiness the Answer?» *Econometrica*, 77, 1339–1369.

d'emplois créés sur le marché dépend d'une part du nombre de chômeurs pondéré par leur effort de recherche d'emploi, et d'autre part du nombre d'emplois vacants, pondéré par l'effort de recherche des entreprises via la publication et les campagnes de recrutement. Si les entreprises et/ou les chômeurs augmentent leur effort de recherche, les emplois vacants deviennent plus souvent pourvus et le chômage diminue.

L'effort de recherche des entreprises et des candidats à l'emploi est endogène : il dépend d'un calcul de maximisation du profit ou de l'utilité. Ainsi, les firmes comparent le coût d'une campagne de recrutement pour embaucher de la main-d'œuvre rapidement et le coût de vacance d'un emploi. Le chômeur quant à lui détermine son niveau d'effort dans le but d'optimiser son revenu permanent : il compare les gains de la recherche d'emplois (perception d'une allocation chômage à laquelle sont retranchés les différents coûts de la recherche d'emploi) et les gains d'accepter un emploi (perception d'un salaire). La fixation du salaire relève quant à elle d'une négociation à l'échelle microéconomique.

Il est possible de représenter le fonctionnement du marché du travail en confrontant à nouveau deux courbes : la courbe VS (job vacancies supply) et la courbe de Beveridge UV (unemployment-vacancy). Les deux courbes établissent un lien fonctionnel entre le taux de vacance des emplois et le taux de chômage. La courbe VS montre que lorsque le taux de chômage augmente, le taux de salaire réel diminue et incite les firmes à proposer davantage d'emplois vacants. Cette courbe se rapproche de la courbe de demande de travail des firmes traditionnelle. La courbe de Beveridge UV représente la qualité de l'appariement sur le marché du travail (en quelque sorte, la « technologie » de l'appariement) : comme on l'a vu, cette courbe décrit le fait que lorsque le taux de chômage diminue, les tensions sur le marché du travail s'accentuent pour embaucher le taux de vacances des emplois augmente. Ces tensions vont dépendre des caractéristiques du marché du travail : qualité de l'information sur le marché, adéquation des qualifications et qualité de formation de la main-d'œuvre, niveau d'assurance chômage qui pousse les candidats à l'emploi à retarder la reprise d'un travail... La courbe VS peut voir sa position modifiée dans le plan lorsque le coût du travail augmente (les entreprises, pour un même taux de chômage, proposeront moins de postes vacants).

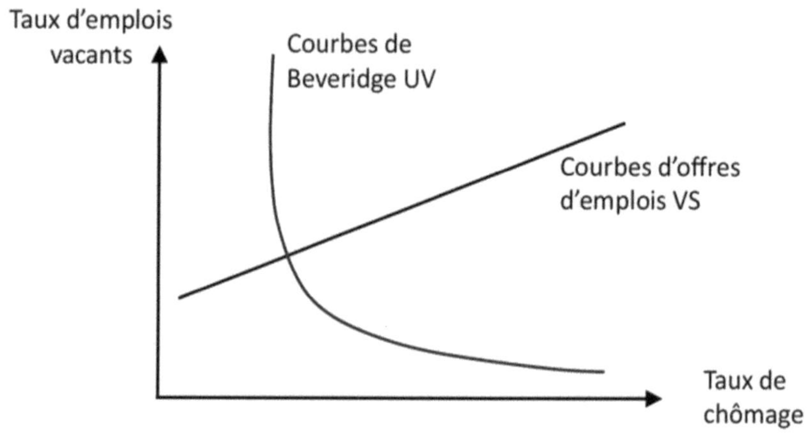

d. <u>Critique de WS-PS et introduction des défauts de coordination</u>

Zajdela et Laurent (1999)[33] résument de façon très critique les résultats du programme de recherche de la Nouvelle École Keynésienne qui s'appuie pour l'essentiel sur les enseignements de la théorie néoclassique auxquels sont ajoutées de simples rigidités de prix. À l'issue des années soixante-dix, le modèle WS-PS et les « nouvelles théories du marché du travail » se retrouvent dans une impasse : méthodologique, car le modèle WS-PS a finalement montré que pour obtenir du chômage, il faut une rigidité du salaire réel comme dans le modèle

---

[33] Laurent T. et Zajdela H. (1999), « Emploi, salaire et coordination des activités », *Cahiers d'économie politique*, n°34, p. 67-100.

néoclassique de référence ; empirique, parce que ces modèles ne sont pas validés par les faits.

C'est sur la base de cette impasse empirique que Blanchard et Summers (1988)[34] contestent le bien-fondé des « nouvelles théories du marché du travail » et du modèle WS-PS qui en est l'expression macroéconomique. Les auteurs considèrent le cas de la Grande-Bretagne pour défendre leur point de vue. Pour eux, aussi bien l'analyse « classique » que la théorie keynésienne sont invalides : leur erreur réside dans la croyance que les économies reviendraient à leur taux de chômage « naturel » après la fin de la désinflation. Effectivement, neuf ans après le début de cette politique économique, accompagnée en outre par une libéralisation du marché du travail, le taux de chômage a très fortement augmenté : de 5% en 1979, il est passé à 11.6% en 1988.

Le modèle WS-PS suggère que ce sont des facteurs de nature structurelle affectant la libre concurrence sur le marché du travail qui sont à l'origine d'un chômage « d'équilibre ». Or, la politique du gouvernement Thatcher a consisté à libéraliser en profondeur le marché du travail à grands coups d'attaques contre le pouvoir syndical, de limitation des actions de l'État-providence et de modifications dans la législation du travail. Pourtant, la Grande-Bretagne a connu plus de chômage entre 1979 et 1987 qu'au cours des quarante années précédant la décennie 80. Marc Lavoie dresse le même constat en ce qui concerne les tests empiriques du modèle WS-PS appliqués au cas de la France. Les modèles théoriques imputent à la générosité des programmes d'indemnités chômage la responsabilité des hausses du taux de chômage d'équilibre de long terme, alors même que les tests empiriques ne valident pas ce résultat. Blanchard et Summers, de même que Marc Lavoie, en concluent que le cadre standard habituellement

---

[34] Blanchard O., Summers, L. (1988), « Why is Unemployment so High in Europe? Beyond the Natural Rate Hypothesis», *The American Economic Review*, vol. 78, p.182-187.

utilisé pour rendre intelligible le chômage n'est pas recevable du fait de son manque de pouvoir explicatif.

Comment Blanchard et Summers analysent-ils cette lacune ? Le problème viendrait selon eux de ce que le modèle WS-PS tout comme la théorie keynésienne impliquent l'unicité et la stabilité de l'équilibre. L'expérience européenne suggère au contraire l'existence d'équilibres multiples ; de faibles chocs sont de nature à faire passer le chômage d'un équilibre « haut » vers un équilibre « bas ». La politique du gouvernement Thatcher a sans conteste contribué au passage de l'équilibre « haut » vers l'équilibre « bas ». Mais comment rendre compte de la possibilité d'une multiplicité d'équilibres ? Les deux auteurs entrevoient de renverser l'allure traditionnelle des courbes d'offre et de demande de travail : l'offre serait décroissante par rapport au salaire réel et la demande de travail, du fait de l'existence de rendements factoriels croissants, serait croissante.

Dans cette perspective, un recentrage des activités de recherche s'est effectué (Cooper et John en 1988[35]) sur la problématique des défauts de coordination. Il y a défaut de coordination si l'économie se situe sur un équilibre de Nash « A » Pareto dominé par un autre équilibre de Nash « B ». Le concept de défaut de coordination implique donc l'existence d'une multiplicité d'équilibres ordonnables selon un critère parétien. Il serait alors possible d'augmenter le chômage d'équilibre de propriétés keynésiennes à compter du moment où l'intervention étatique peut jouer sur le passage d'un équilibre bas caractérisé par un fort chômage à un équilibre haut avec un chômage plus faible. Or, pour obtenir le résultat de multiplicité d'équilibres, il est nécessaire de s'éloigner encore un peu plus du cadre de la concurrence pure et parfaite. L'un des moyens les plus courants pour l'obtenir est de poser une hypothèse de rendements factoriels croissants qui débouche sur la complémentarité stratégique mise en avant par Cooper

---

[35] Cooper R., John A, 1988, « Coordinating Coordination Failures in Keynesian Models », *The Quarterly Journal of Economics*, Vol. 103, nᵒ 3 (Aug), p. 441-463.

et John (1988). Il y a complémentarité stratégique lorsque l'action choisie par un agent est une fonction croissante de l'action choisie par un autre agent. Il existe une complémentarité stratégique dans le modèle WS-PS avec concurrence imparfaite sur le marché du travail et des biens dans la mesure où l'augmentation de la production d'une firme accroît la demande globale et incite les autres firmes à produire plus. Mais cette complémentarité n'est pas assez forte, car la hausse du prix de vente accompagnant la hausse de la production diminue le salaire réel. Le niveau d'emploi d'équilibre relève d'un défaut de coopération, car les entrepreneurs n'exploitent pas les opportunités des complémentarités entre offres individuelles.

Or, l'introduction de rendements croissants permet de renforcer la complémentarité stratégique, à compter du moment où la hausse du niveau d'activité, en s'accompagnant d'une baisse des prix, augmente le salaire réel et accroît l'externalité de demande agrégée. Dans le cadre de la courbe PS traditionnelle à rendements décroissants, la marge décidée par les entreprises est une fonction croissante de l'activité. La hausse du coût marginal conséquente à l'augmentation du niveau de production et d'emploi est en effet répercutée sur les prix. Il s'ensuit que la courbe PS décrit une relation positive entre le taux de salaire réel et le taux de chômage. Dans le cas des rendements croissants, une hausse de l'activité diminue au contraire le coût marginal, et entraîne ainsi une baisse du taux de marge. Le salaire réel devient une fonction décroissante du taux de chômage et une multiplicité d'équilibres apparaît alors. Le chômage a ainsi des propriétés keynésiennes : l'État, par une politique budgétaire active, peut donner le signal aux entreprises d'un niveau d'activité élevé ; ces dernières vont pouvoir anticiper un niveau de demande agrégée élevé. La question des anticipations des entrepreneurs ainsi que le rôle de l'insuffisance de la demande chers à Keynes sont enfin retrouvés. Mais comment justifier l'existence de rendements croissants ? Blanchard et Summers (1988) proposent l'explication suivante : plus le chômage est élevé, plus le contexte économique pour la firme est généralement incertain et les règlementations sur le licenciement sont contraignantes. Cela augmente ce qu'ils appellent « le coût caché » du travail. Plus le taux de chômage est élevé et le taux de croissance de la demande adressée à la firme est faible, plus le coût du travail relativement au chiffre d'affaires escompté est lourd. Cela génère des rendements croissants et conduit à une courbe de demande de travail croissante.

L'existence de « menu costs » est aussi à même de favoriser l'apparition d'équilibres multiples. Supposons que le P est le niveau de prix optimal suite à un choc monétaire. Si les coûts d'ajustement sont très faibles, toutes les firmes modifient leur prix. S'ils sont trop élevés, elles n'en changent pas. Dans la situation intermédiaire, les deux possibilités s'offrent à elles et le choix dépend de la prise en compte des complémentarités stratégiques entre firmes. Une firme qui augmente son prix peut potentiellement diminuer la demande adressée aux autres firmes en diminuant les encaisses réelles des ménages, mais aussi peut l'augmenter si la demande se détourne là où les prix sont moins élevés, ce qui augmente l'incitation des autres firmes à modifier aussi leur prix. Si l'effet « augmentation de la demande » domine, il y a une complémentarité stratégique et des équilibres multiples sont susceptibles d'apparaître alors.

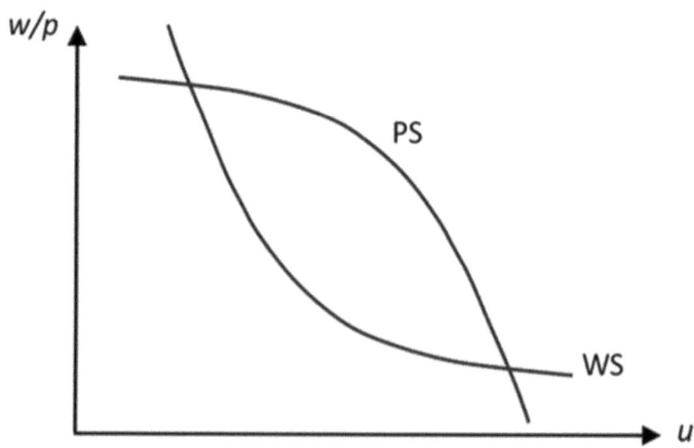

e. <u>La Théorie Générale de l'emploi de Keynes</u>

Dans le chapitre 2 de la *Théorie Générale*, Keynes expose les postulats de ce qu'il appelle « l'économie classique ». Cette dernière repose sur deux postulats :

-le premier postulat classique affirme que les entreprises déterminent le niveau d'emploi de manière à maximiser leur profit, de sorte que la productivité marginale du travail soit égale au salaire réel. Keynes accepte ce postulat.

-le second classique affirme que les salariés arbitrent entre travail et loisirs et maximisent leur utilité de sorte que la désutilité marginale du travail est égale au salaire réel. Keynes refuse ce second postulat.

Quelles sont les raisons de ce refus ? Tout d'abord, Keynes estime que les salariés raisonnent en termes de salaire monétaire et non en termes de salaire réel. Mais la raison la plus fondamentale est qu'en situation de chômage, les salariés sont soumis aux décisions unilatérales des entrepreneurs en matière d'emploi. Keynes fait l'hypothèse de l'existence d'une asymétrie entre entrepreneurs et salariés. Cette asymétrie se traduit par le fait que les entrepreneurs ont la capacité de maximiser leur profit, tandis que les salariés, soumis aux décisions d'emploi des entrepreneurs, n'ont pas tous la capacité de se situer sur leur courbe d'offre de travail, donc de maximiser leur utilité.

Avec cette hypothèse d'asymétrie, les entrepreneurs décident seuls du niveau d'emploi et prennent donc le contrôle de la contrainte budgétaire du salarié. Chez les néoclassiques et dans tous les modèles relevant des nouvelles théories du marché du travail vues précédemment, le niveau d'emploi résulte de la confrontation symétrique des offreurs et des demandeurs de travail. Chez Keynes au contraire, le niveau d'emploi (en situation de chômage) est déterminé par les seuls entrepreneurs.

Dans le chapitre 3 de la *Théorie Générale*, Keynes expose le principe de la demande effective qui montre par quels mécanismes le niveau d'emploi est fixé. Keynes explique dans ce chapitre que le contexte d'incertitude dans lequel sont plongés les entrepreneurs les contraint de formuler des anticipations sur la demande de biens qui leur sera adressée. Le niveau d'emploi, selon Keynes, est fixé par la confrontation d'une courbe « prix d'offre globale » et d'une courbe « prix de demande globale » qui reflètent, toutes deux, les anticipations des entrepreneurs.

La courbe de prix d'offre globale retrace l'évolution des coûts de production avec le niveau d'emploi. Ces coûts de production englobent un profit minimum acceptable pour les entrepreneurs. Le prix d'offre est le prix qui est juste suffisant pour qu'aux yeux des entreprises, il vaille la peine d'offrir ce niveau d'emploi.

La courbe de prix de demande globale retrace l'évolution des recettes anticipées par les entreprises en fonction du niveau d'emploi. Ces recettes émanent de la demande globale, à savoir la somme de la consommation et de l'investissement.

Tant que les recettes anticipées (le prix de demande) excèdent les coûts (le prix d'offre), il est profitable pour les entreprises de continuer d'embaucher. Les entreprises cessent d'augmenter le niveau d'emploi et maximisent leur profit lorsque la courbe de prix d'offre globale coupe la courbe de prix de demande globale. Les firmes fixent ainsi le niveau d'emploi de manière à maximiser leur profit anticipé (au point d'intersection des deux courbes).

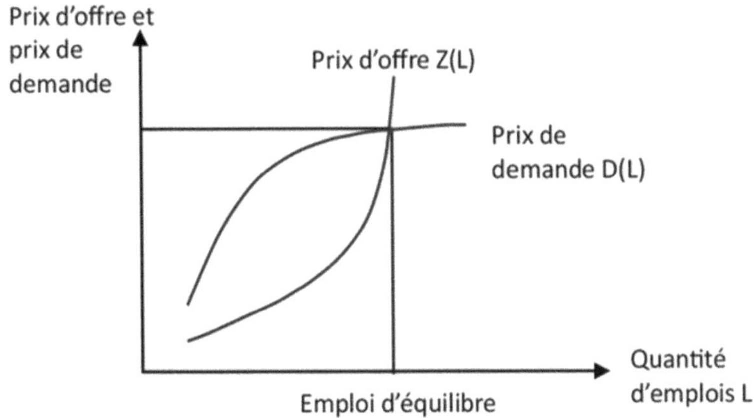

Le niveau d'emploi ainsi déterminé n'a aucune raison *a priori* de correspondre au niveau de plein-emploi puisque les entreprises déterminent le niveau d'emploi sans concertation avec les salariés (hypothèse d'asymétrie).

L'hypothèse d'asymétrie est au fondement du chômage involontaire : c'est la condition d'apparition du chômage. La cause de ce chômage est à rechercher du côté de l'insuffisance de la demande anticipée. En effet, dans les recettes anticipées par les firmes, on trouve l'anticipation des dépenses de consommation et l'anticipation des dépenses d'investissement. La consommation et l'investissement anticipés peuvent être insuffisants : le niveau de production correspondant ne permet pas d'absorber toute la main-d'œuvre disponible.

Les déterminants du chômage peuvent apparaître en explicitant la formule de la courbe de prix d'offre globale et celle de prix de demande globale.

Le prix d'offre globale que l'on note Z est égal au coût de production auquel s'ajoute un profit minimum acceptable.

$$Z = w.L(1 + \mu)$$

wL est le coût salarial global (w : le salaire ; L : la quantité de travail) et μ est un taux de marge minimum acceptable.

Keynes raisonne en termes d'unités d'emplois. Donc on divise Z par le salaire monétaire et on obtient cette expression :

$$\frac{Z}{W} = L(1 + \mu)$$

Le prix de demande globale recouvre les recettes anticipées, soit les dépenses d'investissement et les dépenses de consommation.

$$D = I + c'wL$$

Avec I l'investissement, c'la propension marginale à consommer, wL=coût salarial ou masse de revenus distribués aux salariés. En unités d'emplois, cela donne (on divise par w) :

$$D/w=I/w +c'L$$

Lorsque le prix d'offre est égal au prix de demande, on obtient :

$$\frac{I}{W} + c'L = L(1 + \mu) \ \Rightarrow\ \frac{I}{W} = L(1 + \mu) - c'L \ \Rightarrow\ \frac{I}{W} = L(1 + \mu - c')$$
$$\Rightarrow L = (\frac{I}{W})/(1 + \mu - c')$$

On a ici la formule du multiplicateur d'emplois. Le niveau d'emploi L dépend de la dépense d'investissement *(I/W)* et de la propension marginale à consommer des ménages notée c'. Pour combattre ce chômage involontaire qui est lié au fonctionnement normal des marchés, il convient de stimuler la demande effective. Parmi les composantes de la demande, on a les dépenses d'investissement et les dépenses de consommation.

L'investissement : on peut stimuler l'investissement par une baisse du taux d'intérêt ; mais cette relation est incertaine, Keynes et les postkeynésiens croient peu au pouvoir régulateur de la baisse des taux. Cela peut être une condition

nécessaire, mais non suffisante pour la reprise de l'investissement.

Les dépenses de consommation peuvent être encouragées par
des mesures de redistribution qui auront pour effet d'augmenter la propension marginale à consommer des ménages.

Les dépenses publiques peuvent enfin prendre le relais lorsque la dépense privée reste insuffisante. La politique
budgétaire expansive de hausse de la dépense publique a
toute son utilité pour lutter contre le chômage. Elle engendre
des effets multiplicateurs sur le PIB et l'emploi.

La question qui se pose à présent est de savoir quel serait l'effet, d'après Keynes, d'une baisse générale des salaires que
préconisent les néoclassiques.

Keynes aborde cette question dans le cadre du chapitre 19 de
la *Théorie Générale*.

Il dit la chose suivante : il est évident d'un point de vue microéconomique que la baisse des salaires, en diminuant les
coûts de production, contribue à encourager les entreprises à
embaucher. Mais encore faut-il que cette baisse des salaires
n'engendre pas, à l'échelle macroéconomique, une baisse de la
demande effective. Les effets d'une baisse des salaires sur
l'emploi vont dépendre de son impact sur la demande effective
et donc sur :

- La propension marginale à consommer qui détermine
  la dépense de consommation des ménages ;
- La préférence pour la liquidité, qui détermine le taux
  d'intérêt ;
- L'efficacité marginale du capital, qui détermine le niveau d'investissement.

Keynes pense qu'une baisse générale des salaires a toutes les
chances d'engendrer une diminution de la demande adressée
aux firmes, donc une diminution du niveau de production,

donc une diminution du niveau d'emploi. Mais globalement l'effet est incertain. La variable clé est l'efficacité marginale du capital : si les entrepreneurs anticipent une baisse de leurs recettes suite à la baisse des salaires, l'effet sur l'emploi sera négatif.

f. <u>Keynes et l'interprétation de Jean Cartelier (1995)[36]</u>

La théorie du chômage involontaire de Keynes a été traduite par Jean Cartelier dans le langage de la théorie néoclassique de l'équilibre général. Cartelier met l'accent sur le rejet keynésien du « second postulat classique » (selon lequel les ménages ont la possibilité de choisir l'offre de travail) et la remise en cause de la loi de Walras (exposée plus loin) à laquelle il aboutit.

Supposons une économie dans laquelle un seul bien est produit : il sert à la fois de bien de consommation et de bien de production. Il existe un unique facteur de production : le facteur travail. La fonction de production, qui relie la quantité de bien produite à la quantité de travail utilisée dans l'entreprise, peut être notée :

$$Y = \left(\frac{1}{a}\right) L^{\alpha}$$

Y est la quantité de bien produite qui augmente lorsque la quantité de travail utilisée L augmente. a est un paramètre mesurant la productivité du travail. Il est compris entre 0 et 1.

La firme détermine sa demande de travail de manière à maximiser son profit, le prix du bien vendu et le salaire nominal étant donnés par le marché. On aboutit à une fonction de

---

[36] Voir son ouvrage intitulé *L'économie de Keynes*, paru chez De Boeck Université en 1995.

demande de travail qui dépend du taux de salaire réel w/p, rapport entre le salaire nominal et le niveau du prix.

$$Ld = Ld\left(\frac{w}{p}\right) = \left(\frac{w}{p}\right)^{\frac{1}{\alpha-1}}$$

Par conséquent, pour déterminer l'offre de bien ou niveau de production Y, il suffit de remplacer la demande de travail Ld par son expression :

$$Y = \left(\frac{1}{a}\right)\frac{w^{\frac{\alpha}{\alpha-1}}}{P}$$

L'entreprise de l'économie est possédée par un des deux agents économiques qui peuplent l'économie. Il utilise les profits de la firme pour acquérir du bien produit (consommation ou bien investissement). On notera D cette dépense. La contrainte budgétaire s'écrit comme l'égalité entre sa dépense D et le profit de la firme (différence entre le produit global et la masse salariale) :

$$D = Y - \left(\frac{w}{p}\right)Ld$$

L'autre agent de l'économie choisit son offre de travail Ls en maximisant sa fonction d'utilité sous contrainte budgétaire. Son offre de travail est une fonction croissante du salaire réel affiché par le marché et sa valeur est égale à bL. La consommation de bien notée C_d dépend du revenu perçu, produit de la quantité de travail offerte et du salaire réel.

$$Cd = \left(\frac{w}{p}\right)Ls$$

La somme des contraintes budgétaires donne ce qu'Oscar Lange a appelé la loi de Walras :

$$(Cd + D - Y) + \left(\frac{w}{p}\right)(Ld - Ls) = 0$$

La somme des contraintes budgétaires est égale à zéro. Cela signifie concrètement que s'il existe une offre de bien excédentaire sur le marché bien (surproduction) cela signifie qu'il existe une demande excédentaire de travail par la firme sur le marché des biens (l'entreprise n'arrive pas à employer toute la main-d'œuvre qu'elle désire). Inversement, s'il existe une offre de bien plus faible que la demande de consommateurs et des investisseurs sur le marché des biens, alors il existe un déséquilibre symétrique sur le marché du travail : l'offre de travail des salariés est plus grande que la demande de travail des firmes, il y a du chômage. La loi de Walras traduit l'idée que les déséquilibres sur les marchés se compensent entre eux de sorte qu'à l'échelle globale, la somme des offres est égale à la somme des demandes. Dans cette économie, il existe un équilibre unique. Le salaire réel qui équilibre le marché du travail est :

$$\frac{w*}{p*} = bL^{\alpha-1}$$

La production d'équilibre est égale à :

$$Y = (\frac{1}{a})bL^{\alpha}$$

L'investissement d'équilibre est égal à $D = (1 - a)Y^*$ et la consommation d'équilibre : $C = aY^*$

d'où $C = bL^{\alpha}$. C'est la flexibilité des prix (prix du bien et/ou salaire nominal) qui permet l'obtention de l'équilibre général, c'est-à-dire un équilibre simultané sur tous les marchés.

Une seule modification de ce modèle néoclassique permet d'obtenir le résultat keynésien de chômage involontaire. Étant donné que selon Keynes, en situation de chômage involontaire, les salariés n'ont pas la possibilité de déterminer leur propre offre de travail, c'est la demande de travail des entreprises qui contrôle leur contrainte budgétaire (ce sont les entreprises qui déterminent de façon unilatérale le niveau d'emploi. Ainsi, on a :

$$Cd = \left(\frac{w}{p}\right) Ld \text{ au lieu d'avoir } Cd = \left(\frac{w}{p}\right) Ls.$$

La demande de travail L_d remplace l'offre de travail du salarié L_s dans sa contrainte budgétaire. Désormais, la somme des contraintes budgétaires donne :

$$Cd + D - Y = 0$$

Autrement dit, le marché du travail est désormais exclu de la loi de Walras. Nous avons dit que d'après la loi de Walras, tout déséquilibre sur un marché signifie qu'il existe un déséquilibre symétrique sur un autre marché. Le fait que le marché du travail ne figure plus dans la loi de Walras (en raison du rejet du second postulat classique) fait qu'il peut exister un déséquilibre sur le marché du travail (du chômage) alors même que le marché du bien est en équilibre. C'est ce qu'on peut appeler un équilibre de chômage involontaire. Dès lors que le salaire réel w/p est supérieur au salaire réel qui équilibre le marché du travail, il y a équilibre de chômage involontaire dans l'économie : il existe du chômage alors même que le marché du bien est équilibré. Le chômage keynésien est-il donc dû au fait que le salaire réel est trop élevé ? La réponse est négative. Le salaire réel, dans ce nouveau modèle, ne se détermine plus sur le marché du travail, mais sur le marché des biens. La sélection de l'équilibre se fait par la théorie de la demande effective. Si on suppose que la dépense d'investissement est exogène parce qu'elle dépend uniquement des prévisions de l'entrepreneur, alors le salaire réel devient endogène et l'emploi est une fonction croissante de l'investissement. La dépense de consommation est égale à $C = aY$. Donc l'équilibre du marché du bien est donné par l'équation :

$$Y = C + D = aY + D \; \Rightarrow \; Y = aY + D \; \Rightarrow Y = \left(\frac{1}{1-a}\right) D$$

On retrouve la formule bien connue du multiplicateur d'investissement.

Le salaire réel endogène est donné par :

$$\frac{w}{P} = aY^{1/\alpha} = \frac{a}{1-a}Y^{1/\alpha}$$

g. Patinkin, Clower, Barro et Grossman : l'approche des théories du déséquilibre

Les écrits de Keynes ont donné lieu à un nombre incalculable d'interprétations diverses. Après celle de Jean Cartelier (1995) nous donnerons celle des théoriciens du déséquilibre.

Pour Patinkin (1956)[37], le chômage keynésien doit être appréhendé comme un phénomène de déséquilibre. S'il existe une offre excédentaire de travail, alors forcément, cela signifie qu'il existe une demande excédentaire sur un autre marché. Dans *Interest, Money and Prices* (1956), Patinkin ne jette pas l'ombre d'un doute sur la validité de loi de Walras dans le cadre de la théorie keynésienne. C'est n'est qu'en 1958, dans un article paru dans la revue *Economica*[38], qu'il pose la question de l'articulation d'un déséquilibre du marché du travail associé à un équilibre sur tous les autres marchés.

En 1965, Clower utilise les thèmes voisins développés par Don Patinkin pour critiquer le modèle de la synthèse qu'il appelle contre-révolution keynésienne. Pour ce dernier, la théorie keynésienne invalide la loi de Walras : si en effet le déséquilibre d'un marché se répercute sur un autre marché, il y a modification des contraintes budgétaires des agents qui aboutit, lorsque l'on additionne ces dernières, à une somme non nulle. La controverse entre Patinkin et Clower au sujet de la validité de la loi de Walras fut vive. Elle annonce l'interprétation de Cartelier (1995) et sa démonstration d'un équilibre de chômage involontaire avec prix flexibles et salaire rigide, reposant sur une loi de Walras restreinte.

---

[37] Voir son ouvrage *La monnaie, l'intérêt et les prix*, publié en français par les Presses Universitaires de France en 1972.
[38] Patinkin, Don, « Repley to Clower and Rose », *Economica*, p. 253-255.

Patinkin considère qu'il y a chômage involontaire dès lors que les travailleurs ne sont plus sur leur courbe d'offre de travail. Selon cet auteur, le déséquilibre du marché du travail doit être appréhendé pendant la phase du tâtonnement walrassien. Supposons une situation d'équilibre général perturbée par un choc déflationniste : il y a baisse de la demande globale de marchandises. Quelles sont alors les forces qui vont permettre la résorption du déséquilibre ? Il y a pour commencer un accroissement de la demande de titres corrélative à la baisse de la demande de biens. Le taux d'intérêt est poussé vers le bas. Cela retentit à nouveau sur le marché du bien en poussant la courbe de demande de bien vers le haut. Autrement dit, la baisse de la demande de biens engendre des mécanismes, qui, selon Patinkin, résorbent le déséquilibre. Cependant, pendant toute la période d'ajustement, il y a une offre nette sur le marché du bien. Si l'on abandonne l'hypothèse selon laquelle le niveau de production est constant et que les stocks augmentent, donc si l'on suppose que les entrepreneurs ajustent leur production à la demande, alors durant la phase d'ajustement, du chômage involontaire apparaît, car la baisse du niveau de production entraîne un déplacement vers le bas de la courbe de demande de travail. La position de cette dernière dans le plan dépend en effet du volume produit.

Réitérons donc le raisonnement du processus d'ajustement selon la vision de Patinkin. Le choc déflationniste engendre une situation où une partie de la production des firmes est invendue. Ces dernières révisent à la baisse leur offre de bien et par conséquent leur demande de travail. La baisse de la demande de travail et l'aggravation corrélative du chômage involontaire se poursuivent tant qu'il y a un excédent de l'offre sur le marché du bien. De la même façon que les salariés ne reçoivent pas l'intégralité de la demande de travail qu'ils souhaitent, les entreprises ne demandent pas la quantité de travail qu'ils désirent. Entreprises comme travailleurs sont contraints par l'insuffisance de la demande sur le marché du bien.

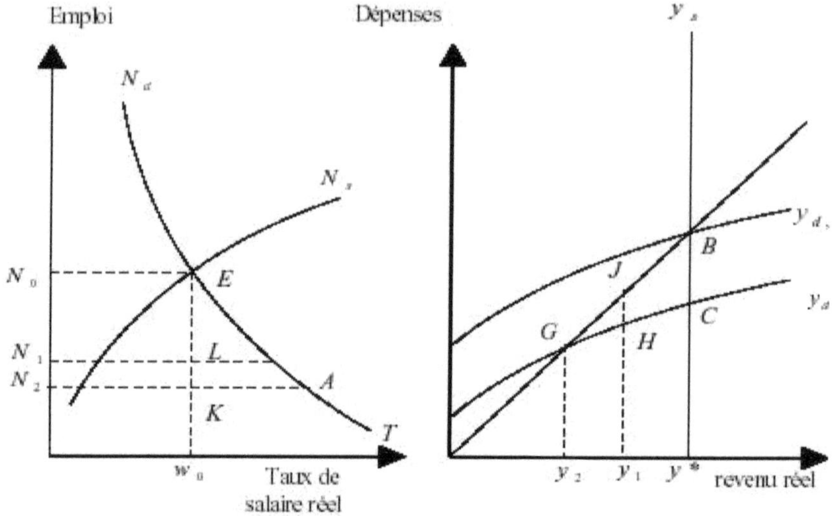

Pour comprendre le processus d'ajustement, il faut donc tenir compte de la relation entre le marché des biens et le marché du travail. Supposons qu'initialement l'économie soit en plein-emploi avec un revenu y*, un emploi *No* et un taux de salaire réel *wo*. La demande de biens diminue (déplacement de la courbe de demande). Si les entreprises maintiennent leur production au niveau initial, un stock d'invendus CB s'accumule. On peut donc penser que l'offre fléchira et que l'emploi se fixera à *N1*. Soit le produit correspondant *y1*. Pour ce produit, la production excède encore la demande. Il faut donc que la production tombe jusqu'à *y2* et l'emploi jusqu'à *N2* pour que l'écart déflationniste disparaisse.

Il s'agit ici d'une situation de déséquilibre. Les prix ne sont pas encore ajustés. Le chômage involontaire n'apparaît que parce que pour le moment, les prix sont restés fixés et n'ont pas assuré la mise en compatibilité des plans des agents. Dès lors que ces derniers se flexibilisent, l'équilibre général de l'économie est à nouveau atteint et le chômage involontaire est éradiqué. Le chômage involontaire est possible selon Patinkin dans un système de concurrence pure et parfaite et de flexibilité des salaires ; mais une telle situation n'est pas une situation d'équilibre (Patinkin, 1956, p. 360). L'équilibre est inévitable, ce qui implique que le chômage involontaire ne saurait exister que pendant la phase d'ajustement de l'économie.

L'approche de Clower (1965)[39] tente de résoudre le même problème qu'a traité Patinkin : comment obtenir un excès d'offre sur le marché du travail sans qu'il y ait de contrepartie sur les autres marchés ? Sa recherche aboutit au rejet de la loi de Walras : la somme des contraintes budgétaires devient négative.

Clower oppose deux types de demandes. La demande notionnelle est celle qui apparaît dans les modèles standards. Elle est le résultat de la maximisation de l'utilité des agents sous la contrainte que la valeur des biens ou services demandés n'excède pas la valeur des biens ou services offerts. Si l'agent n'est pas contraint sur ses ventes, c'est cette demande notionnelle qui est exprimée. Si par contre l'agent est contraint de ne pas pouvoir vendre tous les biens ou services qu'il offre, c'est une demande effective qu'il exprime, intégrant le rationnement qu'il subit. Autrement dit, si le salarié se voit contraint sur le marché du travail, il maintient son offre de travail, mais adapte sa demande de biens qui diminue, en raison de la baisse de ses ressources. La substitution de la demande effective de biens à la demande notionnelle dans l'expression de la loi de Walras aboutit à une somme non nulle des contraintes budgétaires. Si une partie des facteurs de production reste sans emploi, elle n'a pas pour contrepartie une demande excédentaire de biens, car la demande de biens exprimée par les consommateurs est une demande effective et non notionnelle.

En 1971, Barro et Grossman[40] ont le souhait de synthétiser les apports de Clower et Patinkin en intégrant les deux effets de report considérés par ces derniers simultanément, mais en réalité, ils quittent leur cadre d'analyse. Il ne s'agit plus

---

[39] Clower R., (1965), « The Keynesian Counter-Revolution: A Theoretical Appraisal », dans Hahn F.H. et Brechling F.P.R (eds), *The Theory of Interest Rates*, Londres, Macmillan.
[40] Barro R., Grossman H., (1971), « A General Disequilibrium Model of Income and Unemployment », *The American Economic Review*, vol. 61 p. 82-93.

d'étudier le chômage comme phénomène transitoire au cours du tâtonnement comme le fait Patinkin. Ils supposent clairement le non-fonctionnement du processus de tâtonnement, ou, dit autrement, l'absence de flexibilité des prix sur tous les marchés est supposée.

Le modèle walrassien est organisé autour du commissaire-priseur. Il s'agit d'un schéma centralisé du point de vue des prix et des échanges. Cette centralisation est une nécessité pour que l'économie parvienne à l'équilibre, car si les échanges ont lieu hors de l'équilibre, les paramètres de l'économie se modifient sans cesse et il n'est pas assuré que l'équilibre puisse être atteint. Or, Keynes réintroduit la possibilité de déséquilibre en intégrant la monnaie à sa théorie. Dès lors que l'économie est monétaire, rien n'empêche les agents d'échanger alors même que l'équilibre des offres et des demandes n'est pas atteint. Le déséquilibre du marché du travail serait donc lié à l'absence de commissaire-priseur dans l'économie. L'échange en situation de déséquilibre est alors réalisable. La théorie du déséquilibre substitue le concept de « décision duale » à celui de « décision unitaire ».

Dans un monde walrassien, le rationnement est inexistant puisque les échanges ne se réalisent que lorsque le vecteur de prix assure l'égalité des offres et des demandes. Les agents cherchent à maximiser leur utilité ou leur profit sur la base des seuls signaux-prix. Ce sont des décisions unitaires. En théorie du déséquilibre, les agents doivent tenir compte dans leur programme de maximisation des signaux quantités. Dans un premier temps, ils formulent, compte tenu des prix en vigueur sur les marchés des offres et des demandes notionnelles, celles qui maximisent leur satisfaction en l'absence de tout déséquilibre. Mais si un rationnement se présente sur un marché, l'agent doit tenir compte de ce blocage en modifiant sa contrainte budgétaire. Pour un ménage, la demande de biens de consommation dépend du taux de salaire en vigueur et de la quantité de travail offerte. Mais cette dernière peut être inférieure à la demande de travail. Dans ce cas, l'offre effective de travail sera inférieure à l'offre notionnelle et la demande effective de biens inférieure également à la demande notionnelle.

Compte tenu de ce que le ménage n'a pas pu louer tout le travail voulu, il exprime une demande de bien sous contrainte non seulement du prix, mais du signal quantité disponible sur le marché du travail. Le déséquilibre du marché du travail a eu un retentissement sur le marché du bien.

Cette interprétation de Keynes revient à remettre en cause la prétention de l'auteur à formuler une théorie générale. Les théories néoclassique et keynésienne seraient toutes deux partielles et complémentaires, car chacune ignore un aspect du chômage qui est retenu par l'autre.

Ainsi, en théorie néoclassique, le marché du travail gouverne le niveau d'emploi et le niveau de production. Mais une telle proposition n'est vraie que s'il y a équilibre sur le marché des biens. S'il existe en effet une offre excédentaire sur le marché des biens, cela se répercute nécessairement sur le marché du travail. Les entrepreneurs produisent pour vendre, et s'ils ne le peuvent, l'emploi lié au niveau de production va diminuer. En théorie keynésienne, c'est la demande effective qui commande le niveau de production et d'emploi. Mais si la demande effective est supérieure au niveau de production qui maximise le profit de la firme, alors la production sera égale à l'offre walrassienne. Les deux paradigmes sont donc des cas particuliers qu'il faut retrouver dans un modèle plus général.

Barro et Grossman raisonnent dans un modèle macroéconomique à trois biens : le travail, la monnaie et le bien de consommation. Il y a deux types d'agents : les firmes et les ménages.

Deux grands types de déséquilibre peuvent être étudiés : ceux impulsés par une offre excédentaire de biens sur le marché du produit, et ceux provoqués par une demande excédentaire sur le même marché. Quand l'offre de biens rencontre un défaut de débouchés, la firme doit adapter son niveau de production en le diminuant. Ce faisant, elle rationne sa demande de travail et pour un taux de salaire donné, du chômage involontaire apparaît. Au contraire, lorsqu'il existe une demande excédentaire sur le marché du bien, la firme augmente son niveau de production et son niveau d'emploi. À prix inchangés, il apparaît une demande excédentaire sur le marché du travail. Le déséquilibre du marché du travail n'a pas été impulsé ici par une variation du taux de salaire devenu ainsi trop faible ou excessif. C'est la situation du marché du bien qui est en cause et qui a provoqué des situations de chômage ou de suremploi. En conséquence, la variation du salaire n'est d'aucun secours pour rétablir le plein-emploi. Cela vient de ce que les firmes diminuent leur demande de travail lorsqu'elles sont rationnées sur le marché du bien ; de fait, elles ne maximisent plus leur profit. La productivité marginale du travail est supérieure au taux de salaire. La demande de travail ne dépend plus que du niveau du produit demandé sur le marché du bien. C'est là le résultat principal de l'article de Barro et Grossman : alors que dans le modèle de la synthèse, l'emploi ne peut augmenter que si le salaire réel diminue, la supériorité de la productivité marginale du travail au taux de salaire réel fait qu'une politique économique peut tout à fait diminuer le chômage sans avoir à baisser le niveau du salaire ; il suffit d'agir uniquement sur le marché du bien.

En 1977, Malinvaud[41] poursuit l'analyse de Barro et Grossman et dresse une typologie des états de déséquilibre, largement reprise dans tous les manuels de macroéconomie. Un excès d'offre sur le marché du bien associé à un excès d'offre sur le marché du travail est identifié comme étant une situation de chômage keynésien. Le plein-emploi n'est alors réalisé que si la consommation des ménages augmente et atteint le niveau de produit de plein-emploi. Lorsqu'il y a excès de demande sur le marché des biens et excès d'offre sur le marché du travail, le chômage est qualifié de « classique » : l'origine du déséquilibre émane cette fois d'un niveau trop élevé de salaire réel. En outre, un chômage keynésien peut se superposer à un chômage classique. Si en effet la production est inférieure à la production de plein-emploi et qu'en plus, le

---

[41] Malinvaud E. (1977), *Réexamen de la théorie du chômage*, Calmann-Levy, Paris.

taux de salaire est supérieur à son niveau d'équilibre, deux types de chômage aux causes distinctes se cumulent. Pour que les deux types de chômage se superposent, le taux de salaire doit croître avec la diminution du niveau de production. En effet, plus la production de bien baisse, plus la productivité marginale du travail est élevée et plus le salaire doit être élevé pour qu'un chômage d'origine néoclassique apparaisse.

Quel est l'effet d'une augmentation du coût du travail en partant d'une situation d'équilibre général ? Une augmentation des charges pesant sur le salaire entraîne une diminution de la demande de travail alors même que l'offre reste inchangée. En l'absence de mécanisme correcteur, le salaire réel est trop élevé et du chômage apparaît. Du coup, l'offre de biens rentable pour les firmes est insuffisante pour satisfaire la demande de biens.

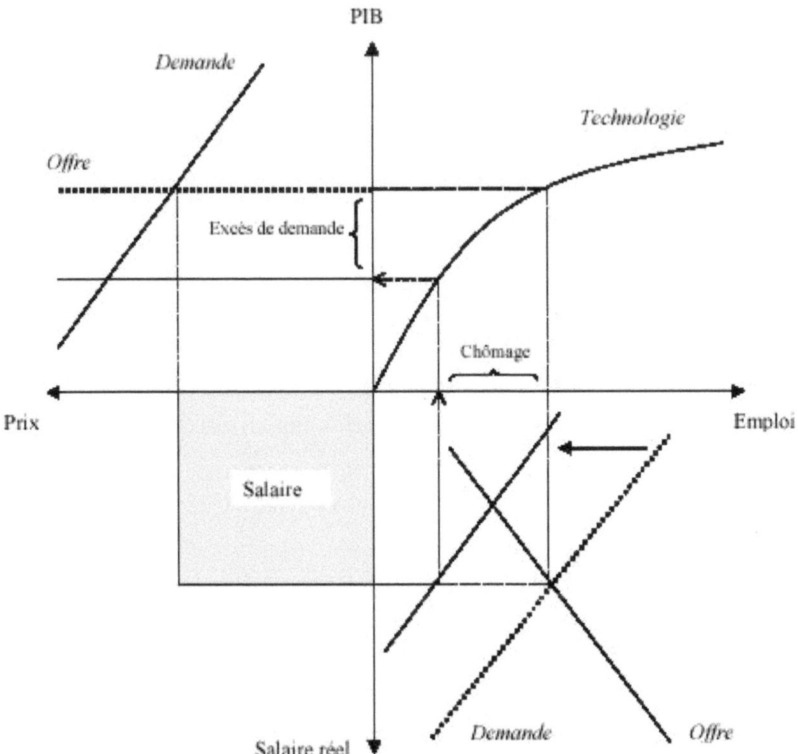

Envisageons maintenant une baisse de la demande globale en partant toujours d'une situation d'équilibre. Un choc négatif sur la demande se traduit par un excès d'offre sur le marché des biens. Les entreprises étant contraintes par leurs débouchés, elles diminuent leur niveau de production et leur demande de travail : du chômage involontaire apparaît. Les déséquilibres se transmettent ici du marché du bien au marché du travail. En l'absence d'ajustement par les prix, ce sont les quantités qui varient.

Néanmoins, il est bien connu que de telles situations de déséquilibres sont la conséquence de la fixité des prix postulée dans le modèle. Or, ni Keynes ni les néoclassiques n'ont dit que l'économie pouvait s'équilibrer en l'absence de flexibilité des prix. En outre, en s'intéressant à la dynamique des prix dans le cadre d'un modèle d'équilibre temporaire, les écarts entre les offres et les demandes se réduisent et les prix finissent par converger vers un équilibre général walrassien. La parfaite flexibilité des prix permet de retrouver l'équilibre à la fois sur le marché du travail et sur le marché des biens. Tout choc sur l'offre ou la demande, sur tout marché, est désormais amorti par la flexibilité des prix qui permet au marché de s'équilibrer automatiquement. Le courant du déséquilibre a donc été rapidement éclipsé et les nouveaux keynésiens ont repris l'interprétation de la synthèse néoclassico-keynésienne (appelée encore synthèse néoclassique) pour s'interroger sur les fondements microéconomiques des rigidités de salaire.

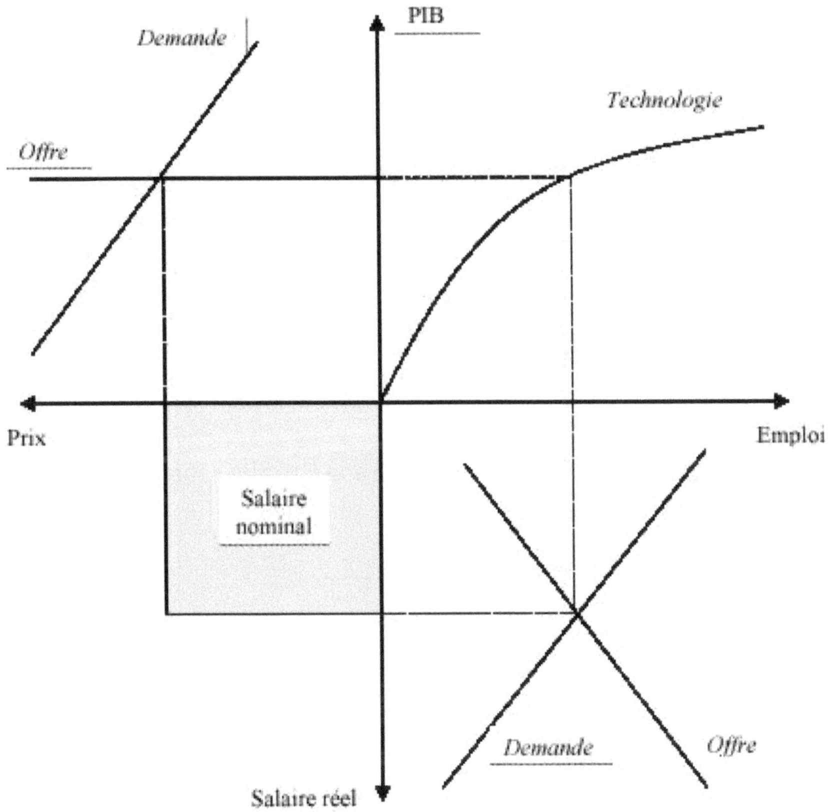

h. <u>La théorie postkeynésienne de l'emploi[42]</u>

Les postkeynésiens vont plus loin que Keynes en établissant un lien de croissance automatique entre salaire et emploi. Dans le modèle des postkeynésiens, le niveau d'emploi découle directement de l'équilibre sur le marché des biens.

La demande globale sur le marché des biens s'écrit :

$$DG = WL + a$$

---

[42] Voir l'ouvrage de Lavoie, Monvoisin et Ponsot, *L'économie postkeynésienne*, paru chez La Découverte.

wL : revenus salariaux dépenses sous forme de consommation

a : les dépenses autonomes, indépendantes du revenu, comme l'investissement et la dépense publique.

L'offre globale sur le marché des biens dépend du niveau d'emploi décidé par les entreprises :

$$OG = T.L$$

Avec T la productivité du travail, c'est-à-dire la production moyenne d'une unité de travail. L est la quantité d'unités de travail utilisées.

Sur le marché des biens, l'équilibre est réalisé lorsqu'on a une égalité entre l'offre et la demande globales :

$$OG = DG \ \rightarrow \ T.L = wL + a \ \rightarrow \ L = \frac{a}{T-w}$$

Le niveau d'emploi est donc une fonction croissante :

- de la dépense autonome (investissement et dépense publique)

- du niveau de salaire w. L'augmentation du salaire entraîne une augmentation de la consommation, donc de la production et de l'emploi.

Le long de cette courbe de demande de travail, le marché des biens est donc en équilibre. Il s'agit de tous les couples « demande de travail / salaire réel » pour lesquels le marché des biens est équilibré. Cette courbe a l'originalité d'être en tous points à pente positive, à l'opposé de la fonction de demande de travail standard : lorsque le salaire réel augmente, la demande de travail augmente également comme on vient de le voir, en raison de la demande effective qui s'accroît avec la rémunération des travailleurs. On reconnaît bien là la marque de l'analyse macroéconomique keynésienne selon laquelle la baisse du salaire peut paraître bénéfique pour l'emploi d'un point de vue microéconomique, mais s'avère néfaste au niveau global en raison de son effet pervers sur les perspectives des entreprises en matière de débouchés. La baisse du salaire réel entraîne une augmentation du taux de marge des firmes, mais la masse des profits récoltés reste constante en raison de l'effet dépressif de la baisse des salaires sur la demande de biens des salariés. C'est le paradoxe kaleckien des coûts. Pour augmenter l'emploi, il faut donc soit augmenter les salaires, soit augmenter la dépense autonome, par rapport à laquelle le rôle de l'État est primordial. La hausse de la dépense autonome passe en effet soit par une diminution du taux d'intérêt, soit par une augmentation des dépenses publiques. Or, l'efficacité marginale du capital étant particulièrement instable, l'effet du taux d'intérêt sur l'investissement est particulièrement incertain. Cela explique que Keynes accorde une plus grande confiance dans l'efficacité de la dépense publique.

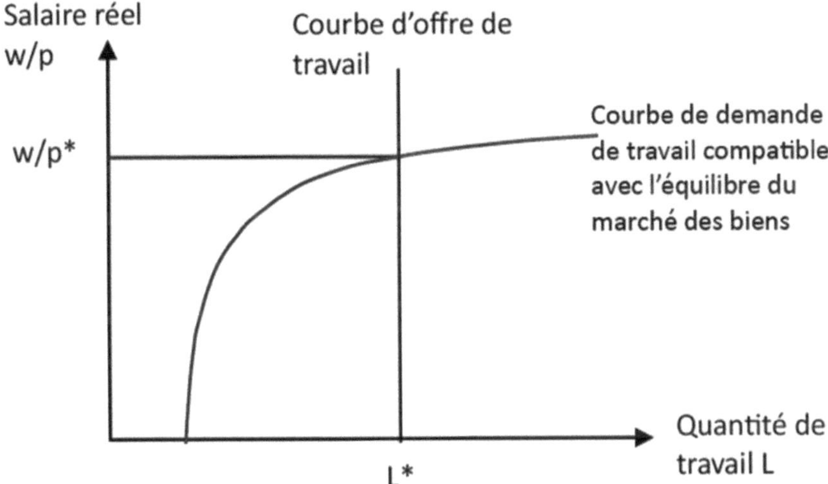

Jusqu'à présent, nous avons négligé le rôle de l'offre de travail en la considérant comme une donnée. Supposons à présent qu'elle présente une pente positive : lorsque les salaires sont de faibles et moyens niveaux, les effets de substitution l'emportent sur l'effet de revenu, si bien qu'une hausse du salaire réel incite les ménages à offrir plus de travail. La courbe d'offre de travail comme la courbe de demande de travail ont une pente positive : celles-ci se coupent alors en deux points correspondant à deux équilibres de plein-emploi : un niveau de plein-emploi « faible » caractérisé par un niveau de salaire et d'emploi peu élevés, et un niveau de plein-emploi « élevé », caractérisé par un haut niveau de salaire et d'emploi. Lorsque l'offre de travail est supérieure à la demande de travail et qu'il existe un chômage involontaire, comment la situation évolue-t-elle sur le marché du travail ? Les entrepreneurs n'ont aucune raison de modifier leur demande de travail puisqu'ils maximisent leur profit à l'équilibre du marché des biens. Par ailleurs, un certain nombre de rigidités institutionnelles font que le salaire réel reste à un niveau constant. Le chômage est donc de nature à perdurer. En l'absence de conventions et de règles institutionnelles sur le marché du travail, le salaire réel a tendance à diminuer, et le marché s'achemine vers un niveau de plein-emploi faible. Quand les seules forces du marché agissent, la situation finale obtenue n'est pas optimale puisque le plein-emploi ainsi établi est dominé, du point de vue du critère de Pareto, par un équilibre « haut » de plein-emploi. Le problème réside dans le fait que l'équilibre bas est stable tandis que l'équilibre haut est instable. L'intervention de l'État et des syndicats est souhaitable, car elle seule permet d'atteindre un équilibre haut de plein-emploi assorti d'un salaire réel élevé.

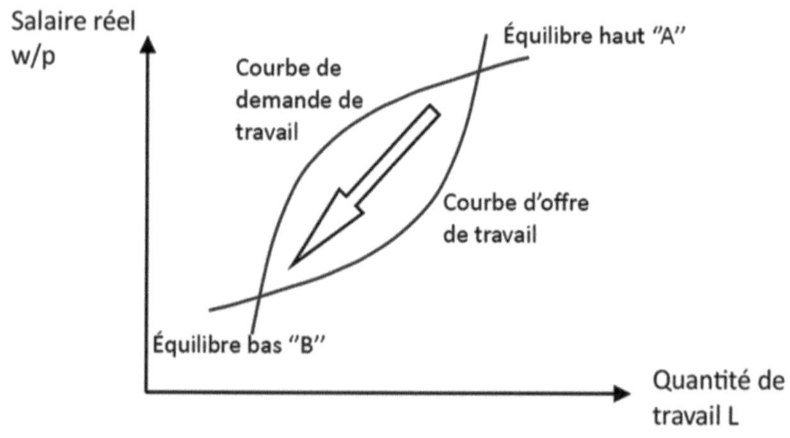

II. L'analyse économique de l'inflation

Comme toujours, les explications néoclassiques et keynésiennes s'opposent. Elles peuvent néanmoins converger sur certains points. On distingue traditionnellement trois grands types d'inflation : l'inflation par la demande, l'inflation monétaire et l'inflation par les coûts.

a. <u>L'inflation par la demande</u>

On retrouve l'explication d'une inflation par la demande chez les néoclassiques comme chez Keynes.

Chez les néoclassiques, il y a inflation par la demande lors d'un choc de demande positif sur les marchés. Un choc de demande positif signifie que pour un même niveau de prix, la quantité de biens ou de services demandée est plus forte. Cela peut résulter d'une augmentation du revenu des ménages ou d'une modification des préférences des consommateurs. Graphiquement, la courbe de demande se déplace vers la droite.

Suite au choc de demande positif, le prix et les quantités échangées à l'équilibre augmentent.

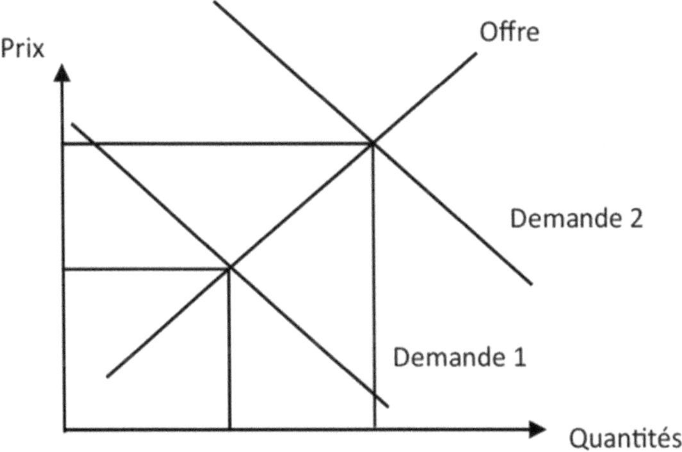

On retrouve aussi chez Keynes l'influence de la demande sur le niveau général des prix. En effet, Keynes fait l'hypothèse néoclassique de rendements décroissants (quand la quantité employée de travail augmente, la production augmente de moins en moins vite, ce qui explique une hausse des coûts marginaux de production). Or, nous avons vu que Keynes accepte le premier postulat classique, selon lequel la productivité marginale du travail est égale au salaire réel. Lorsque la demande effective augmente, les entrepreneurs ajustent le niveau de leur production à la hausse. L'augmentation de la production fait augmenter le niveau d'emploi et baisser la productivité marginale du travail. Comme le salaire réel doit être égal à cette productivité marginale pour que le profit soit maximisé, le salaire réel doit aussi baisser avec la hausse de la production. Si les salaires monétaires restent inchangés, la baisse du salaire réel passe par une augmentation du prix des biens et de services. Lorsque la conjoncture est favorable, que la demande adressée aux firmes est dynamique et que la production est en hausse, cela crée un terrain favorable à la hausse des prix.

b. <u>L'inflation par la masse monétaire</u>

L'inflation par l'augmentation de la masse monétaire en circulation st une explication fournie par la vieille théorie quantitative de la monnaie dont les premières versions remontent au XVIe siècle (Jean Bodin en 1568). Une grande partie des économistes classiques et néoclassiques ont validé et reformulé la théorie quantitative de la monnaie (avec notamment les participations d'Irving Fisher, Arthur Cecil Pigou, Don Patinkin, ou encore Milton Friedman à des époques différentes). Il est possible de la formuler très simplement. Les quantitativistes partent de l'écriture de l'équation des échanges et d'hypothèses spécifiques pour en déduire des conclusions logiques.

L'équation des échanges s'écrit $M.V = P.Y$ avec M la quantité de monnaie en circulation, V la vitesse de circulation de la monnaie (nombre de transactions qu'une unité de monnaie permet de réaliser au sein d'une période), P le niveau général du prix des biens et Y le niveau des transactions (ou niveau de revenu global, selon le modèle ou l'auteur). Elle exprime l'idée que la quantité de monnaie en circulation multipliée par sa vitesse est égale à la valeur des transactions réalisées (ou la valeur des richesses créées dans l'économie) dans le cadre d'une période. Plusieurs hypothèses sont posées.

Tout d'abord, la vitesse de circulation de la monnaie V, qui dépend des habitudes d'échanges des agents, est supposée stable. Ensuite, le volume des transactions Y (ou la quantité de bien produite Y) correspond à son niveau de plein-emploi des facteurs de production. Il ne peut donc augmenter. Enfin, la masse monétaire M est exogène, gouvernée par la Banque centrale. Il résulte de ces hypothèses que toute augmentation de la quantité de monnaie M se traduit par une augmentation des prix monétaires P d'un même montant. La monnaie n'agit pas sur l'économie réelle (aucune influence sur Y). Si une politique monétaire visait à relancer l'économie en augmentant la quantité de monnaie en circulation, elle serait inefficace puisqu'elle n'engendrerait que de l'inflation. L'inflation a une origine monétaire.

Dans le modèle de Patinkin, chaque agent est désormais doté d'une fonction de demande qui dépend du prix relatif des différents biens, mais aussi d'une encaisse réelle, rapport entre la quantité de monnaie dont dispose chaque agent et le prix d'un panier de biens représentatif. Patinkin fait rentrer la monnaie dans les fonctions d'utilité des agents en adoptant l'hypothèse que les transactions se déroulent dans un ordre aléatoire. Ainsi, les agents économiques sont exposés à un risque de liquidité lié à l'absence de synchronisation des recettes et de dépenses.

Désormais, lorsque la quantité de monnaie augmente, les demandes de biens et de monnaie se modifient puisqu'elles dépendent des encaisses détenues par les agents. Le paradoxe est ainsi résolu. Analysons précisément les conséquences d'une augmentation de la quantité de monnaie. Les agents économiques vont disposer d'une quantité de monnaie supérieure à celle qu'ils désirent. Ainsi, ils vont dépenser l'excès de monnaie en augmentant leur demande sur le marché des biens. Puisque la demande augmente, le prix des biens va augmenter, réduisant ainsi la valeur de l'encaisse réelle. L'ajustement se poursuit jusqu'à ce que la position initiale de l'économie soit retrouvée. Patinkin prétend avoir ainsi remis en cause la dichotomie (la séparation) entre secteur monétaire et secteur réel. Mais en réalité, le résultat de la théorie quantitative de la monnaie est sauvegardé. L'augmentation de la masse monétaire en circulation entraîne en effet d'encaisse réelle qui pousse les agents à augmenter leur demande de biens, ce qui pousse les prix à la hausse. Au final, les prix relatifs restent inchangés et l'encaisse réelle revient à son niveau initial : la monnaie reste neutre.

Selon le schéma de Patinkin, la détermination des prix monétaires est réalisée en deux étapes. Tout d'abord, les prix relatifs ou taux d'échange entre les biens sont déterminés en termes d'une marchandise étalon au sein de l'économie réelle. L'équilibre réel ainsi déterminé permet d'obtenir l'équilibre monétaire par le biais de l'équation quantitative. Cette dernière permet de déterminer le prix monétaire de la marchandise étalon, et par conséquent le prix monétaire des autres biens. Pour Patinkin, la constance de la vitesse de circulation n'est pas une hypothèse essentielle, car lors d'un choc positif sur l'offre de monnaie, l'effet d'encaisse réelle ne joue pas immédiatement, ce qui se traduit par une baisse temporaire de la vitesse de circulation.

c. <u>La contestation keynésienne de la théorie de l'inflation par la masse monétaire</u>

Keynes (notamment) a contesté la validité de la théorie quantitative de la monnaie aussi bien dans la *Théorie Générale* que dans ses écrits postérieurs à 1936.

Keynes remet en cause à la fois la théorie quantitative de la monnaie et la théorie des fonds prêtables. Sur la base de la théorie du multiplicateur, il remet en cause l'idée que l'investissement est financé par l'épargne des ménages comme c'est le cas chez Hayek. En effet, la mise en œuvre de l'investissement entraîne la formation d'un revenu qui sera en partie consommé et en partie épargné. L'épargne est la conséquence de l'investissement, pas la cause. Par ailleurs, le niveau de l'épargne ne dépend pas du taux d'intérêt, mais de la propension marginale à consommer. Il n'est donc plus possible de concevoir la détermination du taux d'intérêt comme la confrontation d'une offre et d'une demande d'épargne. Pour Keynes, le taux d'intérêt est déterminé sur le marché de la monnaie.

Sur le marché de la monnaie se confrontent une offre et une demande de monnaie. L'offre est supposée exogène comme chez les auteurs néoclassiques : son niveau est gouverné par la banque centrale. La demande de monnaie dépend de plusieurs motifs : le motif de transaction, de précaution et de spéculation. Le motif de transaction est lié au manque de synchronisation entre les recettes et les dépenses. Le motif de précaution renvoie à l'inquiétude des agents vis-vis du futur dans un contexte d'incertitude. La détention de liquidité apaise cette inquiétude. Enfin, le motif de spéculation correspond à l'arbitrage du partage de l'épargne entre monnaie et titres en fonction du taux d'intérêt. Les agents économiques qui anticipent une hausse du taux d'intérêt, donc qui espèrent un gain en capital futur, auront tendance à acheter des obligations. À l'inverse, les baissiers voudront convertir leurs titres financiers en monnaie. La demande de monnaie est une fonction décroissante du taux d'intérêt pour le motif de spéculation. Celle ayant pour objet le déroulement des transactions et l'épargne de précaution sont une fonction croissante du revenu.

L'offre et la demande de monnaie se confrontent sur le marché de la monnaie et permettent la détermination du taux d'intérêt. Ce dernier n'est plus le prix de la renonciation à la consommation présente comme chez Hayek, mais le prix de la renonciation à la liquidité. Une politique monétaire expansive entraîne une réduction du taux d'intérêt. En effet, lorsque l'offre de monnaie augmente, le marché est en situation d'excès d'offre. Le retour à l'équilibre passe par une baisse du taux d'intérêt qui fait augmenter la demande de monnaie pour motif de spéculation.

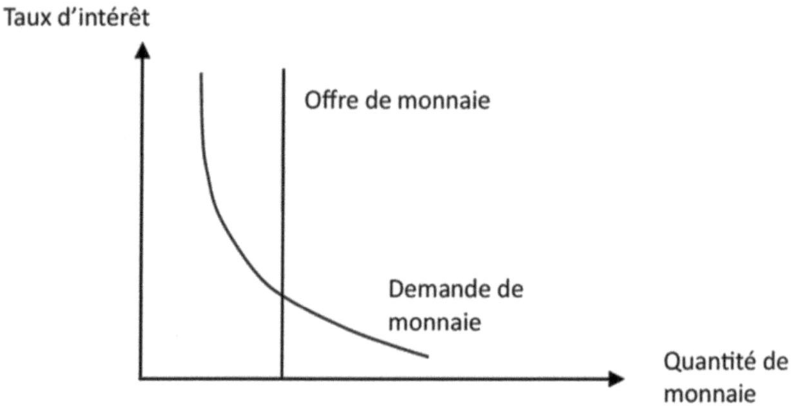

Or, l'investissement est une fonction décroissante du taux d'intérêt. Une telle politique monétaire expansionniste entraîne donc une augmentation de l'investissement. L'augmentation de l'investissement entraîne elle-même un effet multiplicateur sur le revenu global et l'emploi. L'augmentation exogène de la masse monétaire provoque ainsi une augmentation du revenu global. La monnaie n'est pas neutre. Elle a des répercussions sur l'économie réelle.

Au lieu d'avoir le schéma quantitatif $\Delta M \rightarrow \Delta P$ (l'augmentation de la masse monétaire entraîne une augmentation des prix) propre à Irving Fisher et Hayek (notamment), on a le lien causal $\Delta M \rightarrow \Delta Y$ (l'augmentation de la masse monétaire entraîne une augmentation du revenu global). Cependant, dans le schéma keynésien, tout processus d'expansion entraîne une augmentation des prix puisque lorsque l'emploi augmente, la productivité marginale du travail diminue. Le salaire réel s'ajuste à la baisse via une hausse du prix des biens. Pour être plus exact, le schéma causal keynésien est donc : $\Delta M \rightarrow \Delta Y + \Delta P$ (l'augmentation du revenu global entraîne un accroissement du revenu global et des prix).

La théorie quantitative de la monnaie n'est finalement qu'un cas particulier de la théorie plus générale de Keynes. En situation de chômage involontaire, l'augmentation de l'offre de monnaie est de nature à accroître l'investissement, le revenu global et donc l'emploi au sein de l'économie réelle. Ce n'est que lorsque le plein-emploi de la main-d'œuvre est atteint que l'accroissement de la masse monétaire ne fait qu'augmenter le niveau des prix.

Dans des articles postérieurs à la publication de la *Théorie Générale*, Keynes sent bien qu'il existe des contradictions au sein de son analyse. D'une part, il affirme que l'investissement, en donnant naissance à une distribution de revenu, contribue à la formation de l'épargne (théorie du multiplicateur). Dans ce cadre se pose la question de savoir comment est financé l'investissement puisqu'il l'épargne est le résultat et non la cause de l'investissement. Or, sa théorie du taux d'intérêt postule que l'offre de monnaie est exogène. Il est impossible d'envisager que l'investissement provoque un accroissement de l'offre de monnaie pour le financer. Il y a donc là une contradiction. C'est sans doute pour cette raison que Keynes introduit un quatrième motif de demande de monnaie : le motif de finance. Keynes affirme que l'investissement, mais aussi la mise en œuvre de tout type de production, nécessite une avance initiale de la part des banques. Le motif de finance permet donc le démarrage de l'activité productive. On se situe ici dans l'optique d'une offre de monnaie endogène. Si l'offre de monnaie est endogène, cela signification qu'elle augmente suite à une augmentation du niveau de l'activité économique et des prix. La relation de causalité quantitativiste qui va de la masse monétaire vers les prix est donc renversée.

d. <u>La contestation postkeynésienne de la théorie de l'inflation par la masse monétaire : l'horizontalisme</u>

Les postkeyénsiens (Moore[43], Kaldor) soulignent que la Banque centrale se révèle être très accommodante et fournit toute la liquidité dont ont besoin les banques. La création

---

[43] Moore, B.J., (1988), *Horizontalists and Verticalists : the Macroeconomics of Credit Money*, Cambridge University Press.

monétaire, autrement dit l'offre de monnaie, résulte de la demande de crédit des clients des banques. L'offre n'est plus indépendante de la demande ; elles sont liées intrinsèquement. Le taux d'intérêt directeur est fixé de manière exogène par la Banque centrale. Les banques de second rang appliquent à ce taux d'intérêt un « mark-up », c'est-à-dire un taux de marge, dont le niveau dépend du degré de monopole du système bancaire. Ainsi, pour un taux d'intérêt donné, l'offre de monnaie est infinie et se présente comme une courbe horizontale dans le plan (taux d'intérêt, quantité de monnaie). Dans la théorie de l'offre de monnaie exogène (théorie quantitative de la monnaie, *Théorie Générale* de Keynes), le taux d'intérêt est fixé par un mécanisme de marché et l'offre de monnaie est fixée par la Banque centrale indépendamment du taux d'intérêt. L'offre de monnaie est donc une droite verticale dans le plan (taux d'intérêt, quantité de monnaie). Les postkeynésiens sont donc qualifiés d'horizontalistes par opposition aux économistes néoclassiques « verticalistes ».

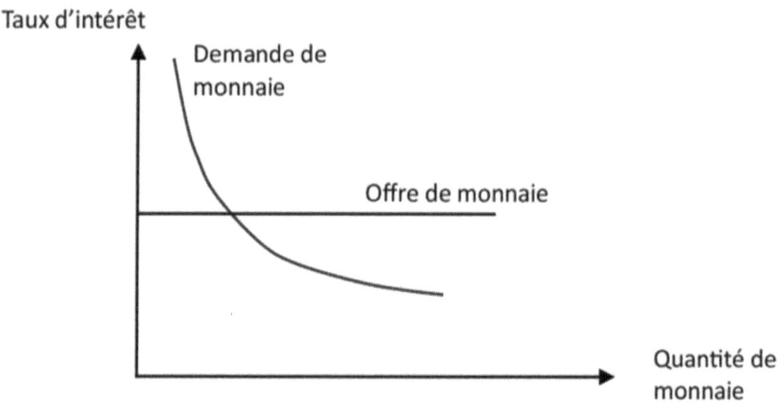

On retrouve dans ce schéma l'idée que les banques répondent passivement aux demandes de crédit de leurs clients et se refinancent ensuite auprès de la Banque centrale qui est elle-même accommodante. Pour justifier leur argument, Moore s'appuie sur cinq arguments :

- L'observation montre que la Banque centrale répond aux besoins des banques pour assurer la stabilité du système bancaire ;

- Les études statistiques remettent en cause le lien de causalité univoque qui va de la masse monétaire au niveau des prix cher à la théorie quantitative de la monnaie ;

- Les prêts font les dépôts, après quoi les banques cherchent à se refinancer auprès de la banque centrale ;

- Les variations de la quantité de monnaie peuvent être expliquées par les variations de l'activité économique à travers des travaux empiriques ;

- Puisque les emprunteurs disposent de lignes de crédit non utilisées, ce sont les emprunteurs qui déterminent l'offre de monnaie et non l'inverse.

La théorie des horizontalistes stricts abandonne la théorie de la préférence pour la liquidité de Keynes. En effet, chez Keynes, la préférence pour la liquidité détermine la demande de monnaie et contribue à la détermination du taux d'intérêt, pour une offre de monnaie donnée. Or, le principe de demande effective et la théorie du multiplicateur impliquent de considérer que l'épargne est postérieure à l'investissement. L'investissement doit donc être financé par une création de monnaie endogène. Or, si l'offre de monnaie est endogène, cela remet entièrement en question la théorie du taux d'intérêt de Keynes. Il faut donc choisir entre la théorie de la préférence pour la liquidité et le principe de la demande effective et du multiplicateur), avec l'hypothèse d'offre de monnaie endogène.

e. <u>Les théories postkeynésiennes de l'inflation par les coûts et les conflits de répartition</u>

En supposant que l'offre de monnaie est endogène, les postkeynésiens remettent en cause la théorie quantitative de la monnaie. La lecture de l'équation des échanges ne consiste plus à dire $\Delta M \rightarrow \Delta P$ (l'augmentation de la masse monétaire entraîne une augmentation des prix), mais $\Delta Y \rightarrow \Delta M$ (l'augmentation de la production nécessite un accroissement de la masse monétaire). Ainsi pour Weintrub, le prix des biens ne dépend pas de la quantité de monnaie en circulation, mais d'un « mark-up » sur les coûts salariaux unitaires :

$$P = k\left(\frac{W}{Y}\right)$$

Avec k le « mark-up », W la masse salariale et Y le niveau de production. Si on divise le numérateur et le dénominateur par la quantité de travail, on obtient :

$$P = w/\left(\frac{Y}{L}\right)$$

Avec w le salaire unitaire *et* Y/L la productivité du travail. Si la productivité du travail est constante à court terme, on peut écrire :

$$P = P(w)$$

Si dans le cadre de négociations, les syndicats de salariés obtiennent une augmentation du salaire unitaire w, le niveau des prix P va augmenter également. On voit avec l'équation des échanges que l'augmentation des prix, pour un volume de production et une vitesse de circulation de la monnaie constants, entraîne le besoin d'un accroissement de l'offre de monnaie. Soit, les banques sont accommodantes et fournissent la liquidité nécessaire, auquel cas le niveau de production peut se maintenir. Soit, les banques n'accordent pas les crédits nécessaires, et la production chute par « credit crunch » ou effondrement du crédit. On explique alors que les prix peuvent rester élevés alors même qu'il y a récession. La remise en cause de la courbe de Phillips est alors expliquée par les post-keynésiens sur la base d'une analyse totalement différente de celle de Friedman. L'inflation ne résulte d'un accroissement de la masse monétaire, mais de tensions sur le partage de la valeur ajoutée. Si la masse monétaire ne s'adapte pas aux besoins de l'activité économique, la récession est inévitable.

Le même type de raisonnement peut être mené d'après les postkeynésiens en termes de boucle prix-profit. C'est un élément d'explication de l'inflation qu'ont connu les économies développées après la crise de la covid de 2020. Yves Besançon a ainsi écrit dans un article publié en 2022 sur le site de l'Institut Rousseau la chose suivante :

« L'enclenchement d'une telle boucle est rendu possible en raison, d'une part, de la faiblesse du pouvoir de négociation salariale des salariés, conséquence, entre autres, d'un certain nombre d'évolutions contemporaines (développement du chômage de masse, précarisation de l'emploi, désyndicalisation, recul d'une législation du travail protectrice des travailleurs, etc.) ; et, d'autre part, même dans le cadre d'une concurrence exacerbée par la mondialisation, de l'existence d'un pouvoir de marché (« pricing power » en anglais) encore important des entreprises, tout du moins des grands groupes, qui ne craignent pas ou peu de perdre des parts de marché en répercutant sur leurs prix de vente la hausse du coût de leurs consommations intermédiaires, et ce, de façon plus que proportionnelle, afin d'en profiter pour augmenter leurs profits unitaires.

Depuis le milieu des années 1970, on assiste à un ralentissement structurel des gains de productivité du travail. Le phénomène concerne toutes les économies de marché avancées. Dans ces conditions, c'est donc la rémunération des salariés en termes réels (salaires nominaux après déduction de l'inflation) qui sert de variable d'ajustement : ces derniers se voient subir une baisse de leurs salaires réels avec des hausses de salaires nominaux nettement inférieures à l'inflation, ce qui permet aux entreprises de maintenir à un niveau élevé voire d'augmenter leurs marges bénéficiaires et de continuer à écraser la part des salaires dans la valeur ajoutée afin, en final, de distribuer des dividendes nominaux (et réels !) toujours plus confortables à leurs actionnaires ! L'observation des derniers comptes trimestriels disponibles des sociétés non financières, publiés par l'Insee, éclaire fort bien quant à l'enclenchement de cette boucle "prix-profits" : au cours du second semestre 2021 et du premier semestre 2022, période où le rythme de l'inflation s'accélère (5,8 % en glissement annuel en juin 2022 contre 1,5 % en juin 2021), alors que les gains de productivité du travail s'affaissent, c'est bien la baisse des salaires réels qui permet aux entreprises de maintenir leur taux de marge à un niveau élevé de l'ordre de 32 %».[44]

f. La théorie budgétaire (néoclassique) du niveau des prix

Au début des années 80 est née l'idée selon laquelle une bonne politique monétaire de contrôle de la masse monétaire est une condition nécessaire, mais non suffisante de la stabilité des prix. Si la politique budgétaire n'est pas rigoureuse, elle peut générer de l'inflation en dépit de la bonne conduite de la banque centrale. On doit cette théorie budgétaire de l'inflation aux économistes néoclassiques Woodford[45] ou encore Sargent et Wallace[46].

Les auteurs distinguent deux situations.

Premier cas. L'État mène une politique budgétaire dans le souci de respecter sa contrainte budgétaire intertemporelle : la somme actualisée des surplus primaires (Recettes fiscales – Dépenses publiques) doit être égale au stock réel de dettes à rembourser, et ce faisant, si les pouvoirs publics mènent une politique budgétaire expansive, ils s'engagent à augmenter le surplus budgétaire dans le futur pour rembourser l'endettement qui en résulte. La politique monétaire est alors dominante : elle peut fixer le taux d'inflation qu'elle juge convenable dans l'économie en fixant la masse monétaire en circulation dans l'économie (théorie quantitative de la monnaie). Il s'agit d'un cas qualifié de « ricardien » : conformément à la théorie de l'équivalence ricardienne, une augmentation de la dette publique aboutit à une augmentation future des impôts pour financer le surplus d'endettement, ce que les ménages sont censés anticiper rationnellement.

---

[44] https://institut-rousseau.fr/linflation-par-les-profits-la-derniere-nouvelle-bequille-dun-capitalisme-actionnarial-ecocidaire-et-moribond/
[45] Woodford M. (1998), « Public Debt and the Price Level », *Mimeo*, juillet.
[46] Sargent T. J. et Wallace N. (1981), « Some Unpleasant Monetarist Arithmetic », *Quarterly Review*, Federal Reserve Bank of Minneapolis, vol. 5, automne.

Second cas. L'État mène une politique budgétaire expansionniste sans se soucier du respect de sa contrainte budgétaire : il néglige le fait qu'une augmentation des impôts est nécessaire lorsque son stock de dettes augmente. Ainsi, c'est l'augmentation du niveau général des prix qui va permettre d'assurer *a posteriori* le respect de sa contrainte budgétaire. L'augmentation des dépenses publiques, en l'absence d'une augmentation des impôts, entraîne une augmentation de la demande de biens qui entraîne une augmentation des prix (loi de l'offre et de la demande). Dans ce cas, qualifié de non-ricardien, la politique monétaire perd le contrôle du niveau général des prix. Le dérapage budgétaire est à la source de l'inflation malgré les objectifs de stabilité des prix de la politique monétaire. La contrainte budgétaire intertemporelle de l'État peut s'écrire

$$Somme\ actualisée\ des\ surplus\ budgétaires = stock\ de\ dette\ réelle$$

$$Somme\ actualisée\ des\ déficits\ budgétaires = \frac{Dette}{Niveau\ général\ des\ prix}$$

Par conséquent, on peut écrire le niveau général des prix de la manière suivante :

$$Niveau\ général\ des\ prix = \frac{Stock\ de\ dette}{Somme\ actualisée\ des\ surplus\ budgétaires}$$

Ainsi, si l'État mène une politique budgétaire expansive sans s'engager à corriger le surplus budgétaire primaire par une hausse des impôts ou une baisse des dépenses publiques, le surplus budgétaire diminue (dénominateur) et le niveau général des prix augmente.

À cet égard, Ayoub, Creel et Farvaque (2008)[47] affirment que
« la théorie budgétaire du niveau des prix repose donc fondamentalement sur la transformation de la contrainte budgétaire intertemporelle de l'État en une condition d'équilibre de l'économie ; elle repose dès lors sur la distinction entre l'équilibre défini *ex ante* et l'équilibre défini *ex post*. Dans le second cas, la contrainte budgétaire est purement et simplement une identité comptable. L'originalité du raisonnement ex ante consiste à différencier deux types d'équilibre budgétaire du gouvernement : l'un dans lequel le gouvernement assure lui-même son équilibre intertemporel ; l'autre dans lequel les agents privés (ou la banque centrale) s'en chargent. Ce second cas de figure constitue l'élément central de la théorie budgétaire : si la contrainte budgétaire de l'État est bel et bien satisfaite à l'équilibre, elle ne l'est pas automatiquement par l'État lui-même, quels que soient les niveaux des prix et des taux d'intérêt».

Il est possible de faire apparaître autrement la relation entre stock de dette publique et niveau des prix en combinant l'équation quantitative et la définition de la richesse réelle détenue par les agents économiques.

Rappelons que d'après la théorie quantitative de la monnaie, le niveau général des prix est déterminé par l'équation des échanges $M.V = P.Y$ ou, dans le modèle de Pigou, par l'égalité entre l'offre réelle de monnaie et la demande de monnaie :

$$\frac{M}{P} = M^d$$

Cette demande de monnaie est une fonction croissante du revenu distribué Y. On peut donc écrire :

---

[47] Ayoub H., Creel J., Farvaque É. (2008), «Détermination du niveau des prix et finances publiques : le cas du Liban, 1965-2005», *Revue d'économie du développement*, ,Vol. 16, p. 115-141. DOI : 10.3917/edd.223.0115. URL : https://www.cairn.info/revue-d-economie-du-developpement-2008-3-page-115.htm

$$M^d = \alpha Y$$

Comme l'offre de monnaie doit être égale à la demande de monnaie, on peut écrire le niveau général des prix de la façon suivante :

$$P = \frac{M}{\alpha Y}$$

Si à présent on considère que les ménages détiennent de la richesse non seulement sous forme de monnaie, mais aussi sous forme de bons du Trésor matérialisant le stock de dettes publiques B. La richesse réelle w peut donc s'écrire :

$$w = \frac{M + B}{P}$$

En remplaçant M par son expression, on obtient :

$$w = \alpha Y + \frac{B}{P} \ \Rightarrow\ w - \alpha Y = \frac{B}{P} \ \Rightarrow\ \frac{P}{B} = \frac{1}{w - \alpha Y}$$

Au final, on obtient la relation :

$$P = \frac{B}{w - \alpha Y}$$

Autrement dit, tout accroissement du stock de la dette publique entraîne une augmentation du niveau général des prix indépendamment de l'accroissement de la masse monétaire.

Les théories budgétaires du niveau général des prix font un certain nombre d'hypothèses très discutables et ne s'appuient sur aucun fait observable. Notamment, ils considèrent que les recettes fiscales et les dépenses publiques sont exogènes ; ils ignorent le fait qu'une augmentation de la dépense publique peut générer des recettes fiscales via l'effet multiplicateur. L'effet positif sur le PIB contribue au respect de la contrainte budgétaire intertemporelle. Ces modèles ignorent l'effet multiplicateur puisque dans les principaux modèles, le PIB est une donnée, un paramètre. Elles font également la vieille hypothèse, aujourd'hui désuète, que dans le régime ricardien, l'offre de monnaie est exogène et gouvernée par la banque centrale. En régime non ricardien, certains modèles montrent que la banque centrale est obligée d'augmenter l'offre de monnaie pour financer directement l'État (ce qui fait augmenter les prix), ce qui est peu crédible dans un univers où la plupart des Banques Centrales ont une interdiction du financement monétaire des déficits publics.

III. L'arbitrage inflation-chômage

L'arbitrage inflation-chômage est analysé traditionnellement à travers la courbe de Phillips dont nous allons analyser les différentes déclinaisons.

a. <u>La relation statistique</u>

En 1958, l'économiste néo-zélandais, Alban Phillips[48] (1914-1975) met en évidence une relation statistique, pour la Grande-Bretagne entre 1861 et 1957 (avec une décomposition en trois sous-périodes : 1861-1913, 1913-1948 puis 1948-1957), entre le taux de chômage et le taux de croissance des salaires nominaux. La relation est décroissante, ce qui peut être interprété de la façon suivante : lorsque le taux de chômage diminue, le pouvoir de négociation salariale augmente, ce qui permet une hausse plus importante des salaires monétaires. À l'inverse, lorsque le taux de chômage augmente, les entreprises sont dans la capacité de choisir leurs recrues parmi une offre abondante de travail et par conséquent, les salaires augmentent de façon moins importante.

b. <u>La relation théorique de Samuelson et Solow</u>

Par la suite, les économistes Lipsey, Samuelson et Solow[49] ont fait de cette relation statistique une relation théorique. En supposant que le partage salaire-profit est constant, toute hausse du salaire monétaire est répercutée sur les prix par les

---

[48] Phillips, A. (1958), "The Relation Between Unemployment and the Rate of Change of Money Wage. Rates in the UK", 1861-1957, *Economica*, vol. 25, p. 283-299.

[49] Samuelson, P..A., Solow, R., (1960), « Analytical Aspects of Anti-Inflation Policy », *American Economic Review*, 50(2), p. 177–194.

firmes qui souhaitent maintenir la part des profits dans la richesse créée. Le partage de la richesse dépend en effet de l'évolution respective du salaire réel (pouvoir d'achat du salaire) et de la productivité du travail. Écrivons la part des salaires dans la richesse créée :

$$\frac{w.L}{Y.P} = \frac{\dfrac{w}{P}}{\dfrac{Y}{L}}$$

Avec w le salaire monétaire, L la quantité de travail employée, Y la quantité de bien produite et P le prix unitaire du bien. w/p représente le salaire réel et Y/L la production par salarié ou productivité moyenne du travail. Si la productivité moyenne du travail reste constante, toute hausse du salaire monétaire doit se répercuter sur le niveau des prix pour que la part des salaires dans la richesse créée n'augmente pas. Ainsi, on obtient une relation théorique décroissante entre le taux de chômage et le taux d'inflation. L'explication est que lorsque le taux de chômage diminue, les salaires monétaires augmentent davantage en raison d'un rapport de force favorable aux salariés. Cette hausse plus grande des salaires monétaires est répercutée sur les prix, ce qui génère un taux d'inflation plus élevé.

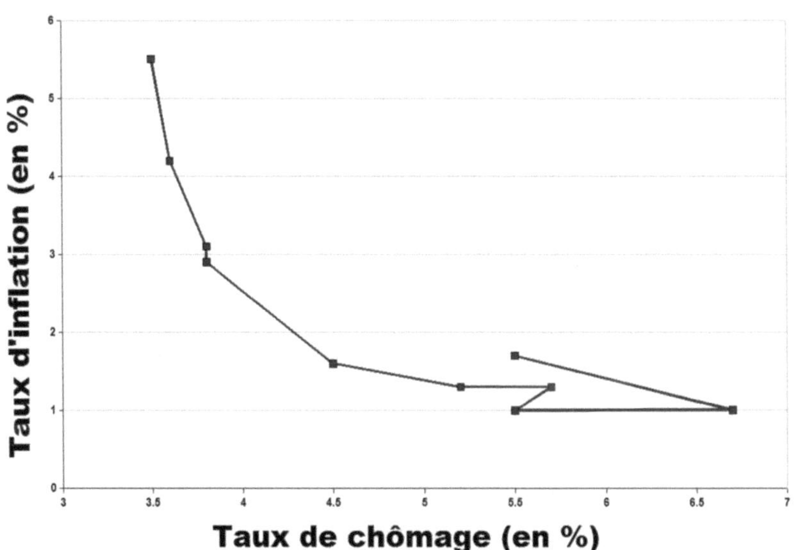

Les pouvoirs publics se retrouvent donc face à un dilemme : ils doivent choisir entre lutter contre l'inflation, au prix d'un taux de chômage plus élevé, ou contre le chômage, au prix d'une inflation plus haute. On peut retrouver ce résultat en reconstituant l'analyse de Keynes présentée dans la *Théorie Générale* : lorsque la demande effective augmente, l'emploi augmente, le chômage diminue, ce qui fait baisser la productivité marginale du travail (loi des rendements marginaux décroissants), donc baisser le salaire réel (pour maximiser leur profit, les entreprises égalisent la productivité marginale du travail au salaire réel). Si le salaire monétaire est constant, cela signifie que le niveau des prix augmente. On a donc bien une relation entre baisse du chômage et hausse des prix.

Après le choc pétrolier de 1974, une nouvelle configuration économique apparaît néanmoins : la coexistence d'un chômage élevé et d'un taux d'inflation élevé. Cela a amené Milton Friedman à réviser le modèle de la courbe de Phillips.

c. <u>Le modèle de Friedman[50]</u>

Le point de départ de Friedman est de considérer qu'il existe dans l'économie un taux de chômage naturel qui dépend des structures du marché du travail : taux d'activité des jeunes et des femmes, taux de syndicalisation des salariés, salaire minimum, parafiscalité portant sur les salaires, niveau de formation des actifs, circulation de l'information sur le marché, etc.

Ce taux de chômage est insensible aux chocs de politique économique conjoncturelle.

La seconde hypothèse de Friedman est que les salariés font des anticipations adaptatives sur les prix. Cette hypothèse consiste à dire que les salariés font des erreurs d'anticipation et qu'ils corrigent leur erreur progressivement dans le temps. On peut ainsi écrire :

---

[50] Friedman, M., (1968), « The Role of Monetary Policy », *The American Economic Review*, vol. 58, March, p. 1-17.

$$P^a_{t+1} - P^a_t = \beta(P_{t+1} - P_t)$$

La variation du prix anticipé entre t et t+1 dépend ainsi de l'erreur d'anticipation à la période t pondérée d'un facteur de correction ß. Si le facteur de correction ß=1, l'anticipation est statique et ne se modifie pas de période en période. Friedman fait l'hypothèse que le facteur de correction est inférieur à 1.

Supposons à présent que la banque centrale souhaite faire diminuer le taux de chômage sous son niveau naturel en menant une politique monétaire expansionniste d'accroissement de l'offre de monnaie. En vertu de la théorie quantitative de la monnaie, le prix des biens va augmenter. Cela fait diminuer le pouvoir d'achat du salaire ou salaire réel. Les salariés ne prennent pas immédiatement conscience de l'inflation et n'exigent pas de hausse de salaire. Puisque le salaire réel diminue, l'emploi augmente, de même que le niveau de production. La monnaie produit des effets sur l'économie réelle. Le taux de chômage diminue. Mais ce n'est que transitoire. Progressivement, les salariés corrigent leur erreur d'anticipation et demandent des hausses de salaire en conséquence. Le niveau du salaire réel augmente, ce qui fait diminuer l'emploi et augmenter le taux de chômage. La correction des anticipations a lieu jusqu'à ce qu'elles redeviennent exactes et que le taux de chômage revienne à son niveau naturel. À long terme, la monnaie reste neutre. L'accroissement de la quantité de monnaie dont l'objet initial était de relancer l'économie n'a fait qu'accélérer l'inflation. Pour maintenir le taux de chômage sous son niveau naturel, il faut injecter dans l'économie des doses d'inflation de plus en plus élevées : la thèse de Friedman est appelée « thèse accélérationniste ».

Ainsi, à court terme, on a bien une courbe de Phillips (reliant taux de chômage et taux d'inflation) décroissante. Cette dernière est paramétrée par les anticipations de prix des salariés qui conditionne le niveau du salaire réel. Par contre, à long terme, la courbe de Phillips est verticale : le taux de chômage reste à son niveau naturel et demeure indépendant des doses d'inflation injectées dans l'économie par les autorités monétaires.

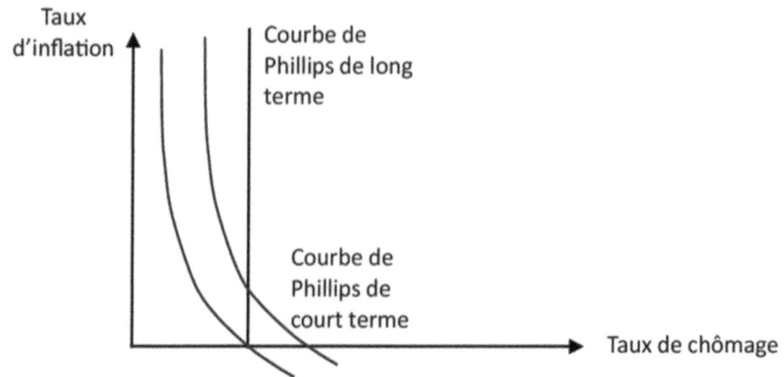

d. <u>La relation de Phillips-Lucas[51]</u>

L'objet des travaux de la Nouvelle École Classique est de réaffirmer les conclusions de la théorie quantitative de la monnaie, à savoir la neutralité de la monnaie et l'inefficacité de la politique monétaire expansionniste (et de toute autre politique économique de type keynésien). Pour cela, ils basent leur raisonnement sur l'hypothèse d'anticipation rationnelle tirée des travaux de J. Muth. D'après cette conjecture, les agents économiques exploitent toute l'information disponible pour former leurs anticipations sur la base du modèle de l'économie dont ils ont la connaissance. Les agents peuvent réaliser malgré cela des erreurs d'anticipation. Cependant, elles ne sont pas systématiques et ne sont pas toujours réalisées dans le même sens. Par conséquent, en moyenne, la situation anticipée est celle qui est finalement réalisée.

Par ailleurs, Lucas, Sargent et Wallace supposent que les prix sont parfaitement flexibles. Les marchés sont toujours équilibrés et le plein-emploi est réalisé. Seul règne dans l'économie un chômage de type volontaire.

La fonction d'offre de bien du modèle de la Nouvelle École Classique est la suivante :

---

[51] Lucas, R. (1972), « Expectations and the Neutrality of Money », *Journal of Economic theory*, vol.4, p. 103-124.

$$Y^S = Y^N + b(P - P^a) + \varepsilon$$

avec Y^S la production offerte, Y^N niveau de production « naturel » ou de plein-emploi, P le prix effectif du bien offert, P^a le prix anticipé du même bien et enfin ε une composante aléatoire exogène de type « choc pétrolier ».

La fonction de demande est notée quant à elle :

$$Y^D = hM - cP$$

avec YD la quantité de bien demandée par les ménages, M les encaisses monétaires et P le prix du bien. Autrement dit, la demande de bien est une fonction croissante de la quantité de monnaie détenue par les agents et une fonction décroissante du niveau du prix du bien.

La fonction d'offre est une fonction croissante du prix du bien. En effet, le niveau de production est déterminé par le niveau d'emploi déterminé sur le marché du travail. Or, la fonction de demande de travail dépend du taux de salaire réel, ou rapport entre le salaire monétaire et le prix du bien. Lorsque le prix du bien augmente, le salaire réel diminue et la demande de travail des firmes augmente. Ainsi, la production augmente lorsque les prix augmentent en raison de l'accroissement de la demande de travail. Lorsque l'écart entre le prix réalisé et le prix anticipé est nul, c'est-à-dire en l'absence d'erreur d'anticipation des agents économiques, la production offerte est égale à son niveau naturel.

Autrement dit, avec l'hypothèse d'anticipation rationnelle, l'écart entre le prix effectif et le prix anticipé est nul et le niveau de production reste à son niveau naturel. Supposons par exemple que les autorités monétaires souhaitent faire augmenter le niveau d'emploi en relançant la demande : la quantité de monnaie en circulation augmente, ce qui fait croître la demande adressée aux firmes. Conformément à la théorie quantitative de la monnaie, la hausse de la masse monétaire fait augmenter les prix. Cette hausse des prix est parfaitement anticipée par les ménages. Ainsi, pour compenser leur perte de pouvoir d'achat, les salariés réclament une hausse du salaire monétaire, de sorte que le salaire réel initial soit rétabli. Puisque le salaire réel dont dépend la demande de travail des firmes reste inchangé, le niveau d'emploi reste constant, de même que le niveau de production qui reste à son niveau naturel. La monnaie n'a pas d'influence sur l'économie réelle.

Les nouveaux classiques formulent la « critique de Lucas » (1972) à l'encontre des politiques économiques. Si les mesures de politique économique s'appuient sur l'observation des comportements économiques passés en supposant que ce qui s'est déjà passé se reproduira dans le futur, les agents économiques peuvent anticiper rationnellement les mesures de politique économique et par là-même en annuler les effets. L'adaptation du comportement des agents économiques fait que le modèle sur lequel s'appuie la politique économique est caduc. Il faut en changer, car il est devenu inefficace. Seule une mesure de politique économique non annoncée, qui prend par surprise les agents, peut être efficace transitoirement. Le fait que la hausse des prix résultant de la politique économique ne soit pas anticipée fait baisser le salaire réel et augmenter l'offre de bien. Cependant, l'erreur d'anticipation est rapidement corrigée et les niveaux de production et d'emploi reviennent à leur niveau naturel. Le problème posé par les politiques économiques « surprise » est qu'elles ruinent la crédibilité des autorités monétaires auprès des agents. Ces derniers vont donc avoir tendance à avoir des anticipations de hausse de prix plus élevées, ce qui entretiendra l'inflation. Les autorités monétaires doivent donc respecter une règle de politique monétaire stricte de lutte contre l'inflation pour ne pas entamer la confiance des ménages et des entreprises.

Il résulte de cette analyse que la courbe de Phillips-Lucas est verticale. Dans un repère avec en abscisse le taux de chômage et en ordonnée le taux d'inflation, la courbe qui relie le taux de chômage au taux d'inflation est verticale. Cela signifie que pour Lucas, le taux de chômage est égal à son niveau « naturel » et qu'il est indépendant du taux d'inflation généré par la politique monétaire expansionniste.

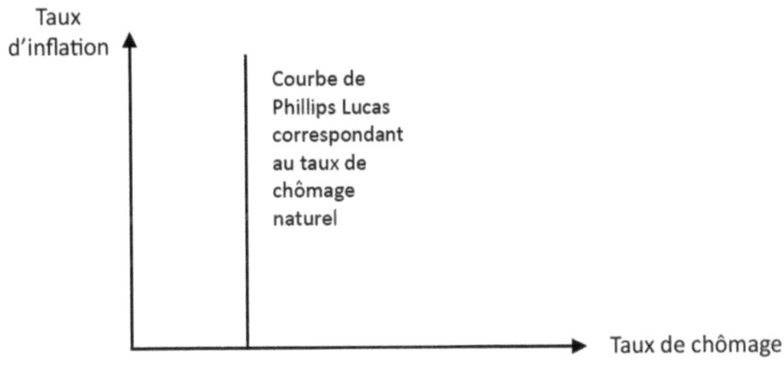

e. <u>La nouvelle courbe de Phillips (New Philips Curve)</u>

Il existe plusieurs méthodes de construction de la Nouvelle Courbe de Phillips dont les fondements sont microéconomiques. Nous retiendrons la règle du « pricing » à la Calvo. Le but de chaque entrepreneur est de maximiser pour chaque période la valeur réelle des actions de la firme. Pour cela, il fixe le prix du bien de consommation qu'il produit, prix dont dépend le profit réalisé par la firme et donc le dividende à verser aux actionnaires. Par hypothèse, les entrepreneurs connaissent le prix du bien de la période précédente. Le marché envoie un signal à chaque entrepreneur indiquant s'il est profitable ou non de modifier le prix du bien. Le signal encourageant les entrepreneurs à modifier leur prix arrive avec une certaine probabilité ; le signal indiquant qu'il convient de laisser le prix inchangé arrive avec une probabilité identique ou différente. On suppose alors que l'entrepreneur représentatif fixe son prix en minimisant sa fonction de pertes.

La firme, dans un contexte où elle est incapable de modifier son prix à chaque période, tente de fixer son prix de sorte de rester proche de la moyenne pondérée des prix optimaux qui auraient été fixés en l'absence de rigidité. Ce prix optimal, dans un monde sans friction, est égal au coût marginal auquel on ajoute une marge. On peut par approximation affirmer que lorsque la production courante au-dessus de son niveau optimal, la concurrence entre les facteurs de production fait monter le coût marginal. On peut donc remplacer l'expression par l'output gap, à savoir la différence entre la production courante et la production potentielle de plein-emploi :

La nouvelle courbe de Phillips fait donc dépendre l'inflation de deux éléments :

- L'inflation anticipée à la période t pour la période future $t+1$;
- L'output gap.

Rappelons que dans l'ancienne courbe, l'inflation courante dépend de l'inflation anticipée en $t-1$ pour la période t et du taux de chômage. Une accélération de l'inflation entraîne nécessairement une diminution du taux de chômage, et donc une accélération de la croissance à court terme.

Avec la nouvelle courbe de Phillips, le résultat est inverse. La courbe dépend des anticipations d'inflation formulées à la période t pour la période $t+1$. Une accélération de l'inflation annoncée par la Banque centrale implique un output gap négatif, c'est-à-dire une diminution de la production courante et une augmentation du chômage ! La politique monétaire est a donc des effets sur l'économie réelle, mais il n'existe plus de dilemme entre inflation-chômage : plus d'inflation s'accompagne d'un supplément de chômage, tandis que la désinflation va de pair avec une accélération de la croissance économique.

f. <u>La remise en cause de la courbe de Phillips et la courbe de Phillips postkeynésienne</u>

Les économistes ont pu observer durant la décennie 2010 (jusqu'en 2020) que même en étant proches du plein-emploi, certains pays ont connu un taux d'inflation très bas, ce qui a remis en cause les résultats de la courbe de Phillips-Samuelson-Solow, mais confirmé les conclusions que la New Phillips Curve. Plusieurs explications ont été avancées :

- La multiplication des contrats courts et précaires chez les salariés n'est pas favorable à des revendications salariales en matière de hausse de salaire ;
- L'affaiblissement des syndicats, qui ne sont plus à même d'obtenir des hausses de salaire significatives quand la conjoncture s'améliore ;
- L'internationalisation de l'économie entraîne un accroissement considérable de la concurrence entre les firmes qui cherchent toutes à comprimer les coûts et les prix de vente au maximum pour gagner des parts de marché et rester compétitives.

Ces derniers affirment que la courbe de Phillips s'est aplatie pour devenir quasi horizontale à court terme : lorsque la conjoncture s'améliore avec une baisse du taux de chômage, l'inflation reste modérée.

Ainsi, les postkeynésiens construisent leur propre reformulation de la courbe de Phillips. Pour ces derniers, la courbe de Phillips (qui relie taux d'inflation et taux de chômage) est décroissante à ses extrémités et horizontale entre les deux extrémités. La forme de cette courbe repose sur la double hypothèse de facteurs de production complémentaires et d'une sous-utilisation des capacités de production. Dans la théorie néoclassique, les facteurs de production sont substituables et pleinement utilisés. Il en résulte la loi de productivité marginale décroissante : tout accroissement de l'emploi, à quantité utilisée de capital fixe, se traduit par une baisse de la productivité marginale du travail. En conséquence, le salaire réel (qui doit être égal à la productivité marginale) diminue. Ce mécanisme est la base du raisonnement du Friedman et Lucas. Chez les postkeynésiens, le stock de capital n'est pas pleinement utilisé et tout accroissement de la quantité de l'emploi s'accompagne d'une augmentation de la quantité utilisée de capital. Ainsi, la productivité marginale du travail ne décroît pas. L'augmentation de l'emploi ne s'accompagne pas d'une hausse du prix des biens. Ainsi, lorsque le taux de chômage diminue, les coûts unitaires de production restent constants et l'inflation reste inchangée : la courbe de Phillips devient horizontale. Ce n'est qu'aux extrémités de la courbe qu'il existe un lien de décroissance entre le taux de chômage et le taux d'inflation. Lorsque l'économie est proche du plein-emploi, la diminution du taux chômage s'accompagne souvent d'une hausse des coûts unitaires en lien avec l'augmentation des salaires monétaires (courbe de Phillips originale) : le marché du travail est tendu et les salariés peuvent obtenir des hausses de salaire. Lorsque le chômage est très élevé (autre extrémité de la courbe de Phillips), un accroissement du chômage fait chuter les salaires et l'inflation : c'est un processus de déflation.

Le fait que la courbe de Phillips postkeynésienne ait une portion horizontale signifie qu'il n'existe pas un unique taux de chômage qui stabilise l'inflation (NAIRU), mais une multitude. Les autorités monétaires peuvent donc avoir pour objectif la lutte contre le chômage sans craindre une accélération de l'inflation comme le prétendent les néoclassiques.

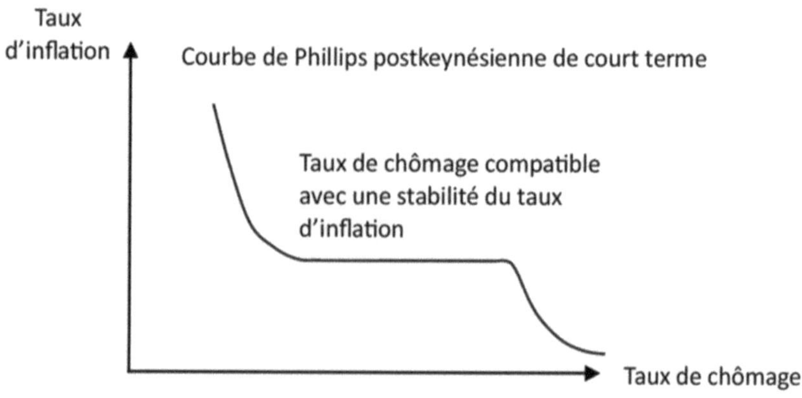

La période récente n'a que redonné partiellement ses lettres de noblesse à la courbe de Phillips traditionnelle ; en effet, on assiste à une sorte de stagflation 2.0 où l'inflation est forte, la croissance économique faible, mais assortie d'un taux de chômage faible dans un certain nombre de pays. Dans l'interprétation de Friedman, cela signifie que le salaire réel a diminué avec l'inflation (ce qui permet une baisse du chômage), sans que pour les salariés aient pu obtenir des hausses de salaire monétaire. Pour les économistes hétérodoxes, l'inflation est à rechercher dans un choc d'offre négatif (crise Covid qui a mis à l'arrêt les chaînes de production, guerre en Urkraine, dérèglement climatique avec mauvaises récoltes), une boucle prix-profit (les entreprises répercutent la hausse du prix des matières premières sur le prix de vente des biens de consommation pour maintenir ou accroître leur profit), et une transition écologique qui implique des investissements dans les énergies vertes plus onéreuses. C'est pourquoi une politique monétaire visant à faire accroître le taux de chômage pour faire diminuer le taux d'inflation (relation de Phillips) est pire que le mal : il ne faut pas étouffer la demande (absence d'inflation par la demande) ou réduire la masse monétaire (absence d'inflation par la masse monétaire), mais réaliser un contrôle stratégique de certains prix, taxer les sur-profits et protéger le pouvoir d'achat des populations les plus vulnérables à l'inflation.

Chapitre 5 : La détermination du niveau d'activité : quelques exemples de modèles macroéconomiques statiques et dynamiques

Introduction

Les modèles macroéconomiques qui permettent de rendre compte du montant des richesses créées sont nombreux. Nous partirons des modèles de base des deux principaux courants pensée (néoclassique et keynésien), pour ensuite explorer les modèles de la « synthèse néoclassique », initiés par John Hicks en 1937[52]. De nombreux autres modèles ont suivi, plus ou moins complexes, dans le cadre d'un débat sur l'efficacité des politiques de relance conjoncturelles.

I. Le modèle d'équilibre macroéconomique «classique»

Le modèle macroéconomique néoclassique repose sur le respect de la loi des débouchés de Jean-Baptiste Say (l'offre crée sa propre demande, autrement dit, les producteurs ne font face à aucune contrainte de débouché) et la vérification de la théorie quantitative de la monnaie : la monnaie est neutre, c'est-à-dire qu'elle n'affecte pas les grandeurs réelles (emploi, production, consommation, investissement). La monnaie détermine de façon unilatérale le niveau général des prix monétaires. Tous les prix sont parfaitement flexibles et permettent d'équilibrer tous les marchés.

Il s'agit d'un modèle à détermination séquentielle. Le point de départ du modèle est l'équilibre du marché du travail qui permet la confrontation d'une offre de travail (émanant des salariés) et d'une demande de travail (émanant des entreprises).

---

[52] Hicks, J.R. (1937), « Mr Keynes and the "Classics"; A Suggested Interpretation », *Econometrica*, vol. 5, n° 2, p. 147-159.

La réalisation de l'équilibre sur ce marché permet de déterminer un salaire réel d'équilibre w /p* et d'un niveau d'emploi
d'équilibre L*. Une telle détermination est permise par la résolution d'une équation d'égalité entre l'offre et de la demande
de travail :

$$L^s\left(\frac{w}{p}\right) = L^d\left(\frac{w}{p}\right)$$

Le niveau d'emploi d'équilibre L* étant déterminé sur le marché du travail, il est possible de connaître le niveau de
production associé via la fonction de production de court
terme, qui relie la quantité de travail au niveau de production :

$$Y = f(L)$$

Le volume du produit étant donné, la répartition du produit
entre dépense de consommation (des ménages) et dépense
d'investissement (des entreprises) est permise par la formation de l'équilibre sur le marché de l'épargne ou marché des
fonds prêtables. L'offre d'épargne des salariés (fonction croissante du taux d'intérêt et notée S) se confronte à la demande
d'épargne des entreprises (fonction décroissante du taux d'intérêt et notée I) qui cherchent à financer leur dépense
d'investissement. L'équilibre de ce marché est obtenu par la
résolution de l'équation d'égalité entre l'offre et la demande de
fonds prêtables :

$$S\left(\frac{i}{p}\right) = I\left(\frac{i}{p}\right)$$

Un tel équilibre définit le taux d'intérêt réel d'équilibre. Il permet au ménage de décider du partage de son revenu entre
consommation et épargne. Il permet aux firmes de déterminer
le niveau de leur investissement qui est nécessairement égal
à l'épargne des ménages.

Jusqu'à présent, le niveau d'emploi, le niveau de production et la répartition de la dépense (consommation/investissement) sont déterminés. Le niveau de la masse monétaire, supposée fixée par les autorités publiques, permet de déterminer le niveau des prix via l'équation de la théorie quantitative de la monnaie :

$$M = P.Y \rightarrow P = M/Y$$

M est fixé par l'autorité monétaire, tandis que Y est connu grâce à l'équilibre du marché du travail.

Le modèle ainsi bouclé permet de retrouver tous les résultats de politique économique déjà étudiés. La politique budgétaire de relance entraîne un effet d'éviction total (hausse du taux d'intérêt réel, baisse de la consommation et de l'investissement) lorsqu'elle est financée par un prélèvement sur l'épargne des ménages. Elle engendre uniquement une hausse du niveau des prix (donc de l'inflation) si elle est financée par un accroissement de la masse monétaire. La politique monétaire qui consiste ici à augmenter la masse monétaire n'est qu'une source d'inflation. Les prix réels (salaire réel, taux d'intérêt réel) ne sont pas affectés, et par conséquent, l'emploi, la production, la consommation et l'investissement restent inchangés.

II.   Le modèle du circuit économique postkeynésien

La théorie du circuit, inspirée des travaux de Keynes, est un courant de pensée très important au sein de l'école postkeynésienne. Elle consiste à représenter l'économie comme un circuit dans lequel des flux monétaires relient les différents pôles d'agents économiques (pôle banque, pôle entreprise, pôle ménage) qui perçoivent des revenus et réalisent des dépenses ; dans ce cadre, la dépense d'un pôle forme le revenu d'un autre pôle. Par exemple, la dépense de consommation des ménages forme le profit des entreprises.

Trois types de fonctions économiques remplies par les différents pôles sont identifiés :

- la fonction de financement, qui permet aux entreprises le démarrage de l'activité productive et de payer les différents facteurs qui concourent à la production ;

- la fonction de production, qui consiste à combiner les moyens de production et le travail pour produire des biens ou des services qui sont destinés à être vendus ;

- la fonction de dépense, qui consiste à utiliser les revenus ou les sources de financement récoltées pour acheter des biens ou des services.

Les principaux pôles du circuit sont le pôle banque, le pôle entreprise et le pôle ménage. Le pôle financier initie le circuit en accordant un crédit aux entreprises qui souhaitent mettre en œuvre un plan de production. La monnaie est donc créée en fonction des décisions de production et d'investissement des producteurs et par conséquent, la monnaie est endogène : sa création dépend étroitement du niveau de l'activité économique ; elle ne dépend aucunement d'une décision arbitraire de l'autorité monétaire comme dans le modèle macroéconomique néoclassique. Une telle endogénéité de l'offre de monnaie des banques est une nécessité logique dans la théorie du circuit dans la mesure où dans ce cadre, le revenu des uns naît de la dépense des autres. Ainsi, l'épargne qui se forme dans l'économie est le résultat de la dépense d'investissement des firmes qui génère des revenus qui sont eux-mêmes consommés et épargnés. Ce n'est pas l'épargne qui permet l'investissement, mais l'inverse. L'investissement est donc nécessairement financé par la création monétaire endogène. Cela correspond au « motif de finance » que Keynes a développé dans un article postérieur à la publication de la *Théorie Générale*.

Le pôle entreprise qui obtient son financement par le pôle banque investit en capital fixe (biens d'équipement), acquiert du capital circulant (des matières premières dont le prix fait partie du « coût d'usage ») embauche des salariés, distribue les revenus salariaux et vend sa production. Le pôle entreprise va pouvoir récupérer les sommes engagées dans l'activité de production grâce à l'investissement des entreprises (le pôle entreprise regroupe des firmes qui s'achètent entre elles des biens d'équipement et des matières premières) et grâce à la consommation des ménages qui perçoivent un salaire. Le reflux de la monnaie vers les entreprises va leur permettre de rembourser leur crédit auprès du pôle banque. La monnaie créée sera ainsi détruite. Si les ménages épargnent, les firmes ne peuvent récupérer l'intégralité de sommes qu'elles ont avancées. Dans ce cas, elles peuvent capter cette épargne grâce au marché financier sur lequel elles peuvent émettre des titres de dette (obligations) ou des titres de propriété (actions).

Le schéma du circuit est fondé sur quatre fonctions définies par Keynes dans le chapitre 3 de la *Théorie Générale* (Poulon, 2018[53]) : une fonction d'emploi, qui lie le niveau d'emploi L mis en œuvre par les entrepreneurs aux anticipations de consommation $D1$ et d'investissement $D2$; une fonction de production, qui relie le niveau d'emploi L au revenu global Y anticipé par les entrepreneurs ; une fonction de consommation, qui relie le revenu global Y aux dépenses anticipées de consommation des ménages et des entrepreneurs $D1$; une fonction d'investissement, qui relie le revenu global Y aux dépenses anticipées d'investissement $D2$.

Le système d'équations est donc :

$$L = f(D1, D2)$$
$$Y = g(L)$$
$$D1 = w(Y)$$
$$D2 = w'(Y)$$

On remarque ici immédiatement que les relations fonctionnelles qui permettent la détermination de l'emploi et du

---

[53] Son modèle du circuit postkeynésien est présenté dans le manuel *Économie Générale* ; il a été repris par Éric Berr dans une publication récente intitulée *Macroéconomie* chez Dunod.

revenu relèvent exclusivement des décisions des entrepreneurs. Contrairement à la théorie standard, il n'est nullement question d'une confrontation entre les décisions des entrepreneurs et les décisions des salariés. Ces derniers sont soumis aux décisions des entrepreneurs. La représentation graphique du circuit en révèle le fondement : seuls les entrepreneurs du pôle E ont accès au financement F par le pôle banque B. La soumission monétaire des salariés (qui constituent une partie du pôle ménages M) est explicite. Ces derniers sont contraints d'offrir leur travail pour percevoir une partie du revenu global de l'économie Y sous forme de salaires et ainsi financer leur consommation (comprise dans C). S n'est jamais que l'épargne qui reflue vers le pôle banque. Le pôle E, outre la distribution du revenu Y, investit I et réalise des consommations intermédiaires U pour le bon déroulement de l'activité productive.

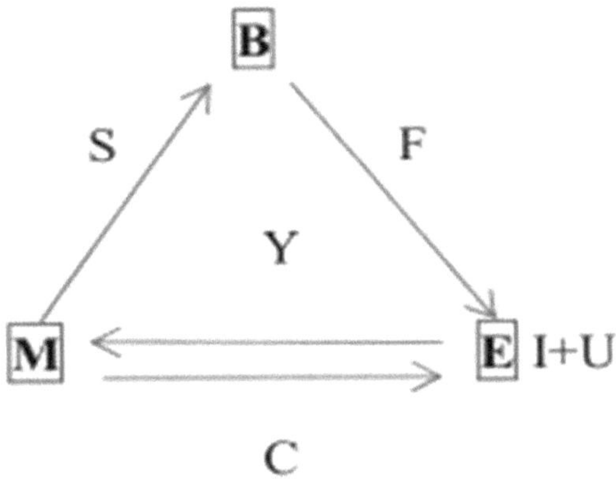

Les économistes du circuit ont identifié la condition de la crise en système capitaliste. Il faut que l'inégalité I-F soit inférieure à 0. *I-F* mesure l'épargne des entreprises. I traduit l'investissement, c'est-à-dire l'enrichissement de l'entreprise. F mesure les dettes contractées par les firmes.

Si *I-F>0*, cela signifie que l'enrichissement des firmes est supérieur à leur endettement. Les firmes offrent des garanties plus que suffisantes aux banques pour le remboursement de leur crédit. Concrètement, si les entreprises doivent rembourser F dans le courant de la période, la vente du capital nouvellement accumulé, à savoir I, permettrait de rembourser largement les crédits réalisés, avec un surplus qui représente le profit net.

Si *I-F=0*, les entreprises offrent des garanties juste suffisantes pour rembourser leurs crédits. Les banques ne proposent aux firmes un accroissement de leur endettement, mais plutôt un renouvellement des crédits contractés.

Si *I-F<0*, le système entre en crise. En effet, la firme est dans l'incapacité de rembourser l'intégralité de ses emprunts avec la vente du capital accumulé au cours de la période. Les entreprises doivent dans ce cas liquider une partie de leur capital accumulé au cours des périodes précédentes, ou bien entrer dans un processus de liquidation totale et de fermeture. Dans cette configuration, certaines firmes font faillite et le chômage augmente.

Les économistes du circuit ont tenté d'identifier les causes de la survenue d'une situation dans laquelle *I-F<0*.

Il s'avère que c'est l'augmentation du coût d'usage du capital qui cause une telle situation de crise. Le coût d'usage regroupe les consommations intermédiaires de l'entreprise (les achats en matières premières) et les dépenses d'amortissement du capital (ces dépenses visent à renouveler le stock d'équipements existant). La situation *I-F<0* survient lorsque le coût d'usage U croît plus vite que l'investissement I. Quelles en sont les causes ?

Tour d'abord, l'augmentation du prix des matières premières peut engendrer une situation où les coûts d'usage augmentent plus vite que l'investissement. C'est typiquement ce qu'il s'est passé lors des crises pétrolières des années 1974 et 1979. La hausse subite et importante du prix du pétrole a mis en difficulté un grand nombre de firmes et le chômage a augmenté en conséquence.

Le second facteur déclenchant est le rythme de rotation du capital. Ici, le capital représente le parc d'équipements et de machines de la firme. Le rythme de rotation de capital désigne le temps durant lequel la firme peut exploiter ces machines pour la production. Au bout d'un certain nombre de périodes ou de cycles de production, les équipements s'usent ou deviennent obsolètes ; ils doivent donc être remplacés.

Lorsque le rythme de rotation du capital augmente, le temps d'amortissement des machines est réduit : il se fait sur un nombre de périodes réduit, ce qui augmente la charge de l'amortissement sur chaque cycle de production. Le rythme de rotation augmente en raison du progrès technique qui est d'autant plus intense que la concurrence entre les firmes est forte. L'ouverture au commerce international entraîne une augmentation de la concurrence inter firmes qui déclenche elle-même une intensification du progrès technique. L'intensification du progrès technique accélère le rythme de rotation du capital et par conséquent, les coûts d'usage viennent à augmenter plus rapidement que l'investissement. On aboutit ainsi à une situation où I-F<0, ce qui est la condition de réalisation d'une crise économique. Pour les économistes postkeynésiens du circuit, le commerce international accroît la fréquence d'apparition des crises et peut être leur intensité.

L'inégalité *I-F* <0 des circuitistes est à la source du chômage, mais aussi de l'inflation. En effet, face à l'impossibilité de rembourser leur crédit, les capitalistes peuvent réagir en augmentant les prix dans l'espoir de gonfler leur chiffre d'affaires. Mais si une telle hausse des prix engendre une spirale prix-salaire, les entreprises ne peuvent sortir de la crise et une intervention de l'État est nécessaire.

III.   Le modèle IS-LM

Il s'agit d'un modèle d'équilibre général dans lequel sont déterminés simultanément le PIB et le taux d'intérêt sur le marché des biens et de la monnaie. IS signifie « investment and saving » (investissement et épargne) et LM signifie « Loan and money » (Prêts et monnaie). Les prix sont supposés fixes (hypothèse typique sur la courte période).

Dans la *Théorie Générale* de Keynes, il semble qu'il existe un raisonnement circulaire (ou autrement dit une indétermination). En effet, le revenu global dépend du taux d'intérêt puisque la formation de ce revenu dépend de l'investissement des firmes, lui-même déterminé par le taux d'intérêt. Cependant, le taux d'intérêt dépend du revenu global : sur le marché de la monnaie où il est déterminé, la demande de monnaie dépend du revenu global. L'économiste John Hicks lève cette indétermination dans un article de 1937, en proposant un schéma de détermination simultanée du revenu global et du taux d'intérêt. Le modèle IS-LM a ainsi la particularité de mettre en évidence l'interdépendance entre la sphère réelle (le marché des biens) et la sphère monétaire et financière (le marché de la monnaie et des titres).

Dans un modèle, on distingue 3 types d'agents :

- Les ménages qui consomment et épargnent ; avec leur épargne, ils demandent des titres obligataires et/ou de la monnaie ;
- Les entreprises qui emploient les ménages et leur versent un revenu ; par ailleurs, elles réalisent une dépense d'investissement ;
- L'État qui prélève des recettes fiscales et met en œuvre des dépenses publiques.

Il prend en compte par ailleurs plusieurs marchés :

- Le marché des biens ;
- Le marché de la monnaie et des titres (si le marché des biens et de la monnaie sont équilibrés, le marché des titres est lui aussi équilibré) ;
- Le marché du travail est implicite dans le modèle IS-LM : l'emploi dépend directement du niveau de production ou de revenu global déterminé à l'équilibre.

Le modèle confronte deux courbes : IS et LM pour déterminer simultanément le revenu global et le taux d'intérêt d'équilibre. Il s'agit d'un modèle qu'on peut qualifier de keynésien non pas parce que les prix sont fixes à court terme (une telle hypothèse est absente chez Keynes), mais parce qu'il conserve le refus du « second postulat classique » en vertu duquel les salariés peuvent ajuster leur désutilité marginale du travail au salaire réel. Autrement dit, le modèle ISLM conserve l'idée que les salariés ne peuvent pas se situer sur l'offre de travail ; seules les entreprises déterminent le niveau d'emploi (en situation de chômage involontaire). C'est ce qui permet au modèle d'exhiber un résultat de chômage involontaire.

a. <u>La courbe IS</u>

La courbe IS est l'ensemble des couples (PIB, taux d'intérêt) qui assurent l'équilibre sur le marché des biens. La condition d'équilibre sur le marché des biens est résumée par l'équation :

$$Y = C + I + G$$

qui montre que tout le revenu est dépensé lorsque l'offre est égale à la demande.

C la fonction de consommation : $C = c'Y + c_0$ (c'est la propension marginale à consommer, Y le revenu global distribué, c_0 la consommation incompressible)

I la fonction d'investissement : $I = -\beta i + I_0$ (i est le taux d'intérêt, β est un paramètre qui quantifie la sensibilité de l'investissement au taux d'intérêt), et I_0 est l'investissement autonome, indépendant du taux d'intérêt).

G la dépense gouvernementale. On suppose qu'elle est exogène, c'est-à-dire à la discrétion des pouvoirs publics.

On peut remplacer C et I par leur expression dans la condition d'équilibre du marché des biens. On obtient alors la relation de multiplication suivante entre le PIB et les composantes autonomes de la demande :

$$Y = \frac{1}{1 - c'}(c_0 - \beta i + I_0)$$

Cette dernière équation est l'équation de la courbe IS qui exprime une relation décroissante entre le PIB noté Y et le taux d'intérêt noté i. Donc on a :

$$Y = f(i)$$

Lorsque le taux d'intérêt augmente, l'investissement diminue. La baisse de l'investissement fait chuter la demande globale qui entraîne un effet multiplicateur négatif sur le PIB. Donc quand le taux d'intérêt augmente, le PIB diminue pour maintenir l'équilibre sur le marché des biens.

b. <u>La courbe LM</u>

La courbe LM est l'ensemble des couples (PIB, taux d'intérêt) qui assurent l'équilibre sur le marché de la monnaie. Le marché de la monnaie est équilibré lorsque l'offre de monnaie (par hypothèse gouvernée par la banque centrale) M^o est égale à la demande de monnaie M^d.

La demande de monnaie a pour motifs les transactions, la précaution et la spéculation. La demande de monnaie pour motifs de transaction et de précaution dépend du revenu distribué Y. La demande de monnaie pour motif de spéculation dépend du taux d'intérêt i.

$$M^d = \alpha Y - ki$$

α mesure la sensibilité de la demande de monnaie aux variations du revenu distribué ; k mesure la sensibilité de la demande de monnaie aux variations du taux d'intérêt. La demande de monnaie augmente avec le revenu ; elle diminue quand le taux d'intérêt augmente (le ménage substitue alors les placements rémunérés à la liquidité).

L'équilibre sur le marché de la monnaie s'écrit :

$$M^o = M^d$$

$$M^o = \alpha Y - ki$$

$$Y = \frac{M^o + ki}{\alpha}$$

Cette dernière relation est la courbe LM. C'est une relation croissante entre le PIB et le taux d'intérêt. Lorsque le PIB augmente, la demande de monnaie augmente, mettant le marché de monnaie en déséquilibre (excès de demande sur l'offre). L'équilibre sur le marché de la monnaie est rétabli lorsque le taux d'intérêt augmente : cette augmentation fait baisser la demande de monnaie et rétablit l'équilibre initial.

La trappe à liquidités est un cas particulier de courbe LM.

Il y a «trappe à liquidités» lorsque le taux d'intérêt est si faible que tout accroissement de l'offre de monnaie est absorbé immédiatement par une hausse de la demande de monnaie donc de liquidités. Les agents ont une préférence pour la liquidation de leurs placements, car le taux d'intérêt est trop faible. La courbe LM, dans ce cas, est horizontale, car elle représente une demande de monnaie potentiellement infinie.

c. <u>L'équilibre général de l'économie</u>

L'équilibre général de l'économie est atteint au point d'intersection entre les courbes IS et LM.

Sont alors déterminés simultanément le taux d'intérêt et le PIB qui assurent l'équilibre du marché des biens, mais aussi du marché de la monnaie. L'équilibre ainsi déterminé peut être assorti d'un certain niveau de chômage, car le PIB d'équilibre peut être inférieur au PIB qui assure le plein-emploi de la main-d'œuvre. Tous les marchés sont donc équilibrés sauf le marché du travail.

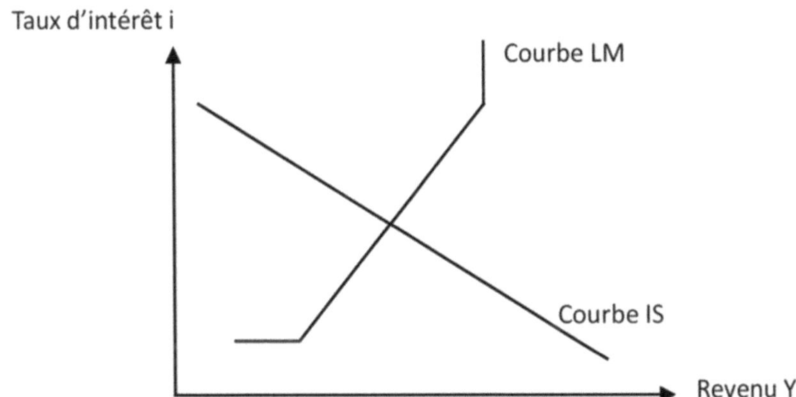

d. __La politique budgétaire de relance__

La politique budgétaire de relance (hausse des dépenses gouvernementales) se traduit par un déplacement vers la droite de la courbe IS : pour un même taux d'intérêt d'équilibre, le PIB d'équilibre est plus élevé.

La hausse de la dépense publique fait augmenter la demande globale et entraîne un effet multiplicateur sur le PIB : le PIB augmente. Mais alors, la demande de monnaie pour motif de transaction va augmenter, mettant en déséquilibre le marché de la monnaie. L'augmentation du taux d'intérêt fait diminuer la demande de monnaie et l'équilibre monétaire est ainsi rétabli.

La hausse du taux d'intérêt a un effet dépressif sur l'investissement des entreprises et donc sur la demande globale : le PIB diminue pour s'ajuster à la baisse de la demande globale. La hausse du taux d'intérêt annule la hausse initiale du PIB, mais seulement partiellement. La politique budgétaire de relance reste efficace pour augmenter le PIB et le niveau d'emploi. Suite à l'impulsion budgétaire, le nouvel équilibre se caractérise par un PIB et un taux d'intérêt plus élevés.

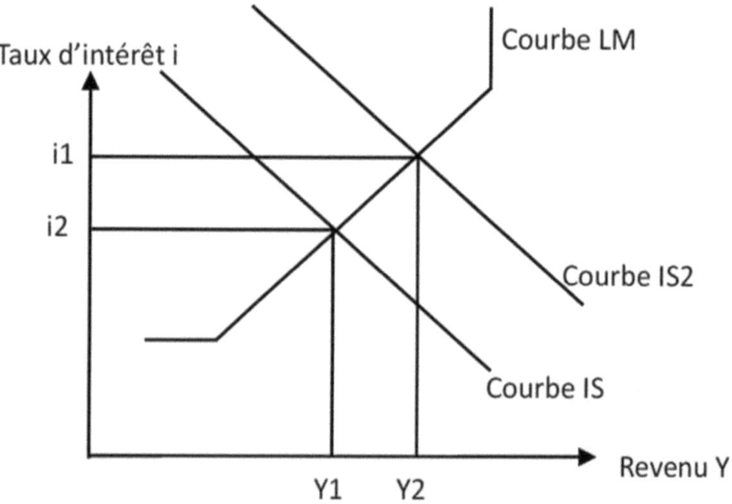

e. <u>Cas particuliers de politique budgétaire</u>

Dans le cas de la trappe à liquidité, l'effet d'éviction lié à la politique budgétaire disparaît : la hausse du PIB n'engendre pas d'augmentation du taux d'intérêt et l'efficacité de la politique budgétaire est maximale.

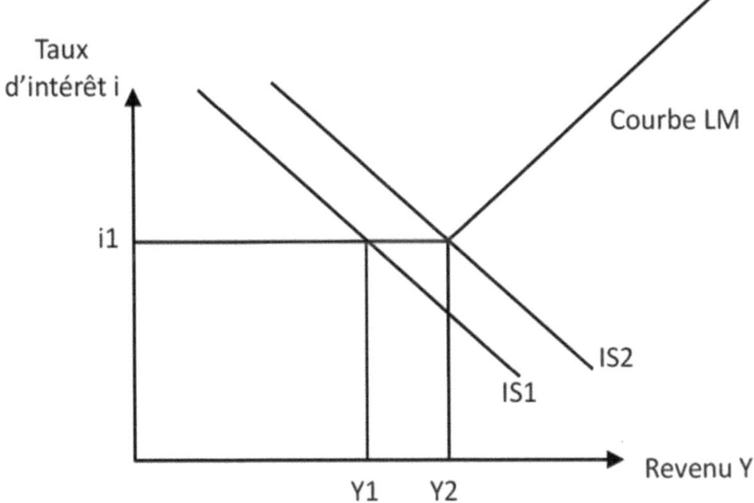

Quand IS coupe LM dans sa portion « néoclassique » (droite verticale), la politique budgétaire est totalement inefficace : lorsque le PIB augmente, la demande de monnaie augmente. Le rétablissement de l'équilibre sur le marché de la monnaie passe par une baisse équivalente du PIB. L'effet d'éviction est total.

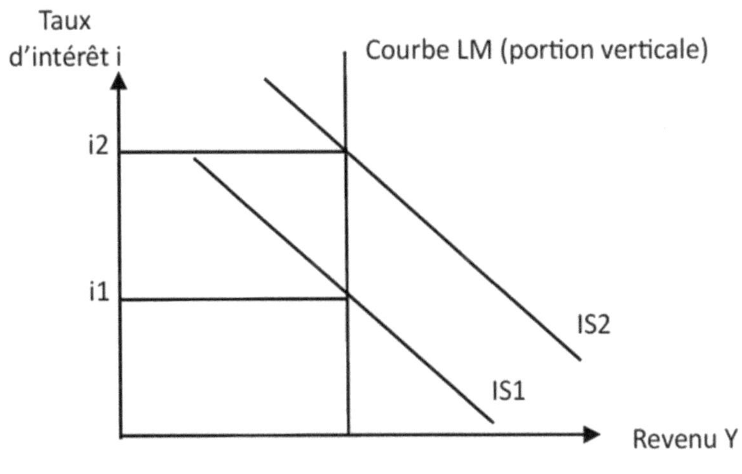

f. <u>La politique monétaire de relance</u>

Supposons que la banque centrale augmente son offre de monnaie. Le marché de la monnaie devient déséquilibré : l'offre de monnaie est supérieure à la demande de monnaie. Le taux d'intérêt va diminuer pour rétablir l'équilibre : la baisse du taux d'intérêt fait augmenter la demande de monnaie pour motif de spéculation.

La baisse du taux d'intérêt met alors en déséquilibre le marché des biens : l'investissement augmente, et par conséquent la demande de biens est supérieure à l'offre de biens. Le PIB va augmenter pour rétablir l'équilibre entre l'offre et la demande ; l'augmentation de l'investissement entraîne des effets multiplicateurs sur le PIB.

On suppose implicitement ici que le barème de l'efficacité marginale du capital est constant, de sorte que la baisse du taux d'intérêt engendre une augmentation automatique de l'investissement.

$$\Delta+M \rightarrow \Delta-i \rightarrow \Delta+I \rightarrow \Delta+Y$$

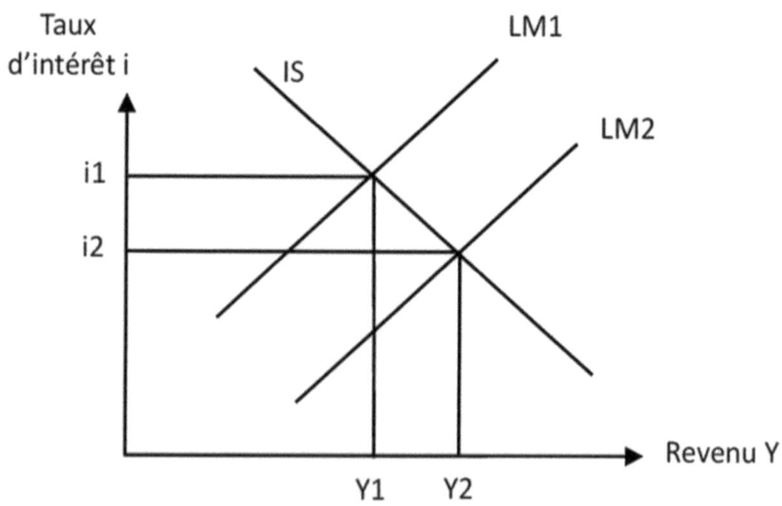

g. <u>Cas particulier de la trappe à liquidités (courbe LM horizontale)</u>

On a vu que dans le cas de la trappe à liquidités, la politique budgétaire de relance est pleinement efficace, car l'effet d'éviction est totalement absent (pas de hausse du taux d'intérêt qui freine l'investissement privé).

À l'inverse, dans ce même cas, la politique monétaire de relance est totalement inefficace : en effet, comme la demande pour les liquidités est potentiellement illimitée, il y a une rigidité à la baisse du taux d'intérêt.

Supposons que la banque centrale décide d'augmenter son offre de monnaie. Dans le cas de la trappe à liquidités, l'excès d'offre de monnaie est immédiatement absorbé par la demande de liquidités, sans que le taux d'intérêt n'ait à augmenter. Le taux d'intérêt reste donc constant, et la politique monétaire ne produit aucun effet positif sur le PIB.

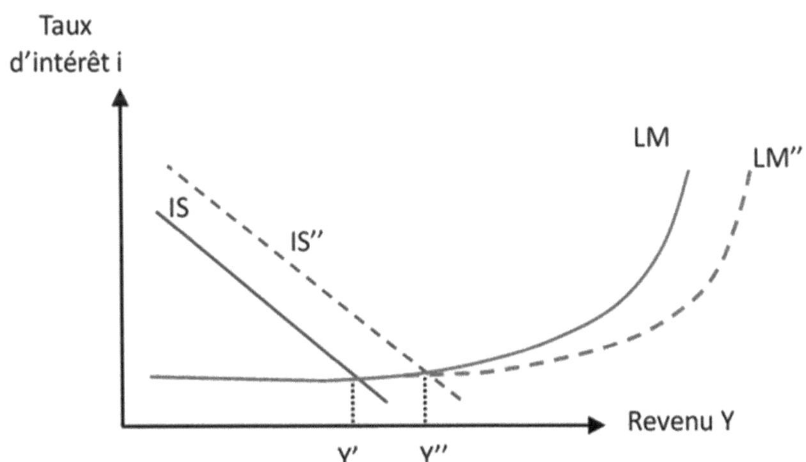

IV. Le modèle IS-LM enrichi d'une contrainte environnementale

Ce modèle a été publié en 200à par Anthony Heyes[54] qui intègre dans le schéma IS-LM une contrainte écologique à respecter. L'équation représentative de l'équilibre écologique part de l'égalité entre les ressources naturelles disponibles et les prélèvements réalisés sur ces ressources.

Le stock de ressources naturelles est représenté par une variable notée E. Ce stock se reproduit au taux e. Le taux de prélèvement sur ces ressources naturelles (qui peut être aussi interprété comme une intensité polluante) est noté « s » dépend de deux grandes variables :

- le taux d'intérêt, dans la mesure où son niveau permet de moduler l'effort des entreprises en matière d'investissements écologiques qui réduisent l'empreinte écologique ;

- une variable institutionnelle notée Ω qui représente l'ensemble des règlementations en matière écologique, de même que l'ampleur de la fiscalité écologique qui incite les agents économiques à adopter un comportement écoresponsable.

L'équilibre écologique est donné par l'égalité entre la production des ressources naturelles et les prélèvements sur ces ressources. On la note :

$$eE = s(i, \Omega)Y$$

La fonction d'empreinte écologique peut être notée :

$$\beta iY - \alpha\Omega Y = eE$$

β mesure la sensibilité de l'empreinte écologique au taux d'intérêt ; α mesure la sensibilité de l'empreinte écologique au

---

[54] Heyes A. (2000), "A Proposal for the Greening of Textbook Macro: IS-LM-EE", *Ecological Economics*, 32, p.1-7.

paramètre institutionnel Ω. On obtient alors l'équation de la courbe EE qui relie le PIB au taux d'intérêt :

$$Y = \frac{eE}{\beta i - \alpha \Omega}$$

Cette courbe d'équilibre environnemental décrit une relation décroissante entre le PIB et le taux d'intérêt. Lorsque le PIB augmente, les prélèvements sur les ressources naturelles deviennent supérieurs à la production des ressources et l'équilibre ne peut être rétabli que par une baisse du taux d'intérêt qui permet l'augmentation des investissements verts (diminuant l'empreinte écologique).

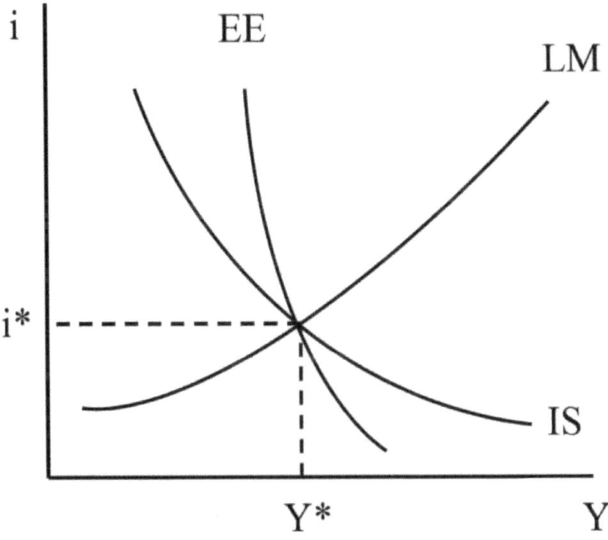

La mise en œuvre des politiques conjoncturelles de relance est-elle compatible avec le respect de la contrainte écologique ?

Supposons que l'État décide d'augmenter les dépenses publiques G pour lutter contre le chômage. Cela se matérialise par une translation vers la droite de la courbe IS. L'augmentation des dépenses publiques entraîne un effet multiplicateur sur le PIB. La demande de monnaie augmente sous l'effet de l'augmentation du PIB et donc le taux d'intérêt augmente.

Cependant, la contrainte écologique n'est plus respectée : le PIB a augmenté (plus de pollution, plus de prélèvements) et le taux d'intérêt a augmenté (moins d'investissements verts). L'économie ne se situe pas sur la courbe EE. Pour rétablir l'équilibre écologique, on peut dégager deux solutions :

a- L'État mène une politique monétaire restrictive pour diminuer suffisamment le PIB et donc les prélèvements sur les ressources naturelles. Sur la position finale de l'économie qui est respectueuse de la contrainte écologique, le taux d'intérêt est plus élevé par rapport à la situation initiale, et par conséquent le PIB est plus faible qu'avant la mise en œuvre de la politique budgétaire. Dans ce cas, la politique budgétaire de relance est parfaitement contre-productive si l'on souhaite respecter l'équilibre environnemental.

b- L'État mène une politique écologique qui accompagne la politique budgétaire, ce qui se traduit par un déplacement vers la droite de la courbe EE : par exemple, on augmente simultanément la fiscalité écologique pour réduire l'empreinte carbone de chaque point de PIB. Dans ce cas, la politique budgétaire de relance reste efficace.

Supposons à présent que la banque centrale augmente son offre de monnaie. Cela induit une baisse du taux d'intérêt qui augmente l'investissement et le PIB. La contrainte écologique n'est plus respectée en raison de la hausse du PIB. Le rétablissement de l'équilibre écologique passe par :

a- Soit une politique budgétaire restrictive qui fait diminuer le PIB et le taux d'intérêt. Le PIB final reste néanmoins plus élevé qu'avant la mise en œuvre de la politique monétaire de relance (ceci parce que le taux d'intérêt est plus faible et donc autorise un niveau plus grand de PIB). La politique monétaire reste compatible avec l'équilibre environnemental.

b- Soit une politique écologique qui permet de diminuer l'empreinte écologique de chaque point de PIB (déplacement vers la droite de la courbe EE). La politique monétaire resterait dans ce cas très efficace pour relancer la croissance tout en respectant l'environnement.

V. Le modèle AS-AD (Aggregate Supply-Aggregate Demand)

Jusqu'à présent, nous avons considéré que le prix du bien produit était fixe. Par conséquent, tout déséquilibre sur le marché des biens entraînait un ajustement par les quantités, c'est-à-dire un ajustement par le PIB. Le modèle AS-AD introduit la flexibilité des prix sur le marché des biens. Il confronte une courbe de demande globale (dérivée du modèle IS-LM) et une courbe d'offre globale (dérivée du fonctionnement néoclassique du marché du travail) qui dépendent toutes deux du prix des biens.

a. <u>Construction de la courbe de demande agrégée</u>

Dans le modèle IS-LM, l'équilibre sur le marché de la monnaie est établi lorsque l'offre de monnaie est égale à la demande de monnaie. Cependant, il s'agit d'une offre réelle de monnaie, qui dépend du niveau général des prix. L'équilibre du marché de la monnaie s'écrit (en faisant apparaître explicitement le niveau des prix) :

$$\frac{m^o}{P} = M^d$$

L'équilibre du marché de la monnaie dépend du niveau des prix. Toute diminution du niveau des prix entraîne une hausse de l'offre réelle de monnaie qui fait diminuer le taux d'intérêt sur le marché de la monnaie. La baisse du taux d'intérêt fait augmenter l'investissement et donc le PIB. On peut donc établir un lien entre le niveau des prix et la demande globale de biens :

$$\Delta\text{-}P \rightarrow \Delta+(m_0/p) \rightarrow \Delta\text{-}i \rightarrow \Delta+\text{Investissement} \rightarrow \Delta+\text{Demande globale}$$

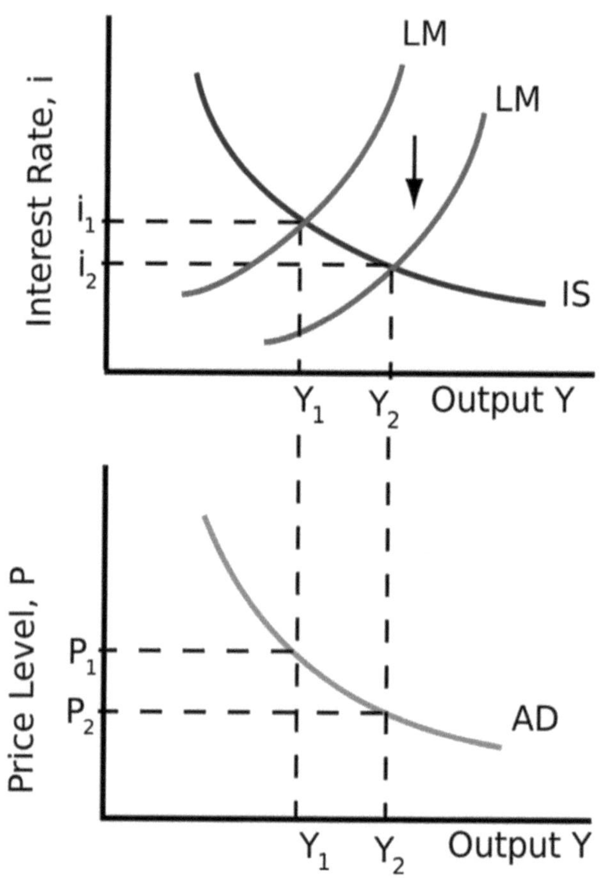

b. <u>Construction de la courbe d'offre agrégée</u>

Le modèle AS-AD prend en compte le fait que le salaire réel détermine la demande de travail des firmes et par suite le niveau de production. Le salaire monétaire est supposé fixe à court terme : il est le fruit d'une négociation entre salariés et entrepreneurs. L'emploi L permet de connaître le niveau de production offert par les firmes Y via la fonction de production à court terme. La séquence est donc la suivante : le salaire monétaire étant donné, la détermination des prix des biens par la confrontation de la courbe d'offre et de la courbe de demande globale permet de fixer le salaire réel, donc le niveau d'emploi, donc le niveau de production. La fonction de production de court terme relie le niveau d'emploi L à la quantité de bien produite :

$$Y = f(L)$$

Toute augmentation du niveau des prix entraîne ainsi une diminution du salaire réel. La diminution du salaire réel entraîne une augmentation de la demande de travail des entreprises (la productivité marginale du travail doit être égale au salaire réel), donc de la production offerte.

On peut donc établir une relation croissante entre le niveau des prix et la production offerte sur le marché des biens.

Hausse du niveau des prix ➔ Baisse du salaire réel (baisse du coût du travail) ➔ Hausse de la demande de travail des firmes ➔ Hausse du niveau de production

On a donc une relation croissante entre le niveau des prix et le niveau du PIB par un salaire monétaire donné.

c. <u>L'équilibre entre l'offre et la demande agrégées</u>

Le point d'intersection entre la courbe d'offre agrégée et la courbe de demande agrégée détermine le niveau de prix et de PIB d'équilibre. Comme le salaire monétaire est fixe à court terme, le prix des biens déterminé par la confrontation des courbes AD et AD ne correspond pas nécessairement au prix qui permettrait d'équilibrer le marché du travail. Le chômage involontaire est donc possible.

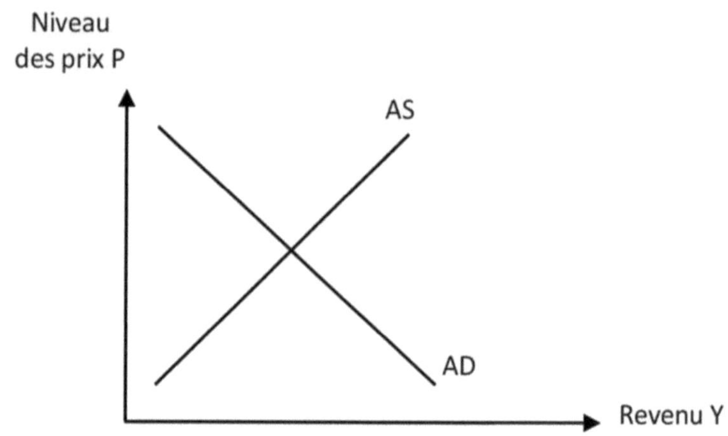

Notons que le résultat de chômage involontaire dans ce modèle semble être lié à l'hypothèse de rigidité du salaire monétaire. Or, dans un modèle d'équilibre général standard, l'hypothèse de rigidité nominale (celle du salaire monétaire) n'engendre aucun déséquilibre sur le marché puisque la variable qui permet d'équilibrer le marché est le salaire réel, c'est-à-dire le rapport entre le salaire monétaire W et le niveau général des prix P. Autrement dit, si le salaire monétaire est fixe, aucun chômage ne peut en résulter puisque le niveau général des prix peut faire le « travail » d'ajustement.

d. <u>Les politiques publiques dans le cadre du modèle AS-AD</u>

Il est possible d'envisager 2 types de politiques publiques :

- Les politiques d'offre (d'accroissement de la rentabilité des entreprises ou d'accroissement de la productivité des facteurs de production).
- Les politiques de demande keynésiennes.

La politique d'offre peut consister à diminuer les prélèvements fiscaux sur les firmes ou les encourager par divers moyens à mettre en œuvre du progrès technique qui permet l'augmentation de la productivité. Cette politique d'offre se traduit par un déplacement vers la droite de la courbe AS (offre agrégée). L'offre des entreprises va augmenter. Le marché des biens étant excédentaire, le prix des biens va diminuer pour que les entreprises puissent écouler leur surplus de production, ce qui va limiter les bénéfices de la politique d'offre pour les firmes. Le PIB et le niveau d'emploi vont augmenter.

Dans le même ordre d'idée, il est possible d'agir sur la compétitivité des entreprises en mettant en œuvre une politique de l'offre en baissant le salaire monétaire des travailleurs. Cela entraîne un choc de compétitivité qui va augmenter la demande de travail et le niveau de production (baisse du salaire réel, donc du coût du travail). Mais l'excès d'offre sur le marché des biens nécessite une baisse du niveau des prix : cela permet à la demande d'augmenter et d'écouler le supplément de production. Cette baisse des prix rogne sur le profit des firmes et par conséquent une partie du supplément de profit initial est redistribué en faveur des salariés. L'impact final sur le chômage sera donc plus modeste.

Il est également possible d'envisager de faire baisser l'offre de travail des salariés en encourageant les départs à la retraite prématurés ou en allongeant la durée de leur formation. Cette réduction permet de baisser l'excès d'offre sur le marché du travail, donc le chômage, mais leur intérêt apparaît limité pour plusieurs raisons : elle conduit à baisser le PIB potentiel (la richesse maximale qu'il est possible de créer dans l'économie), elle peut augmenter les inégalités de revenus entre les inactifs et les actifs, et enfin, elle augmente le ratio de dépendance entre actifs et inactifs (les actifs devant financer la formation des jeunes et les retraites des plus âgés).

La politique de relance de la demande peut être obtenue par une hausse des dépenses publiques, une hausse de l'offre de monnaie (qui fait baisser le taux d'intérêt et augmenter l'investissement), une diminution des impôts sur les ménages ou une augmentation des dépenses publiques. Cette politique de relance se traduit par un déplacement vers la droite de la courbe de demande agrégée. La demande étant excédentaire sur le marché des biens, le prix des biens va augmenter. Cela va inciter les entreprises à augmenter leur offre pour satisfaire le supplément de demande. Si les prix augmentent, le salaire réel diminue. Donc l'emploi et la production augmentent. La politique de relance keynésienne n'est efficace dans ce modèle que parce que la hausse de la demande provoque une augmentation des prix qui diminue le salaire réel. On retrouve donc l'arbitrage chômage/inflation de la courbe de Phillips-Lipsey-Samuelson-Solow : la hausse de la production et la baisse du chômage se font au prix d'une augmentation des prix, donc d'une inflation.

e. <u>Le modèle AS-AD néoclassique</u>

Lorsqu'à long terme les prix et les salaires sont parfaitement flexibles, la libre concurrence sur le marché du travail aboutit au plein-emploi de la main-d'œuvre et à la détermination d'un salaire réel d'équilibre. L'hypothèse d'asymétrie entre entrepreneurs et salariés n'est plus faite : le niveau d'emploi est déterminé conjointement par l'offre et la demande de travail, contrairement à l'hypothèse keynésienne. Le niveau de production qui correspond à ce plein-emploi est insensible aux variations de la demande globale : si la demande augmente, l'excès de demande est totalement absorbé par une hausse du niveau des prix. La courbe AS (Offre Globale en français) est alors verticale et le modèle retrouve des propriétés néoclassiques : les politiques de relance (monétaire ou budgétaire) sont totalement inefficaces puisque le marché du travail se charge de déterminer seul le plein-emploi de la main-d'œuvre. Les seules politiques économiques efficaces sont les politiques d'offre : une politique favorisant le progrès technique ou la compétitivité des entreprises sera à même de déplacer la courbe AS vers la droite et donc d'augmenter le niveau de PIB tout en maintenant le plein-emploi.

VI. Une critique des modèles IS-LM et AS-AD

Les modèles IS-LM et AS-AD ont fait l'objet de vives critiques aussi bien du côté des économistes postkeynésiens que des économistes standard.

Du côté des postkeynésiens, on reproche au modèle IS-LM de s'articuler comme un modèle d'équilibre général néoclassique qui n'est pas fidèle aux enseignements de Keynes. L'offre de monnaie est supposée exogène alors qu'elle est en réalité endogène. Par ailleurs, le modèle n'est pas stock-flux cohérent (voir chapitre suivant). Enfin, l'économie keynésienne est caractérisée par l'incertitude radicale : le futur est non probabilisable, et par conséquent les anticipations des agents économiques dépendent de conventions et de leur propre psychologie. Le rôle fondamental des anticipations est ignoré dans les modèles IS-LM et AS-AD.

Du côté des économistes néoclassiques, les critiques sont également nombreuses. En voici un résumé par Gilbert Abraham-Frois dans un article publié en 2003 dans la revue *d'Economie Politique* (Dalloz)[55] :

« On n'insistera pas sur les critiques évidentes :

- Absence de fondements microéconomiques.
- Hypothèse de rigidité des prix.
- Pas de rôle des prévisions.

Bref, il s'agit d'une simplification largement abusive.

On ajoutera trois points :

- L'hypothèse de stabilité de la fonction de consommation, fondement essentiel de l'enseignement du "multiplicateur" d'investissement, est largement battue en brèche par la réalité empirique ; dans les trente dernières

---

[55] Abraham-Frois, G. (2003). Pour en finir avec IS-LM, quelques propositions pour simplifier l'enseignement de la macroéconomie en premier cycle. *Revue d'économie politique*, 113, 155-170. https://doi.org/10.3917/redp.132.0155

années, le taux d'épargne des ménages français à varié entre 12 et 18 %, soit +/- 50 % ou +/- 30 % suivant le mode de calcul.

- Une nouvelle difficulté est apparue : le débat "keynésiens-monétaristes" central dans les années 60-70 est maintenant obsolète puisque, et on y reviendra, les autorités monétaires n'attachent guère qu'une importance secondaire aux agrégats monétaires.

- Le modèle rend mal compte des problèmes de financement, de l'articulation entre politique monétaire et politique budgétaire ; il suffit pour s'en convaincre d'envisager l'hypothèse de "trappe à liquidité" que l'enseignement simplifié tend à privilégier pour montrer l'efficacité de la politique budgétaire. Or, dans ce cas, l'accroissement de dépense ne manque pas de poser problème ; cet accroissement ne peut être financé par emprunt (puisqu'il y a préférence infinie pour la liquidité), évidemment non plus par impôts (ce qui diminuerait, ou supprimerait même la relance). La seule possibilité est évidemment le recours à la création monétaire ; bref, la politique monétaire est à la fois... complètement inefficace et... absolument indispensable au succès de la politique budgétaire. On ajoutera que le débat est actuellement bien dépassé compte tenu de l'accroissement général de l'indépendance des banques centrales. Le modèle de base était au départ, dans les années 50-60 un modèle "à prix fixe". C'était sans doute une hypothèse relativement acceptable dans les années 50-60, soit qu'il y ait peu d'inflation (ou que cette dernière n'ait pas été une préoccupation importante), soit que les prix aient été largement administrés ; c'est sans doute cette dernière hypothèse qui est la plus pertinente dans le cas de l'économie française. Le modèle a ensuite été progressivement modifié pour devenir un "modèle IS sans LM", mais complété par une relation de Phillips ».

VII. Le modèle ISTRI : vers la « nouvelle synthèse néoclassique »

Gilbert Abrham-Frois entend corriger les défauts du modèle ISLM avec son modèle ISTRI (IS-Taux d'intérêt-Inflation). Il considère que le taux d'inflation est une donnée exogène du modèle, tandis qu'il est possible de construire une relation décroissante entre le taux d'inflation et le niveau de la demande globale.

Concernant l'exogénéité de l'inflation, Abraham-Frois précise : « le taux d'inflation à tout instant est donné et ne s'ajuste que lentement aux variations d'activité. On est en conséquence à l'opposé de la vision "nouveau classique" où l'ajustement aux chocs est immédiat ».

Concernant la relation décroissante inflation-ouput, il est d'abord possible de poser une relation décroissante entre l'output et le taux d'intérêt réel.

Abraham-Frois ne modélise pas avec précision pas la règle de politique monétaire qui permet la fixation du taux d'intérêt. Il indique cependant que la banque centrale suit une règle de ciblage d'inflation, et que le taux d'intérêt peut aussi, éventuellement, s'adapter en fonction de l'output gap. Le taux d'intérêt i est donc fixé selon l'écart entre l'inflation courante π et l'inflation anticipée ou l'inflation cible.

Il est possible d'obtenir une relation décroissante entre output et taux d'inflation qui forme la nouvelle courbe IS en combinant la relation output-taux d'intérêt et la règle de politique monétaire. Le fonctionnement de cette courbe IS est aisé à comprendre : lorsque l'inflation augmente, la banque centrale augmente son taux d'intérêt directeur, ce qui fait diminuer l'investissement et le PIB. On obtient alors le diagramme suivant :

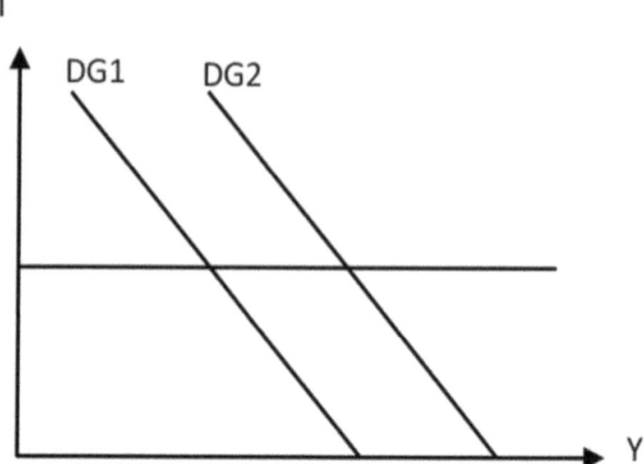

L'équilibre macroéconomique de court terme se situe au point d'intersection de la nouvelle courbe IS (notée DG sur la représentation graphique) et de la droite horizontale établissant le taux d'inflation. Un choc de demande positif entraîne un déplacement vers la droite de la courbe DG, entraînant une augmentation du niveau de production Y. L'inflation reste stable à court terme. Néanmoins, si on ajoute l'hypothèse selon laquelle l'inflation s'accélère lorsque le taux de chômage diminue (relation de Phillips), alors l'économie revient à son niveau d'équilibre précédent, car le durcissement de la politique monétaire entraîne une augmentation du taux d'intérêt et une réduction du niveau de l'output. La politique budgétaire n'a alors que des effets temporaires sur le niveau d'emploi. Inversement, en cas de choc récessif, l'économie retrouve son équilibre précédent, car la baisse du taux d'inflation génère une baisse du taux d'intérêt et une augmentation de l'output. Néanmoins, cette mécanique du retour à l'équilibre de long terme n'est pas explicitement formalisée par Abraham-Frois. C'est en complétant le modèle ISTRI que Pollin obtient un modèle proche des modélisations de type DSGE (Dynamic and Stochastic General Equilibrium).

Pollin (2003)[56] finalise l'analyse d'Abraham-Frois en ajoutant au modèle une relation de Phillips en lieu et place d'un taux d'inflation exogène. L'inflation est reliée par une fonction croissante à l'output Y (et donc par une relation décroissante au taux de chômage) et au taux d'inflation anticipée. La représentation graphique du modèle confronte donc désormais une courbe de demande globale DG, ancêtre de la courbe IS, et une courbe CP croissante, qui représente la courbe de Phillips.

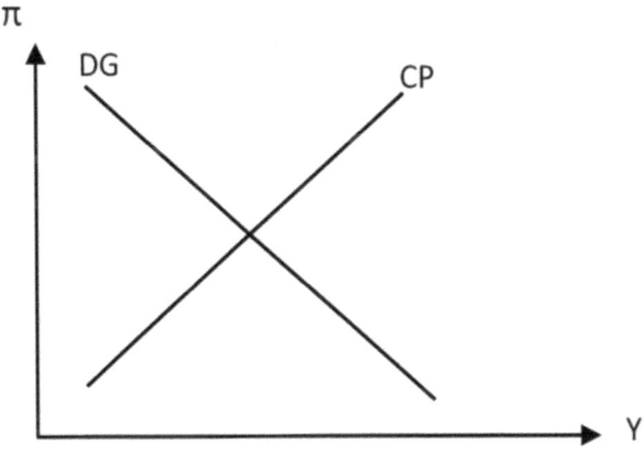

Concernant la courbe DG, cette dernière « fait correspondre à tout niveau d'inflation un niveau de demande agrégée. Sa forme dépend des caractéristiques traditionnelles de la fonction de demande keynésienne, c'est-à-dire de la propension à consommer et de la sensibilité de l'investissement au taux d'intérêt. Mais elle dépend aussi des paramètres de la fonction de réaction de la Banque Centrale. En particulier, la sensibilité de la demande globale au taux d'inflation sera d'autant plus forte que la Banque Centrale répondra plus fortement à l'écart d'inflation par rapport à l'objectif » (Pollin, 2003, p.18). Concernant la courbe CP, « cette équation permet d'intégrer dans la présentation de l'équilibre macroéconomique toute la littérature sur le fonctionnement du marché du travail, le

---

[56] Pollin J.P. (2003). « A Macroeconomy Without LM Some Complementary Proposals ». *Journal of Political Economy*, 113, p. 273-293.
https://doi.org/10.3917/redp.133.0273

chômage structurel (ou de long terme, ou d'équilibre, ou naturel ou "n'accélérant pas l'inflation"), l'effet des rigidités nominales, l'incidence des anticipations... bref, le contenu habituel des chapitres sur la relation inflation-chômage de tous les ouvrages standards de macroéconomie » (p. 25). Le fait que la courbe de Phillips ou courbe CP ne soit pas verticale est lié à l'hypothèse que les anticipations d'inflation sont rigides à court terme, et que l'inflation ne réagit qu'imparfaitement aux variations de l'output (Pollin, 2003).

Dans ce cadre, les conclusions du modèle ISTRI sont radicalisées. Le rôle des politiques budgétaires n'est que d'amortir les chocs d'offre ou de demande à court terme, sachant que l'économie retrouve toujours son équilibre de long terme via la politique monétaire. Pollin note à ce titre : « au-delà, leur action conduit, comme nous allons le voir, à des conflits de policy-mix et sont déstabilisantes. Sauf à se placer dans des situations très particulières dans lesquelles le taux d'intérêt devient rigide (telles que les situations de déflation) ou incapable d'affecter la demande globale, la politique budgétaire ne peut viser qu'à accélérer les ajustements vers l'équilibre » (p. 32).

En effet, en cas de choc négatif de conjoncture (déplacement de la courbe DG vers la gauche), l'output et le taux d'inflation d'équilibre diminuent. La baisse du taux d'intérêt décidée par la banque centrale doit ramener l'économie vers son équilibre de long terme, en faisant augmenter le niveau d'investissement et/ou de consommation. Mais la politique budgétaire peut accélérer ce retour via une expansion des dépenses publiques ; cependant, le résultat final n'est pas meilleur que celui obtenu par la baisse du taux d'intérêt.

Pollin considère que son résultat est un cas général, et que les situations dans lesquelles le taux d'intérêt est incapable d'affecter la demande globale sont exceptionnelles et réduites à des cas de déflation ou de trappe à liquidité.

VIII. Le modèle DSGE de la « nouvelle synthèse néoclassique »

Les hypothèses centrales de la Nouvelle École Classique (NEC) sont la concurrence parfaite, la flexibilité des prix et les anticipations rationnelles. La politique monétaire est neutre. Pour la Nouvelle École Keynésienne (NEK), les asymétries d'information et les rigidités des prix sont centrales. La politique monétaire produit des effets à court terme. La *Nouvelle Synthèse Néoclassique*, en introduisant des rigidités à court terme sur les prix, rend compatibles les conclusions de la NEC et de la NEK : en l'absence de rigidité à long terme, la politique monétaire est neutre. Par contre, la viscosité des prix à court terme rend la monnaie active. L'aboutissement de cette nouvelle synthèse est la Nouvelle Courbe de Phillips et les modèles d'équilibre général dynamique stochastique qui se substituent au vieux modèle IS-LM.

Le modèle de la nouvelle synthèse est dynamique, car il décrit le sentier emprunté par les grandes variables macroéconomiques au cours du temps. Il est d'équilibre général, car les marchés sont tous simultanément équilibrés et sont interdépendants. Il est stochastique, car il prend en compte les aléas liés à l'activité économique.

Ce modèle combine trois équations principales : une courbe IS intertemporelle (équilibre du marché des biens) ; une Nouvelle Courbe de Phillips (résultant du comportement microéconomique des producteurs) ; une règle de Taylor, qui permet la fixation du taux d'intérêt par la Banque centrale. L'offre de monnaie est supposée endogène ; le marché de la monnaie étant toujours équilibré, il est purement et simplement éliminé ! La monnaie devient donc inexistante dans ce modèle.

a. <u>La courbe IS</u>

La courbe IS intertemporelle est obtenue en deux grandes étapes :

(1)   Résolution du programme de maximisation de l'utilité intertemporelle d'un consommateur représentatif

(2)   Résolution de la condition d'équilibre sur le marché des biens.

Le consommateur représentatif consomme un panier de biens imparfaitement substituables et choisit son offre de travail. Dans ce cadre d'analyse, le consommateur maximise son utilité que par rapport au panier de consommation, aux encaisses réelles et à l'offre de travail. Précisions que l'économie dont il est question ici est composée d'une liste de n biens de consommation différents qui sont des substituts imparfaits. Le degré d'imperfection de la substituabilité des biens est représenté par un paramètre du modèle. Si ce paramètre est égal à l'infini, alors les biens sont des substituts parfaits et il est alors possible de simplement additionner leurs quantités. L'agrégat qui représente la somme des biens imparfaitement substituables est appelé agrégat à élasticité de substitution constante (agrégat CES). L'ensemble des biens est associé à une fonction de densité de probabilité. Chaque bien a une probabilité 1/n d'être choisi par le consommateur. Par conséquent, l'ensemble des biens n*(1/n)=1 forme une masse unitaire. Tout se passe comme s'il existait un continuum (ensemble d'éléments homogènes) de biens allant de 0 à 1, auxquels correspond une liste de prix monétaires.

L'équilibre du marché des biens aboutit à ce que la production courante ou le revenu global dépend positivement de l'anticipation du revenu global à la période courante pour la période future et du taux d'intérêt réel anticipé (le taux d'intérêt auquel on retranche l'anticipation d'inflation). Autrement dit, toute hausse du taux d'intérêt réel anticipé entraîne une diminution de la production en raison d'un mécanisme de substitution intertemporel qui réduit le niveau de la consommation.

b. <u>La Nouvelle Courbe de Phillips</u>

La nouvelle courbe de Phillips fait dépendre l'inflation courante de l'anticipation d'inflation à la période t pour la période t+1 et de l'écart de production (output gap). Quand la production courante se rapproche du niveau de production potentiel ou maximal, l'inflation s'accélère.

c. La règle de Taylor

Cette règle précise que le taux d'intérêt est fixé par l'autorité monétaire en fonction de l'inflation courante (toute hausse de l'inflation conduit la Banque centrale à augmenter son taux d'intérêt pour faire ralentir l'économie), de l'écart entre l'inflation courante et la cible ou l'objectif d'inflation de la Banque centrale (toute déviation de l'inflation par rapport à l'objectif d'inflation fait varier le taux d'intérêt), et enfin de l'output gap, c'est-à-dire de l'écart entre la production courante et la production naturelle de plein-emploi des facteurs (toute hausse de la production courante au-dessus de la production naturelle fait courir un risque d'inflation et conduit donc à une hausse du taux d'intérêt). Lorsque l'inflation est égale à la cible de la Banque centrale et lorsque la production courante est égale à la production naturelle ou production potentielle, le taux d'intérêt est simplement égal au taux d'intérêt naturel (celui qui équilibre le marché de l'épargne) augmenté du taux d'inflation.

d. L'impact de la politique monétaire : active à court terme, neutre à long terme

Au final, le modèle réduit DSGE fonctionne autour de trois grandes équations : la courbe IS intertemporelle, la nouvelle courbe de Phillips et la règle de Taylor.

Supposons que la Banque centrale décide de relancer l'économie en augmentant son objectif d'inflation. Dans la règle de Taylor, l'inflation courante devient mécaniquement inférieure à l'inflation cible et par conséquent le taux d'intérêt diminue. Il en résulte une augmentation de la production courante au-dessus de la production potentielle ou naturelle (courbe IS), d'où une augmentation de l'inflation courante (Nouvelle Courbe de Phillips). La politique monétaire est donc active : elle a des effets sur l'économie réelle. Au cours des périodes suivantes cependant, les agents économiques vont élever leurs anticipations d'inflation. Par conséquent, le taux d'intérêt réel se réduit et la production courante diminue (Courbe IS). L'économie rejoint progressivement le niveau de production potentiel initial et l'inflation atteint le niveau ciblé par la Banque centrale (Nouvelle Courbe de Phillips). Au final, la production reste constante, mais l'inflation est plus grande. Les thèses des deux grandes écoles, NEC (Nouvelle École Classique de Lucas) et NEK (Nouvelle École Keynésienne), sont donc conciliées : à court terme, en raison des rigidités qui fondent la Nouvelle Courbe de Phillips, la politique monétaire a un effet sur l'économie réelle. À long terme, l'impact de la politique monétaire est nul, si ce n'est qu'il implique une hausse du niveau d'inflation (lorsqu'il s'agit d'une politique de relance).

e. <u>L'autocritique des économistes « standard »</u>

Si le modèle DSGE a fait l'objet de nombreuses critiques de la part des économistes postkeynésiens, la survenue de la crise de 2007-2009, que les modèles DSGE ont été incapables de prédire, a fait naître une autocritique de la part des économistes néoclassiques. Nous présentons ici l'avis d'Olivier Blanchard qui fut jadis un défenseur des modèles DSGE. Il dit la chose suivante dans un article publié en 2017 dans la revue de l'OFCE [57]:

« Les raisons cachées derrière les rigidités nominales telles que le coût de collecte d'information ou celui de prise de décision me paraissent avoir des effets importants sur d'autres comportements, effets qui sont largement ignorés. Par ailleurs, le fait que les agents soient dotés d'un horizon très long, combiné à la présence d'anticipations rationnelles conduit à tirer des conclusions qui vont totalement à l'encontre de ce qui est observé dans la réalité. Cela est flagrant dans le cas de l'étude de la consommation à partir de l'équation d'Euler par exemple, ou encore de celle des taux de change à partir de l'équation de parité des taux d'intérêt. Par ailleurs, le grand nombre de paramètres présents dans ces modèles oblige les

---

[57] Blanchard, O. (2017). « Sur les modèles macroéconomiques », *Revue de l'OFCE*, 153, p. 317-325. <u>https://doi.org/10.3917/reof.153.0317</u>

chercheurs à fixer a priori la valeur d'une partie d'entre eux. Le problème est que cette calibration n'est en grande partie pas basée sur des connaissances bien établies théoriquement ou empiriquement, et demeure extrêmement floue. Les paramètres additionnels sont estimés à l'aide d'une estimation bayésienne du modèle complet, méthode sujette au problème classique de mauvaise spécification du modèle, ce qui peut biaiser largement ces estimations et cela de façon opaque pour le lecteur. De plus, les présupposés nécessaires à ces estimations ne sont généralement que le reflet de la subjectivité du chercheur qui les fixe et n'ont rien de scientifique. Une autre critique qui peut être faite à ces modèles est l'usage des analyses normatives qui sont faites à partir d'eux. En effet, les effets sur le bien-être dépendent de la façon dont les frictions sont introduites dans les modèles et bien souvent ces distorsions sont choisies de manière à faciliter les calculs au détriment de la pertinence des analyses normatives. La dernière crise financière a également fait émerger de nouvelles critiques en mettant à jour les limites de ces modèles tels qu'ils existaient avant celle-ci. Cet évènement majeur a notamment mis en avant le rôle central du secteur financier en macroéconomie. La crise a révélé – ou rappelé – que les marchés financiers sont incomplets, qu'ils posent des problèmes de liquidité, de solvabilité, que la dette leur est inhérente et que celle-ci est nécessaire pour comprendre les cycles économiques. Elle a également rappelé que les ruées bancaires n'étaient pas juste une curiosité historique. Ce sont ces distorsions qui ont été à l'origine de la dernière crise financière et qui étaient largement ignorées par les macro-économistes avant celle-ci ».

IX. Les modèles stock-flux cohérents postkeynésiens

L'approche de la modélisation macroéconomique basée sur la cohérence stock-flux (SFC) est devenue de plus en plus populaire parmi les économistes. Elle signe la confirmation et le développement, chez les postkeynésiens, d'une macroéconomie « sans LM ». Ses origines remontent à au moins six décennies, mais sa popularité s'est accrue de manière exponentielle après la crise de 2007-2009. Deux évènements ont joué un rôle important : premièrement, la publication en 2007 de *Monetary Economics*, par Wynne Godley et Marc Lavoie (2007), un ouvrage qui résume et synthétise les principes de base et les méthodes de modélisation ; deuxièmement, la reconnaissance du fait que les modèles et les analyses politiques basés sur le cadre stock-flux cohérent étaient capables de prédire la crise, ce qui a pris la majorité de la profession par surprise.

Le principal avantage de l'approche stock-flux cohérente est qu'elle fournit un cadre permettant de traiter les aspects réels et financiers de l'économie de manière intégrée. Dans une économie capitaliste moderne, le comportement du côté réel de l'économie ne peut être compris sans référence au côté financier (marchés de la monnaie, de la dette et des actifs). C'est pourquoi l'approche stock-flux cohérente est un outil important si l'on veut examiner l'économie politique du capitalisme moderne d'une manière rigoureuse et analytique.

La construction des modèles commence par une grande attention à la cohérence comptable. Une comptabilité rigoureuse peut conduire à des conclusions intéressantes, car elle impose certaines contraintes et réduit les degrés de liberté du modèle. Les spécifications de fermeture et de comportement du modèle sont tout aussi déterminantes. Les modèles SFC ont une fermeture postkeynésienne, en ce sens que la demande est importante et que le plein-emploi n'est pas considéré comme l'état général de l'économie. En outre, et sur la base des premières idées de Godley et Tobin, il existe une modélisation approfondie des aspects réels et financiers de l'économie et de leurs interdépendances.

Quatre grands principes président à l'élaboration d'un modèle stock-flux cohérent. Nous suivrons la présentation de Michalis Nikiforos et Gennaro Zezza (2007)[58].

---

[58] Nikiforos M. et Zezza G. (2007), « Stock-Flow Consistent Macroeconomic Models : A Survey », *Working Paper n°891*, Levy Institute.

i. Cohérence des flux : Chaque flux monétaire provient de quelque part et va quelque part. Par conséquent, il n'y a pas de « trous noirs » dans le système. Par exemple, le revenu d'un ménage est un paiement pour une entreprise, et les exportations d'un pays sont les importations d'un autre. Ce type de cohérence des flux entre les unités (ménage-entreprise ; entreprise) est considéré comme un élément essentiel de la comptabilité nationale. Elle est appelée cohérence « horizontale ». Un autre type de cohérence des flux est la cohérence « verticale » ; elle signifie que chaque transaction implique au moins deux entrées au sein de chaque unité, généralement désignées par les termes « crédit » et « débit ». Par exemple, lorsqu'un ménage perçoit un revenu, ses dépôts bancaires sont crédités du même montant.

ii. Cohérence des stocks : Les engagements financiers d'un agent ou d'un secteur sont les actifs financiers d'un autre agent ou d'un autre secteur. Par exemple, un prêt est un passif pour un ménage et un actif pour une banque ; une obligation du Trésor est un passif pour l'État et un actif pour son détenteur. Par conséquent, la financière nette du système dans son ensemble est nulle.

iii-Cohérence stock-flux : Chaque flux implique la variation d'un ou plusieurs stocks. Par conséquent, les stocks de fins de période sont obtenus en cumulant les flux concernés et en tenant compte des plus-values éventuelles. Ainsi, la cohérence des flux de stocks implique qu'une épargne nette positive entraîne, toutes choses égales par ailleurs, une augmentation de la richesse nette et vice versa. Par exemple, lorsque l'épargne nette d'un ménage est positive, un ou plusieurs de ses actifs augmentent et sa richesse nette augmente également.

iv. La quadruple saisie : Ces trois principes en impliquent donc un quatrième : toute transaction implique un quadruple enregistrement comptable. Par exemple, lorsqu'un ménage achète un produit à une entreprise, la comptabilité enregistre une augmentation des recettes de l'entreprise et des dépenses du ménage, ainsi qu'une diminution d'au moins un actif (ou une augmentation d'un passif) du ménage et, corrélativement, une augmentation d'au moins un actif de l'entreprise.

Ces principes signifient, entre autres, que la structure comptable des modèles SFC suit celle du système de comptabilité nationale. La structure comptable des modèles SFC est résumée dans deux matrices : la matrice du bilan et la matrice des flux de transactions.

La construction d'un modèle SFC doit suivre trois étapes :

- Écrire des matrices de stocks et de flux ;
- Compter les variables et les identités comptables issues des matrices ;
- Définir chaque inconnue par une équation (identité comptable ou fonction de comportement).

Lorsque le modèle est construit, la méthodologie des simulations est explicitée par Lavoie Godley (2007, p.297) : « d'abord, on assigne des valeurs aux différents paramètres en utilisant des faits stylisés raisonnables. Ensuite, on résout le modèle et on trouve un état stationnaire par un processus d'approximations successives. Une fois trouvé l'état stationnaire, on mène des expériences en modifiant une par une les variables exogènes ou les paramètres du modèle significatifs sur le plan économique ».

Comme le souligne Le Heron (2015)[59], les modèles ne sont en rien de simples modèles du circuit de la comptabilité nationale, mais intègrent des marchés, des comportements microéconomiques, des fonctions de réaction, des matrices de portefeuille ». Par ailleurs, comme les ajustements de marché se font à la fois par les prix et les quantités, l'accumulation de stocks d'invendus, le chômage, le déséquilibre des finances publiques constituent des amortisseurs de conjoncture.

---

[59] Le Héron, E. (2015), « Une histoire de la modélisation postkeynésienne stock-flux cohérente », *Cahiers du Gretha*, n°15, Université de Bordeaux.

Le modèle canonique de Godley et Lavoie (2001)[60] a été l'un des points de départ du développement de la modélisation stock-flux. Nous présenterons donc ce modèle simple (présenté également par Le Heron et Marouane, 2015[61]) pour fournir au lecteur un exemple de modèle.

a. <u>Construction des matrices de stocks et de flux</u>

Dans la matrice de stocks, chaque colonne représente le bien d'un secteur institutionnel ou d'un « pôle d'agents ». Les lignes représentent une catégorie particulière d'actif. Les actifs sont affectés d'un signe positif et les passifs d'un signe négatif. La richesse nette est égale à la différence entre les actifs et les passifs. La matrice est ici empruntée à : Le Heron (2015).

	Ménages	*Entreprises*	*Banques*	Σ
Monnaie	$+M_d$		$-M_s$	0
Actions	$+ e_d \cdot p_e$	$- e_s \cdot p_e$		0
Capital		$+K$		$+K$
Crédits		$-L_d$	$+ L_s$	0
Richesse nette	$+V$	$K - (L_d + e_d \cdot p_e)$	0	$+K$

Les ménages disposent de dépôts bancaires monétaires *(M)* qui constituent un passif pour les banques. Les crédits accordés par les banques *(L)* constituent leur actif. Les firmes détiennent un capital productif *(K)*, émettent des actions (e) au prix *(p$_e$)* qui sont détenues par les ménages, et demandent des crédits *(L)*. La richesse nette des banques est nulle puisque les dépôts bancaires (passifs) sont la contrepartie des crédits accordés à l'économie (actifs). La quantité de monnaie détenue par les ménages ajoutée à la valeur des actions constitue la richesse nette des ménages. Celle des firmes est la

---

[60] Lavoie, M. et Godley, W., (2001), « Kaleckian Models of Growth in a Coherent Stock and Flow Monetary Framework: A Kaldorian View », *Journal of Post Keynesian Economics*, Vol. 24, n° 2, pp. 277-312.
[61] Le Héron, (2015), « Une histoire de la modélisation postkeynésienne stock-flux cohérente », *Cahiers du Gretha,* n°15, Université de Bordeaux.

différence entre le capital productif détenu (actif) et la somme des crédits contractés et des actions émises (passifs).

La matrice des flux du modèle de Godley et Lavoie (2001) est également présentée par Le Heron (2015) et est la suivante :

	Ménages	Entreprises courant	Entreprises capital	Banques courant	Banques capital	Σ
Consommation	$-C_d$	$+C_S$				0
Investissement		$+I_S$	$-I_d$			0
Salaires	$+W_S$	$-W_d$				0
Profits nets	$+P^d$	$-(P^u+P^d)$	$+P^u$			0
Intérêts sur crédits		$-i_l \cdot L_{d(-1)}$		$+i_l \cdot L_{s(-1)}$		0
Intérêts sur dépôts	$+i_m \cdot M_{d(-1)}$			$-i_m \cdot M_{s(-1)}$		0
Δ des crédits			$+\Delta L_d$		$-\Delta L_s$	0
Δ des dépôts	$-\Delta M_d$				$+\Delta M_s$	0
Emission d'actions	$-\Delta e_d \cdot p_e$		$+\Delta e_s \cdot p_e$			0
Σ	0	0	0	0	0	0

Chaque colonne représente le compte d'un secteur institutionnel (sa contrainte budgétaire) et chaque ligne représente un compte d'opération. Tout flux reçu est affecté d'un signe positif, tandis qu'un flux versé a un signe négatif. Chaque colonne a un solde nul : cela signifie que la contrainte budgétaire des agents économiques est respectée, mais aussi que chaque flux a une affectation et une provenance. C'est une nécessité pour que le modèle soit stock-flux cohérent. Concernant le compte des opérations, chaque enregistrement d'opération nécessite une inscription en ressource et une inscription en emploi (ou bien une inscription en variation d'actif et une inscription en variation de passif). La somme des flux en ligne doit donc être nulle également.

Le circuit monétaire que traduit le modèle de Godley et Lavoie est tout à fait conforme à la théorie keynésienne du circuit traditionnel. Le circuit s'ouvre ainsi par le crédit bancaire qui finance (financement initial) l'activité productive des firmes, à savoir le versement des salaires W, le versement des dividendes sur les profits de la période précédent P_d, l'investissement I, et les intérêts sur la dette accumulée lors de la période précédente $i_L.L_{-1}$. La monnaie est donc endogène, car elle est induite par l'activité de production.

Les banques ne font pas de profit : il est supposé que les intérêts de la dette payés par les firmes soient versés aux ménages. Les ménages peuvent utiliser leur revenu pour la consommation C ou l'épargne S. L'épargne constituée constitue une fuite pour les entreprises, car il s'agit d'une quantité de monnaie qui ne reflue pas vers elle. Les firmes tentent de récupérer cette monnaie via l'émission d'actions en fin de période ($\Delta e.p_e$). C'est ce que les postkeynésiens appellent le « financement final » des entreprises. Si les ménages investissent l'intégralité de leur épargne sous forme d'actions, les firmes peuvent rembourser la totalité de leur crédit contracté auprès des banques et donc toute la monnaie créée est détruite : $\Delta L=0$. Dans le cas où une partie de l'épargne des ménages est thésaurisée sous forme de dépôts bancaires (ΔM), ces derniers correspondent au besoin de financement final des firmes (ΔL).

b. <u>Les identités comptables du modèle</u>

Trois variables sont rattachées au pôle « ménages » : la consommation C, les dépôts bancaires D et le prix des actions p_e. Trois correspondent au secteur bancaire : le taux d'intérêt sur les dépôts i_M et sur les crédits i_L, les crédits L. Enfin, six correspondent au secteur des entreprises : l'investissement I, les salaires W, le profit distribué P_d, le profit non distribué P_u, les actions e, et le profit P. Le modèle contient donc six identités comptables (dont cinq provenant de la matrice des flux et une correspondante à une définition) :

$$(I)\, C_d + \Delta M_d + \Delta e.p_e = W_s + P_d + i_m.M_{d-1} \qquad (II)\, W_d + P_u + P_d + i_L L_{d-1} = C_s + I_S$$

$$(III)\, I_d = P_u + \Delta L_d + \Delta e.p_e \qquad\qquad (IV)\, i_L L_{s-1} = i_M M_{s-1}$$

$$(V)\, \Delta L = \Delta M \qquad\qquad\qquad\qquad (VI)\, P = P_d + P_u$$

c. <u>Les équations de comportement</u>

Chaque variable doit être définie soit par une identité comptable, soit par une équation de comportement.

Les firmes prennent quatre décisions dans le modèle :

(i)   Tout d'abord, il s'agit de fixer le niveau des prix par application d'un taux de marge fixe sur le coût unitaire de production. L'unique coût de production émane de l'emploi des salariés.

$$(1)\ p = (1 + \rho)w\,/\,\mu$$

avec p le niveau des prix, ρ la marge, w le salaire monétaire et μ la productivité du travail. Le niveau d'emploi est tel que :

$$(2)\,N^d = Y\,/\,\mu$$

avec N^d la demande de travail des firmes et Y le niveau de production.

La production offerte par les entreprises est égale à :

$$(3)\ Y = C_s + I_s$$

Le salaire monétaire w est considéré comme exogène et la productivité du travail est supposée constante. Les rendements d'échelle sont constants (les coûts unitaires sont constants). Le prix est donc égal à l'unité. Cependant, la détermination des prix permet de fixer la répartition de la richesse entre salaires et profit (Le Heron, 2015). On peut montrer le niveau des profits est égal :

$$(4)P = \frac{\rho}{1+\rho}Y$$

(ii) La seconde décision concerne la mise en œuvre du niveau de production. Il est supposé que l'offre suit les mouvements de la demande globale de biens, composée de la consommation des ménages et de l'investissement des firmes. On a donc :

$$(5)Y = C_d + I_d$$

(iii) La troisième décision concerne l'investissement productif. La fonction d'investissement s'écrit :

$$(6)I = \Delta k = g.k_{t-1}$$

Le taux de croissance du capital accumulé g dépend lui-même du taux d'utilisation des capacités productives (rapport entre la production et la production de pleine capacité), du q de Tobin (rapport entre la valeur financière de la firme et la valeur du stock de capital), du ratio du paiement des intérêts par rapport au capital, et enfin d'un paramètre exogène représentatif des « esprits animaux » des entrepreneurs (leur état d'optimisme ou de pessimisme quant au futur).

(iv) La quatrième décision concerne le financement de l'investissement. Il est supposé que les firmes financent toujours un certain pourcentage x de leur dépense d'investissement sous forme d'émission d'actions :

$$(7) \Delta e.p_e = x.I$$

Les banques quant à elles ne réalisent pas de profit par hypothèse : le taux d'intérêt des dépôts est égal au taux d'intérêt des crédits :

$$(8)\ i_m = i_L$$

Par ailleurs, conformément à la tradition horizontaliste stricte, l'offre de crédit est toujours égale à la demande de crédit. Il n'y a pas d'analyse explicite du comportement bancaire et de leur préférence pour la liquidité :

$$(9) L^s = L^d$$

Enfin, les ménages doivent décider du partage de leur revenu entre consommation et épargne. Dans un second temps, ils doivent arbitrer quant au partage de l'épargne entre placement et thésaurisation. La consommation est supposée dépendre du revenu futur anticipé Y_h^a et des gains en capital de la période précédente CG_{-1} :

$$(10) C_d = a_1 Y_h^a + (a_1 / \alpha) C G_{-1}$$

Le revenu courant anticipé dépend du revenu courant de la période précédente Y_{h-1} et du taux de croissance de ce revenu g_{y-1} à la période précédente :

$$(11)\ Y_h^a = (1 + g_{y-1}).Y_{h-1}$$

$$(12)\ g_y = \Delta Y_h / Y_{h-1}$$

Une telle fonction de consommation implique que les revenus non anticipés sont épargnés à la période courante. Par ailleurs, les ménages établissent leur choix de portefeuille sous l'hypothèse qu'ils souhaitent détenir une certaine proportion de leur richesse anticipée Va sous forme d'actions. Cette proportion est modulée par le taux de rendement des dépôts bancaires comparé au taux de rendement des actions r_e et la demande de monnaie pour motif de transaction.

$$(13)\ (p_e.e_d)^a / V_a = \lambda_0 - \lambda_1.i_m + \lambda_2.r_{e-1} - \lambda_3(Y_h^a / V_a)$$

$$(14)\ M_d^a / V_a = (1 - \lambda_0) + \lambda_1.i_m - \lambda_2 r_{e-1} + \lambda_3(Y_h^a / V_a)$$

Le taux de rendement des actions est défini par Godley et Lavoie par le rapport entre d'une part les dividendes et les gains en capital et d'autre part la valeur du stock d'actions de la période précédente :

$$(15)\ r_e = (P_d + G)/(p_{e-1}.e_{d-1})$$

Le modèle étant bouclé, l'équation du marché de la monnaie $M^s = M^d$ permet de vérifier que l'ensemble est bien stock-flux cohérent.

d. <u>L'impact de la politique monétaire dans le modèle</u>

Godley et Lavoie proposent d'étudier des simulations de politique monétaire dans deux régimes : un régime « normal » dans lequel l'investissement réagit plus fortement à une modification du taux d'utilisation des capacités productives qu'à celle du q du Tobin et un régime « bizarre » dans lequel l'investissement réagit plus fortement aux variations du q de Tobin.

Les auteurs simulent une hausse du taux d'intérêt. Cette dernière a deux effets sur la demande effective : un effet négatif sur l'investissement (le coût du capital augmente), et un effet positif sur la consommation des ménages (les revenus du capital augmentent) et donc sur le taux d'utilisation des capacités productives. Dans le régime « normal », la hausse du taux d'intérêt entraîne une baisse de la croissance économique, car l'effet négatif sur l'investissement l'emporte sur l'effet positif de la hausse de la consommation. Dans le régime « bizarre », la hausse du taux d'intérêt a un effet favorable sur la croissance d'état stationnaire de long terme, car la hausse du revenu des ménages pousse les agents à acheter plus d'actions. La hausse du q de Tobin entraîne un investissement plus important. La politique monétaire a donc un impact important sur la croissance à court et long terme de l'économie.

Chapitre 6 :
Croissance et cycle économiques

Les modèles de croissance équilibrée ont été construits après la Seconde Guerre mondiale dans le but de rendre compte de l'accroissement continu du produit global ou PIB. Dans le cadre de l'approche néoclassique, Solow a tenté de mettre en évidence les caractéristiques d'une croissance économique qui assure l'équilibre simultané de tous les marchés et le plein-emploi de tous les facteurs de production. La pierre d'achoppement entre néoclassiques et keynésiens est à cette époque centrée sur la question de la stabilité du processus de croissance : alors que pour les néoclassiques, la croissance est à la fois stable et équilibrée grâce à la flexibilité des prix et la possible substitution des facteurs de production, pour les postkeynésiens, la croissance est instable et s'accompagne de chômage. Selon eux, les facteurs de production ne sont pas substituables, mais complémentaires : lorsque par exemple la quantité de capital s'accroît, cela implique l'embauche d'une main-d'œuvre supplémentaire, ce qui implique des rigidités dans les mouvements de l'intensité capitalistique ou capital par travailleur. Avec le modèle de croissance de Jean Cartelier, nous verrons que l'essentiel de la controverse ne réside pas dans l'hypothèse de substituabilité ou de complémentarité des facteurs de production. Jean Cartelier construit en effet un modèle avec facteurs substituables et croissance économique instable accompagnée de chômage involontaire. La clé de différenciation entre les modèles néoclassiques et keynésiens est la reconnaissance ou non de l'hypothèse d'asymétrie entre entrepreneurs et salariés.

Dans un premier temps, après avoir posé quelques définitions préliminaires, nous exposerons les premiers modèles de croissance néoclassiques et keynésiens ainsi que les plus récents. Nous abordons dans un second temps la question des cycles économiques.

I.   Quelques définitions

La croissance (économique, ce dernier terme étant souvent sous-entendu) désigne l'augmentation soutenue (c'est-à-dire suffisamment forte pour être considérée comme une augmentation significative) des quantités produites sur une longue période (production en volume, évaluée par le PIB en volume). Sous certaines conditions, d'améliorer la satisfaction des besoins humains. Elle permet par exemple d'élever le niveau de vie moyen (c'est-à-dire la quantité de produits dont peut disposer en moyenne chaque individu) du moment que la croissance économique est supérieure à la croissance démographique. Le phénomène de croissance est relativement récent. La croissance économique est apparue au XVIIIe siècle, dans certains pays européens (en Angleterre puis en France dans un premier temps ; en Allemagne, aux États-Unis, au Japon et en Russie ensuite), avec la révolution agricole puis la révolution industrielle. Entre 1820 et 2010, la production a ainsi été multipliée par près de 73, alors que l'effectif de la population mondiale n'a été multiplié que par 6 environ. Par conséquent, le niveau de vie moyen a été multiplié presque par 12. La croissance fut particulièrement rapide dans les pays développés à économie de marché (PDEM) durant les Trente glorieuses (1945-1975). Mais à partir du milieu des années 70, le rythme de la croissance a diminué dans les PDEM, passant de près de +5% par an en moyenne à environ +2%. Néanmoins, le taux de croissance économique a fortement augmenté dans certains pays en développement (PED), appelés nouveaux pays industrialisés (NPI) ou pays émergents.

L'un des concepts importants dans les théories de la croissance est le coefficient de capital, qui mesure le rapport entre la quantité de capital utilisée et le volume de la production obtenu. Nous avons vu au chapitre 2 qu'on peut également mesurer le coefficient marginal de capital, qui montre quel supplément de capital est nécessaire pour augmenter d'une unité la production. Dans le modèle de Solow, on mesure la production de richesse par le produit par tête, c'est-à-dire le rapport entre la production et l'effectif de la population (supposée être au plein-emploi). Ce produit par tête est une fonction du capital par tête, rapport entre la quantité de capital utilisée et la quantité de travail utilisée.

Par ailleurs, dans les premiers modèles néoclassiques, les rendements d'échelle de la production sont supposés constants. Cela signifie qu'un accroissement simultané de tous les facteurs de production (capital et travail) entraîne une augmentation de la production dans les mêmes proportions. Par contre, la loi des rendements marginaux décroissants est respectée : la productivité marginale du travail et du capital (le rendement factoriel) est décroissante. En effet, lorsqu'on augmente la quantité utilisée d'un facteur et maintenant la quantité de l'autre facteur fixe, la production augmente dans des proportions de plus en plus réduites.

La productivité marginale d'un facteur, calculée à partir de la dérivée de la fonction de production par rapport à ce facteur, quantifie le supplément de production obtenu lorsqu'on augmente d'une unité la quantité utilisée de ce facteur, l'autre facteur de production restant fixe.

On parle de croissance économique extensive lorsqu'elle résulte de l'accroissement des quantités utilisées des facteurs de production. Elle est dite intensive lorsqu'elle résulte principalement de l'augmentation de la productivité de ces facteurs.

II. Solow et la croissance équilibrée

a. <u>Les hypothèses du modèle</u>

Le modèle de croissance de Robert Solow[62] démontre la possibilité d'un régime de croissance équilibrée grâce à la flexibilité du coefficient de capital (rapport entre la quantité de capital et le volume de la production). Ce coefficient varie sous l'impulsion d'une modification des prix relatifs des facteurs de

---

[62] Solow, R. (1956), « A Contribution to the Theory of Economic Growth », *Quarterly Journal of Economics*, vol. 70, n⁰ 1, p. 65–94.

production. Elle telle modification implique un processus de substitution entre les facteurs travail et capital.

La fonction de base du modèle est la fonction de production à deux variables qui relie le niveau de production Y à la quantité utilisée des facteurs travail L et capital K :

$$Y = f(K, L)$$

Cette fonction permet de calculer le coefficient de capital K/Y qui est noté habituellement v. La technique de production utilisée dans l'économie est caractérisée par l'intensité capitalistique, c'est-à-dire le rapport entre quantité de capital et quantité de travail : K/L. Cette fonction est supposée être homogène de degré 1. Cela signifie que si l'on multiplie par un facteur ß les quantités de travail et de capital, la production est également multipliée par un facteur ß. On parle de rendements d'échelle constants.

$$f(\beta K, \beta L) = \beta(f(K, L) = \beta Y$$

Une telle hypothèse, associée à celle de rémunération des facteurs de production à leur productivité marginale, permet d'affirmer que la rémunération des facteurs de production épuise le produit (la richesse créée) :

$$Y = wL + iK$$

Par ailleurs, les facteurs de production sont supposés être substituables entre eux. Si le prix du travail augmente relativement à celui du capital, l'entrepreneur représentatif va substituer du capital au travail et donc utiliser une technique de production davantage capitalistique.

L'hypothèse de rendements d'échelle constants fait que la production augmente proportionnellement aux facteurs travail et capital :

$$\frac{\Delta Y}{Y} = \frac{\Delta L}{L} = \frac{\Delta K}{K}$$

b. <u>La croissance équilibrée</u>

Le taux de croissance du facteur travail $\frac{\Delta L}{L}$ sera noté n. Il dépend du taux de croissance démographique et il est donc supposé exogène (c'est une donnée du modèle). Le taux de croissance du facteur capital dépend de l'égalité entre l'investissement (qui est l'accroissement du stock de capital) et l'épargne qui le finance. L'épargne est une fraction du produit distribué ; cette fraction représente la propension marginale à épargner. L'égalité entre épargne et investissement peut s'écrire :

$$I = S \;\rightarrow\; \Delta K = S \;\rightarrow\; \Delta K = sY$$

Donc on a :

$$\frac{\Delta Y}{Y} = \frac{\Delta K}{K} = \frac{sY}{K}$$

Comme on note « v » le coefficient de capital K/Y, on peut écrire :

$$\frac{Y}{K} = \frac{1}{v}$$

On peut donc écrire la condition de croissance économique équilibrée (notée g), c'est-à-dire qui respecte l'équilibre de tous les marchés :

$$g = \frac{\Delta Y}{Y} = \frac{\Delta L}{L} = \frac{\Delta K}{K} \;\rightarrow\; g = \frac{s}{v} = n$$

Pour que la croissance économique soit équilibrée, il faut que le taux d'accumulation du capital soit égal au taux de croissance du facteur travail, soit $g=n$. Pour que cette condition soit réalisée, étant donné que le taux de croissance démographique « n » et la propension marginale à épargner sont exogènes, il faut que le coefficient de capital (endogène) prenne une certaine valeur de sorte que $g=s/v=s$.

Les propriétés de la fonction de production rendent possible un raisonnement par tête, c'est-à-dire de diviser le produit, le travail et le capital par la quantité de travail :

$$\frac{Y}{L} = f(\frac{K}{L}, \frac{L}{L}) \rightarrow y = f(k)$$

Ainsi, une certaine combinaison de travail L et de capital K permet d'obtenir un certain niveau de production par tête y. Le segment qui relie « k » à « y » a pour pente « y/k » c'est-à-dire 1/v. Si l'on trace un segment de pente égale à n/s, celui-ci a pour coordonnées k0 et y0. k0 et y0 obéissent à la condition de croissance équilibrée, car k0/y0 est égal à 1/v, mais sa pente est aussi égale à n/s. Ainsi, si le stock de capital par tête est initialement égal à k0, la croissance économique se produit à taux constant. Il existe un coefficient de capital v qui permet d'égaliser le taux de croissance du capital et le taux de croissance du facteur travail.

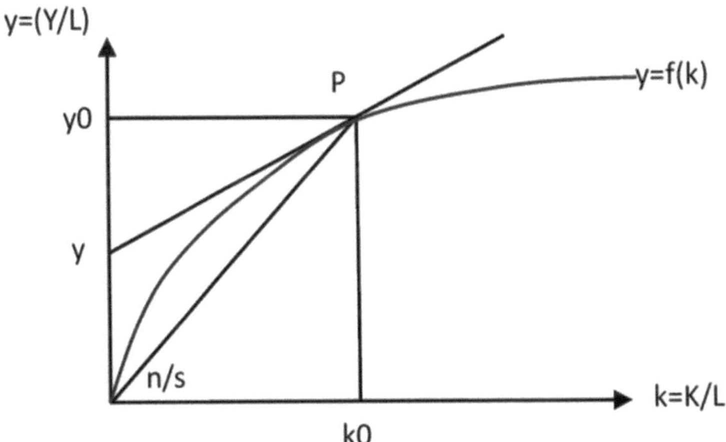

Comment un tel équilibre est-il atteint ?

Supposons que la propension marginale à épargner s soit trop grande, de sorte que (s/v)>n. Si la préférence pour l'épargne des ménages n'est pas compatible avec le régime de croissance équilibrée, le surplus d'épargne va entraîner une hausse de l'accumulation du capital de sorte que l'intensité capitalistique k augmente, donc que v augmente et s/v diminue. L'investissement augmente jusqu'à ce que la condition s/v=n soit assurée. On peut remarquer que lorsque s/v>n, le facteur travail n'augmente pas suffisamment ; il y a une rareté relative de ce facteur. En conséquence, le salaire réel, prix du travail, augmente. Ce faisant, les entrepreneurs vont remplacer du travail par du capital et donc investir davantage. La flexibilité des prix des facteurs de production assure la flexibilité de l'intensité capitalistique et donc celle du coefficient de capital. Le régime de croissance équilibrée est donc ainsi garanti.

Néanmoins, il faut rappeler que le modèle de Solow adopte l'hypothèse néoclassique des rendements factoriels décroissants : au fur et à mesure que le stock de capital augmente, la production augmente dans des proportions de plus en plus faibles. Par ailleurs, il est nécessaire de distinguer l'investissement brut de l'investissement net. L'investissement brut comprend les dépenses d'amortissement qui visent à compenser la dépréciation du capital au cours du temps. L'investissement net correspond à l'accroissement du stock du capital qui permet l'augmentation du niveau de production. Or, comme le stock de capital augmente progressivement au cours de la croissance économique, l'amortissement augmente également. Il est donc nécessaire de consacrer une part de l'investissement brut de plus en plus importante pour l'entretien ou le remplacement du capital existant. À un moment donné, l'investissement brut est tout entier composé des dépenses d'amortissement et l'investissement net (accroissement du stock de capital), qui vise à l'accroissement de la production, devient nul. Puisque le stock de capital n'augmente plus, la croissance économique par tête s'éteint et l'économie entre dans un régime d'état stationnaire.

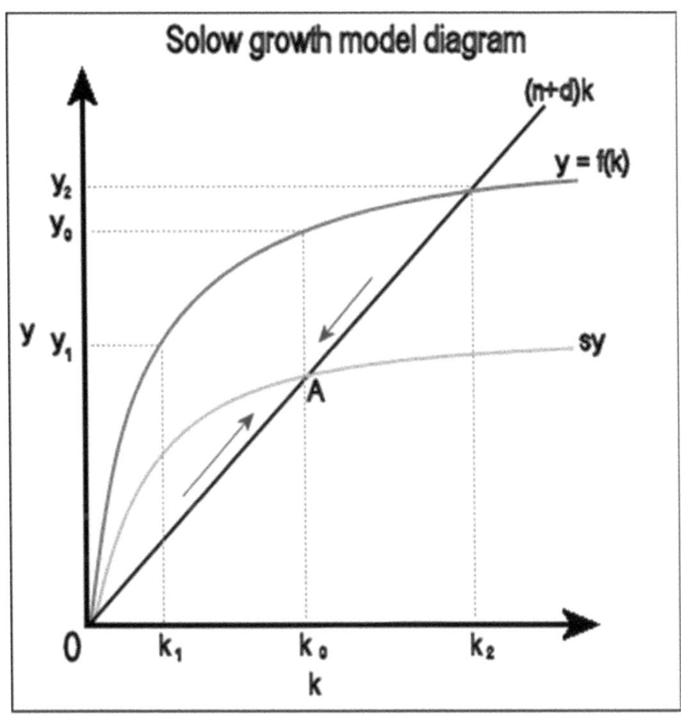

La dépréciation du capital se fait à un rythme constant noté δ. $s.(f(k))$ ou sy est le produit de la propension marginale à épargner et du niveau de production : c'est l'épargne qui finance l'investissement brut. Dans un premier temps, l'épargne est supérieure à la dépréciation ; par conséquent, le stock de capital par tête augmente et le niveau de production par tête augmente. Mais lorsque l'économie arrive au stock de capital par tête critique k^*, l'épargne est entièrement consacrée au financement de l'amortissement. L'investissement net Δk devient nul, et par conséquent la croissance économique ne peut plus avoir lieu. À court terme, une croissance démographique plus importante peut repousser l'avènement de l'état stationnaire en faisant diminuer le stock de capital par tête k. Une augmentation de la propension marginale à épargner, en faisant gonfler le niveau d'épargne, augmente le niveau de l'investissement brut et donc peut aussi repousser l'arrivée de l'état stationnaire. Mais c'est surtout le progrès technique, absent du modèle, qui peut expliquer que la croissance économique ne s'éteint pas en augmentant mécaniquement le produit par tête obtenu. Ainsi, à long terme, la croissance économique par tête ne dépend plus que de deux paramètres exogènes au modèle : le progrès technique et la croissance démographique. Les comportements des agents n'agissent que de manière transitoire sur la croissance.

Bien sûr, cet état stationnaire concerne les variables par tête. Le capital par tête et la production par tête restent constants. Cela signifie que la production et le capital augmentent au même rythme que la population (donc au même rythme que l'emploi). Il s'agit en fait d'une croissance extensive, fondée sur l'accroissement des quantités utilisées de capital et de travail, et non sur l'obtention de gains de productivité.

Ainsi, d'après Robert Solow, les économies connaissent une croissance équilibrée, mais en l'absence de progrès technique, le rythme de croissance ralentit et finit par devenir nul. Il y a donc un phénomène de convergence de tous les pays : les pays riches qui connaissent un ralentissement de leur croissance sont rattrapés par les pays plus pauvres qui ont moins accumulé de capital et qui connaissent un taux de croissance économique plus élevé. Toutes les économies convergent vers l'état stationnaire (d'après ce modèle), mais pas au même rythme : cela dépend des paramètres caractérisant l'économie.

c. <u>La croissance optimale selon Phelps[63]</u>

Puisque l'objectif de la croissance économique a pour objectif d'améliorer le bien-être de la population, il est intéressant de connaître les conditions sous lesquelles cette croissance peut maximiser la consommation des ménages.

La croissance du capital par tête à la source de la croissance du produit peut se décomposer de la façon suivante :

$$\frac{\Delta K}{L} = \frac{\Delta K}{K} \, x \, \frac{K}{L}$$

---

[63] Phelps, E. (1961), "The Golden Rule of Capital Accumulation", *American Economic Review*, volume 51, pages 638-643.

Or, quand la croissance économique est équilibrée, on a :

$$\frac{\Delta K}{K} = \frac{\Delta L}{L} = n$$

Le taux de croissance du stock de capital doit être égal au taux de croissance de la population n.

On peut donc écrire :

$$\frac{\Delta K}{L} = \Delta k = n.\,k$$

La consommation des ménages est égale à la différence entre la quantité produite et la dépense d'investissement des firmes, qui elle-même correspond à l'épargne des ménages :

$$C = Y - I = Y - S$$

Si on divise les deux membres de l'égalité par la quantité de travail (on raisonne sur des grandeurs par tête de travailleur), on obtient :

$$\frac{C}{L} = \left(\frac{Y}{L}\right) - \left(\frac{S}{L}\right)$$

Ce qui peut être écrit :

$$c = y - sy$$

c est donc la consommation par tête, y le produit par tête, s la propension à épargner, et le produit sy l'épargne. Or, le produit par tête est donné par la fonction de production par tête. Donc :

$$c = f(k) - sf(k)$$

Pour trouver le capital par tête qui maximise la consommation des ménages, on doit résoudre le programme de maximisation suivant :

$$Max\ c = f(k) - sf(k)\ sous\ contrainte\ sf(k) = nk$$

D'où finalement :

$$Max\, c = f(k) - nk$$

Pour trouver le maximum de cette fonction (qui représente l'écart entre le produit et la dépense d'investissement), on annule sa dérivée par rapport au capital par tête k. On obtient :

$$f'(k) - n = 0 \rightarrow f'(k) = n$$

Pour que la consommation des ménages soit maximale pour toutes les générations d'agents économiques, il faut que la productivité marginale du capital par tête *f» (k)* (donc le taux d'intérêt réel, si les facteurs de production sont rémunérés à leur productivité marginale) soit égale au taux de croissance n de la population. Ce résultat est connu sous le nom de règle de Phelps. La problématique est en fait la suivante : lorsque l'épargne est nulle, tout le revenu est consommé et l'investissement est nul. Lorsque tout le capital est atteint de dépréciation, il n'y a plus de capital pour produire et donc le revenu devient nul. Une consommation excessive à court terme annule les possibilités de consommation pour les générations futures. À l'inverse, lorsque tout le revenu est consacré à l'investissement, la consommation est nulle et par la même occasion le bien-être du ménage est inexistant. Entre ces deux extrêmes, il existe une dépense d'investissement qui permet de maximiser le niveau de la consommation sur toutes les périodes de manière régulière et uniforme. Si le taux d'intérêt est égal au taux de croissance de la population, le taux d'épargne correspond à la part des revenus du capital dans le produit national.

d. <u>La croissance optimale selon Ramsey</u>

La règle d'or de Phelps concerne la croissance d'équilibre de longue période. Quand l'économie est installée dans ce régime de croissance régulière, la consommation par tête est maximale si le taux d'intérêt réel est égal au taux de croissance de la population comme déjà indiqué. Le modèle de Ramsey cherche à déterminer la meilleure trajectoire qui conduit à ce régime de croissance équilibrée, parmi toutes les trajectoires possibles de l'économie. Ramsey définit cette trajectoire à partir des préférences individuelles des agents. Il suppose qu'il existe un agent représentatif pour éviter tout problème d'agrégation des préférences.

Supposons que le temps de fonctionnement de l'économie va de la période 0 à la période notée T. L'agent économique représentatif doit décider à la période 0 de la succession de toutes ses consommations réparties sur toutes les périodes. La fonction d'utilité intertemporelle traduit la satisfaction retirée par l'agent que l'on étudie en fonction du montant de ses consommations au cours des différentes périodes. La fonction d'utilité u(c(t)) est supposée séparable additivement, c'est-à-dire qu'elle peut s'écrire de la façon suivante :

$$U(co, c1, c2, \dots cT) = u(co) + u(c1) + u(c2) + \cdots + u(cT)$$

Avec c(t) le niveau de la consommation à la période t.

Les utilités tirées de chaque consommation s'additionnent pour déterminer le niveau de l'utilité intertemporelle.

La seconde hypothèse faite sur cette fonction d'utilité est que l'utilité de la consommation à chaque période est indépendante du temps à un facteur d'actualisation près (1+p). Autrement dit, on suppose que pour le consommateur, consommer c unités de biens aujourd'hui est équivalent à consommer c(1+p) unités de bien demain. La fonction d'utilité intertemporelle s'écrit alors :

$$U(co, c1, c2, \dots, cT) = u(co) + \frac{u(c1)}{1+p} + \frac{u(c2)}{(1+p)^2} + \cdots + \frac{u(cT)}{(1+p)^T}$$

Il est possible également de travailler en temps continu : on suppose que chaque période tend vers 0. Ainsi, on peut écrire la fonction d'utilité intertemporelle en temps continu sous la forme d'une intégrale, qui traduit la somme des utilités tirées de la consommation sur toutes les périodes de 0 à T :

$$\int_0^T e^{pt} u\big(c(t)\big)dt$$

L'exponentielle est ce qui permet d'actualiser les utilités à chaque période. À présent, il est possible de faire tendre la dernière période de temps T vers l'infini.

Le comportement rationnel de l'agent représentatif est formalisé par la maximisation de sa fonction d'utilité intertemporelle en tenant compte des contraintes de la production du bien qu'il va consommer au cours des différentes périodes. Les propriétés de la fonction de production sont les mêmes que dans le modèle néoclassique de Solow. En t+1, l'agent économique décide du partage de la production entre consommation c et investissement par tête k à partir de la production réalisée en t (qui ne dépend que de l'investissement k). On tient compte ici de la dépréciation du capital (les machines s'usent au cours du temps à un certain taux δ) et de l'investissement nécessaire pour doter en capital tous les membres de la population active qui croît au taux n. Cet investissement lié à la population est donc $n\,x\,k$.

Ainsi, le stock de capital par tête k en t+1 peut s'écrire :

$$k_{t+1} = f(k_t) - (n + \delta)k_t - c_{t+1}$$

Le stock de capital par tête en t+1 est égal à la production du bien (qui sert à la consomme et à l'investissement de la même façon), auquel on retranche la dépréciation du capital et l'accroissement du capital lié à la croissance démographique et bien sûr le montant de la consommation en t+1. En effet, la production n'est jamais que la somme des quantités de biens produits pour la consommation et l'investissement. En temps continu, on peut écrire la croissance du capital par tête de la façon suivante :

$$\dot{k} = f(k) - (n + \delta)k - c$$

La croissance optimale d'après Ramsey revient à résoudre le problème de maximisation suivant :

$$Max\ C = \int_0^T e^{pt}\, u\big(c(t)\big)dt$$

Sous la contrainte de production :
$$\dot{k} = f(k) - (n + \delta)k - c$$

Et en prenant pour valeur initiale de k : $k_0 = K_0/L_0$

En remplaçant la consommation *c(t)* par son expression donnée par la contrainte de production, on obtient un programme de maximisation dont la seule variable de choix est le niveau de capital par tête k_t.

$$Max\, C = \int_0^T e^{pt}\,[fk_t - (n + \delta)k_t]dt$$

La solution de ce programme de maximisation est *approximativement* le suivant :

$$\frac{\dot{c}}{c} = f'(k) - \delta - n - p$$

Lorsque l'économie arrive à son état stationnaire (la croissance du produit par tête est nulle, ce qui veut dire que le produit augmente au même rythme que la population laborieuse), la croissance du stock de capital par tête est nulle et l'accroissement de la consommation est nul ($\dot{c} = 0$). On a donc comme résultat :

$$f'(k) - \delta - n - p = 0 \Rightarrow f'(k) = \delta + n + p$$

Ramsey obtient ainsi une règle d'or modifiée qui tient compte de la façon dont l'économie doit se comporter pour atteindre cet état optimal. La valeur du capital par tête doit être telle que la productivité marginale du capital (donc le taux d'intérêt réel) doit être égale à la somme de la croissance démographique, du taux de dépréciation du capital et du taux d'actualisation de la consommation. La valeur du capital par tête optimal de Ramsey est inférieure à celle de la règle d'or de Phelps : il tient compte du degré d'impatience du consommateur que traduit le facteur d'actualisation p. Plus il est impatient, plus il voudra consommer davantage sur les premières périodes et moins il investira : le capital par tête sera d'autant plus faible.

III. L'introduction du progrès technique dans le modèle néoclassique

Le progrès technique est un élément qui fait croître la production alors que les quantités de travail et de capital utilisées restent constantes. Il peut être considéré comme autonome non incorporé, autonome incorporé, ou bien encore induit.

a. <u>Du progrès technique non incorporé au progrès technique incorporé</u>

Dans cette approche du progrès technique, ce dernier est conçu comme un facteur de production aux côtés du travail et du capital. Il déforme alors la fonction de production et a un impact sur la productivité marginale des facteurs. Il est alors utile de définir un progrès technique neutre. Mais il existe plusieurs conceptions de la neutralité du progrès technique.

Dans le sens de Hicks, le progrès technique est neutre s'il augmente les productivités marginales du travail et du capital dans les mêmes proportions. Par conséquent, comme le rapport des prix des facteurs de production (salaire/taux d'intérêt) est égal au rapport des productivités marginales, ce rapport du prix des facteurs reste inchangé et l'intensité capitalistique optimale K/L reste aussi inchangée. Les entreprises ne modifient donc pas leur combinaison productive. La fonction de production peut s'écrire :

$$Y = A(t)f(K, L)$$

Avec *A(t)* un indice du progrès technique. Si A(t) double d'une période à l'autre, les mêmes quantités de travail et de capital donnent naissance à une production deux fois plus grande.

Lorsque le progrès technique n'est pas neutre au sens de Hicks, il peut être « capital saving »/« labour using » lorsqu'il provoque une croissance plus rapide de la productivité marginale du travail (l'intensité capitalistique baisse, car les entreprises utilisent davantage de travail à la condition que le prix relatif des facteurs ne change pas) ; il peut être aussi « capital using »/ « labour saving » dans le cas inverse (la productivité marginale du capital augmente plus rapidement que celle du travail).

Dans la conception de Harrod, le progrès technique est neutre s'il laisse inchangé le coefficient de capital K/Y pour un taux d'intérêt donné. Cela signifie que le progrès technique augmente la productivité marginale du travail (la quantité de travail marginale permet de produire davantage). Ainsi, une quantité donnée de produit peut être obtenue par une quantité décroissante de travail grâce au progrès technique. La fonction de production peut s'écrire alors :

$$Y = f(K, A(t)L)$$

De ce point de vue, un progrès technique non neutre impacte le coefficient de capital pour un taux d'intérêt donné. Il peut être « capital using » (le coefficient de capital augmente) ou « capital saving ».

Pour Solow, le progrès technique est neutre lorsqu'il laisse inchangé le rapport de la quantité de travail au niveau de production L/Y pour un salaire donné. Par conséquent, le progrès technique neutre augmente la productivité marginale du capital. Le progrès technique non neutre est « labour using » ou « labour saving ». La fonction de production avec progrès technique s'écrit alors :

$$Y = f(A(t)K, L)$$

Néanmoins, des critiques ont été formulées à l'encontre du concept de progrès technique non incorporé. L'angle d'attaque de cette critique est celui du réalisme. En effet, il est difficile de considérer que le progrès technique s'applique dans les mêmes proportions sur toutes les unités de capital (anciennes ou nouvelles). Seules les machines nouvellement introduites dans le processus de production permettent d'augmenter l'efficacité de la production. Le progrès technique doit être incorporé aux nouvelles unités de capital pour qu'il exerce son influence. De ce point de vue, la rapidité avec laquelle le progrès technique va agir sur la production dépend du rythme des innovations, donc du rythme des investissements nets, mais aussi du taux d'utilisation des capacités productives. Le capital n'est donc pas un facteur homogène. C'est un stock hétérogène constitué de plusieurs générations de machines. La prise en compte de cette hétérogénéité rend beaucoup plus complexe la fonction de production. Il en va de même pour le facteur travail : la productivité du travail augmente grâce à la formation. Les nouvelles technologies de production ne sont pas acquises de la même façon pour tous les travailleurs. Les dernières recrues sont généralement les plus performantes de ce point de vue. La formation incorpore le progrès technique à la main-d'œuvre.

b. <u>Le progrès technique induit</u>

Dans la conception du progrès technique autonome ou incorporé au travail ou au capital, ce dernier est considéré comme exogène. C'est une donnée provenant de l'extérieur, une manne céleste (« tombé du ciel »). Or, selon la thèse du progrès technique induit, la croissance économique génère directement ou indirectement du progrès technique. On peut donc écrire que l'indice de progrès technique que l'on a noté A(t) croît à un taux m qui est lui-même fonction du niveau de production. Effectivement, plus le niveau de production est élevé, plus les moyens financiers qu'il est possible de dégager pour la recherche-développement sont importants. Il est aussi possible d'affirmer que le progrès technique est lié au savoir-faire. L'augmentation de l'expérience acquise permet un accroissement des compétences de la main-d'œuvre et donc de sa productivité. Ainsi, plus on produit (donc plus le niveau de production est élevé), plus on invente et plus le progrès technique se développe. Cette idée de progrès technique induit à la base des modèles néoclassiques de croissance endogène.

c. __Les modèles de croissance endogène__

Dans les modèles de croissance endogène, la fonction de production néoclassique intègre le facteur A qui est un indice du progrès technique. Alors qu'il était auparavant exogène, les modèles de croissance endogène donnent à cette variable la signification d'un stock de connaissances qui est le résultat du processus d'accumulation lui-même. Ces modèles cherchent à déterminer les facteurs qui régissent l'accumulation du facteur A au cours d'une croissance qui désormais est autoentretenue.

Selon Romer (1986)[64], une société accumule des connaissances techniques spontanément en produisant. C'est le « learning by doing » : la force de travail apprend en produisant, hypothèse qui avait été émise par Kenneth Arrow dans les années 60. Ce stock de connaissance qui augmente au fur et à mesure que la production augmente elle-même est à la disposition de tous. Lorsqu'une entreprise alimente le stock de connaissances, elle améliore la productivité du travail de toutes les autres entreprises : c'est un phénomène d'externalité positive. L'accumulation des connaissances n'est qu'un sous-produit de la production elle-même. On a donc un cercle vertueux :

Hausse de la production ➔Augmentation du stock de connaissances ➔Hausse de la production

Ainsi, l'indice de progrès technique peut s'écrire comme la somme des capitaux accumulés de toutes les n entreprises :

$$A = \sum_{i=1}^{n} K_i$$

La fonction de production d'une firme s'écrit donc :

$$Y_i = \left(\sum K_i\right) K_i . L_i$$

---

[64] Romer D., (1986), « Increasing Returnsand Long Term Growth », *Journal of Political Economy*, 94, p. 1002-1037.

À l'échelle d'une firme individuelle, la production est non seulement fonction de la combinaison de capital et de travail, mais aussi du progrès technique constitué par la somme des stocks de capitaux de l'économie. C'est là qu'intervient l'externalité positive : les investissements réalisés par les firmes concurrentes profitent à la firme i. Plus elles produisent, plus elles accumulent, plus la production peut augmenter en retour. Le rendement privé du capital est inférieur à son rendement social, car toutes les firmes bénéficient de l'accumulation du capital d'une seule firme.

Dans le même ordre d'idée, l'économiste Barro écrit la fonction de production comme la combinaison du facteur travail, du facteur capital, et d'un capital public financé par l'État. Le capital public bénéficie à tous les agents économiques : il génère des externalités positives. Le supplément de croissance que ce capital permet entraîne des rentrées fiscales qui permettent ce capital. On a le même type de cercle vertueux :

Hausse de la production ➜Hausse des rentrées fiscales ➜Hausse du capital public ➜Hausse de la production

Selon Lucas (1988)[65], le stock de connaissance est assimilable au stock de capital humain. Les connaissances attachées aux individus peuvent être augmentées par une formation hors entreprise, grâce au système éducatif. L'accroissement du stock de capital humain dépend du temps que les individus passent à se former. Le coût de la formation est évalué par le salaire auquel le salarié renonce en choisissant de se former. L'individu détermine le temps de formation optimal en arbitrant entre le coût présent de la formation et la valeur actualisée du supplément de salaire qu'il gagnera après sa formation. Ainsi, la croissance économique est le fait de deux secteurs d'activité : le secteur de production des biens marchands, et le secteur de production du capital humain. C'est l'accumulation du capital humain qui permet d'accroître la

---

[65] Lucas, R. (1988), « On the Mechanics of Economic Developement », *Journal of Monetary Economics*, 22, p. 483-499.

productivité des travailleurs et donc la croissance dans un processus autoentretenu.

Dans le modèle de Grossman et Helpman (1991)[66], la production d'une variété de plus en plus grande de biens et l'accumulation des connaissances génère une croissance endogène. Dans ce modèle, la recherche-développement qui a lieu dans les entreprises permet la production d'innovations. Les innovations de produits génèrent de la différenciation. La mise en place d'un système de brevet par les pouvoirs publics protège la firme innovatrice. Cette dernière est en position de monopole : elle peut donc profiter d'une rente. L'achat d'un brevet est un coût fixe, puisque la somme payée est indépendante de la quantité de biens vendus. Par conséquent, la firme détentrice d'un brevet aura intérêt à produire la plus grande quantité de biens possible pour faire baisser le coût unitaire du brevet. La croissance économique est ainsi stimulée. Mais les rentes de monopole sont provisoires, car des innovations les rendent caduques. Les firmes innovatrices sont dans en lutte perpétuelle pour acquérir de nouvelles positions de monopole. Elles sont donc incitées à faire de la recherche-développement puis d'accroître le plus possible la production des biens différenciés.

IV.   Finance et croissance chez les néoclassiques

Alors que Keynes et les postkeynésiens ont souligné le rôle de la finance pour l'économie réelle, les néoclassiques n'ont que tardivement intégré cette question dans leurs modèles. Levine[67] (2005) attribue à la finance des fonctions qui favorisent la croissance économique sur la longue période.

1. Les systèmes financiers produisent de l'information relative aux entreprises ; ils peuvent alors favoriser une allocation plus efficace de l'épargne. Avant de réaliser un placement financier, il est impératif d'évaluer la santé financière des

---

[66] Grossman G, Helpamn E, (1991), « Innovation and Growth in the Global Economy », *Cambridge Mass*, MIT Press.
[67] Levine, R. (2005), « Finance and Growth: Theory and Evidence », in Aghion & Durlauf (dir), Handbook of Economic Growth, Elsevier.

entreprises et leurs perspectives de profit futur, mais aussi, conjointement, la qualité de l'équipe dirigeante des firmes. Mais bien sûr, cette évaluation est coûteuse et prend du temps. Si les épargnants n'ont pas les moyens concrets ou le temps suffisant pour procéder à une telle évaluation, ils sont susceptibles de renoncer à l'acte d'épargne. Les intermédiaires financiers peuvent réaliser cette recherche d'information et cette évaluation à la place des épargnants. La réduction subséquente des coûts d'acquisition d'information et la meilleure évaluation des opportunités de placements conduisent à une amélioration dans l'allocation des ressources et à une accélération de la croissance si l'on suppose qu'une grande plus quantité d'épargne permet de financer davantage d'investissements. Précisons ici que le raisonnement se fait dans le cadre du paradigme néoclassique dans lequel l'investissement des entreprises est financé par l'épargne des ménages.

2. Les systèmes financiers assurent une surveillance des investissements et améliorent la gouvernance d'entreprise. Les apporteurs de capitaux peuvent surveiller et influencer l'utilisation des capitaux par le biais de différents mécanismes d'incitation ou de sanction des managers (intéressement, système de stock-options, etc.). Les marchés boursiers peuvent stimuler la gouvernance d'entreprise en reflétant l'information relative aux entreprises dans le cours des actions et en les sanctionnant si nécessaire. La gouvernance d'entreprise est influencée dans le sens d'une recherche de convergence entre les intérêts des managers et des actionnaires et autres apporteurs de capitaux. La recherche du rendement financier maximal devient un objectif central dans l'intérêt des épargnants. Dans ce contexte, le financement des investissements est facilité, ce qui permet une accélération de la productivité, de l'accumulation du capital et finalement de la croissance économique. On ignore dans ce raisonnement de type néoclassique qu'une gouvernance axée sur l'intérêt des apporteurs de capitaux peut entraîner un fléchissement significatif des investissements en raison d'un coût du capital devenu trop élevé (raisonnement des économistes postkeynésiens, voir chapitre 2).

3. Les marchés et intermédiaires financiers favorisent le partage des risques grâce à la possible diversification des placements et la couverture des agents contre le risque grâce au développement des innovations financières concomitantes au développement des marchés financiers. Le développement des marchés financiers permet de drainer une grande quantité d'épargne et par conséquent les placements deviennent plus liquides. Il devient plus facile de convertir ses actifs financiers en monnaie, ce qui rassure l'épargnant et l'encourage à placer. Là encore, le surplus d'épargne autorisé par l'augmentation de la liquidité des marchés, la diversification et la couverture des risques permet le développement des investissements productifs et stimule la croissance.

4. Comme les épargnants sont dispersés, la collecte de leurs ressources entraîne des coûts de transaction. Les intermédiaires financiers permettent de centraliser l'épargne et l'allouent plus efficacement aux projets d'investissement par la réduction de ces coûts de transaction.

Pour les néoclassiques, la finance joue un rôle bénéfique sur la croissance. Des études empiriques montreraient un lien causal allant de la finance à la croissance. Le développement financier apparaît donc nécessaire et cela justifie, d'après ces auteurs, la dérégulation financière, fort contestée par les économistes hétérodoxes.

V. La croissance déséquilibrée des premiers post-keynésiens (Domar, Harrod, Kaldor)

En reprenant les enseignements de Keynes, Harrod et Domar passent à une analyse dynamique de longues périodes et recherchent les conditions d'une croissance économique équilibrée. Mais de la même façon que chez Keynes, le plein-emploi de la main-d'œuvre est une exception, chez Harrod et Domar la croissance économique a peu de chance de se dérouler de manière équilibrée. Selon eux, en effet, contrairement à ce que prévoit Solow, il n'y a pas de mécanisme correcteur des déséquilibres. Si la croissance équilibrée reste possible, elle demeure instable. Ils font l'hypothèse que les facteurs de production sont complémentaires et non substituables. Cela signifie que l'augmentation du stock de capital implique l'augmentation de la quantité utilisée de travail. Le coefficient de capital est supposé fixe.

Dans leur modèle, ils prennent en compte le fait que l'investissement n'est pas seulement le vecteur d'un accroissement de la demande et du revenu (effet multiplicateur), mais qu'il entraîne aussi à long terme une augmentation des capacités de production. La croissance économique résulte d'un processus d'ajustement entre l'évolution des capacités de production et celle de la demande. La croissance équilibrée doit garantir une croissance harmonieuse des capacités de production, de la croissance démographique et de la demande. Nous verrons dans un premier le modèle d'Harrod et Domar, puis dans un second temps le modèle de Kaldor.

a. <u>Le modèle de croissance instable d'Harrod et Domar.</u>

On peut distinguer dans le modèle d'Harrod et Domar[68] trois taux de croissance distincts : le taux de croissance économique effectif g, le taux de croissance économique garanti gw et le taux de croissance économique naturel gn.

Le taux de croissance économique effectif est la croissance économique spontanée, observable.

Le taux de croissance économique garanti (ou justifié) est celui qui assure la pleine utilisation des capacités productives. Lorsque les entreprises réalisent une dépense d'investissement, cela augmente leur capacité de production. La formule de l'accélérateur nous donne le montant de cette augmentation puisque dans le modèle de l'accélérateur, l'investissement répond à une variation de la demande. Il est donc réalisé pour ajuster la capacité de production à la demande.

Rappelons la formule de l'accélérateur :

$$I = v.\Delta Y$$

---

[68] Harrod R. (1973), *Economic Dynamics*, Londres, Palgrave MacMillan.

Avec I l'investissement, v le coefficient marginal de capital et ΔY l'accroissement du niveau de production à réaliser. Donc on a :

$$\Delta Y = \frac{1}{v} I$$

Mais outre le fait d'augmenter la capacité de production d'un montant (1/v). I, l'investissement entraîne une augmentation de la demande via l'effet multiplicateur d'un montant :

$$\Delta Y = \frac{1}{s} . \Delta I$$

Pour que la croissance de la demande soit la même que la croissance des capacités de production, il faut donc que :

$$\frac{1}{s} . \Delta I = \frac{1}{v} . I$$

Par conséquent, le taux de croissance économique équilibrée est garanti si le taux d'accroissement de l'investissement est égal à :

$$\frac{\Delta I}{I} = \frac{s}{v}$$

s/v est donc le taux de croissance économique justifié ou garanti, c'est-à-dire celui qui assure la pleine utilisation des capacités productives. La condition de croissance équilibrée est identique à celle du modèle de Solow, mais le coefficient marginal de capital est fixe chez Harrod et Domar en raison de la supposée complémentarité des facteurs de production.

Enfin, le taux de croissance économique naturel est celui qui garantit le plein-emploi de la main-d'œuvre. Il est égal au taux n. C'est un taux exogène.

Pour qu'il y ait une croissance économique équilibrée, il est nécessaire d'avoir à la fois une pleine utilisation des capacités de production et le plein-emploi de la main-d'œuvre. Par conséquent, il est nécessaire d'avoir une égalité entre les taux de croissance effectif, garanti et naturel. Deux types de divergence sont donc possibles :

(i) une divergence entre les taux de croissance garanti et naturel ;

 (ii) une divergence entre les taux de croissance garanti et effectif.

Analysons les deux types de divergence.

(i)   L'équilibre entre le taux de croissance garanti et le taux de croissance naturel est peu probable, car l'égalité n=s/v est composée de variables qui sont toutes exogènes et déterminées de façon indépendante les unes des autres. Si la croissance garantie est plus forte que la croissance naturelle, la croissance de l'investissement se heurte à l'insuffisance de main-d'œuvre pour faire fonctionner le capital productif. Il en résulte une surcapitalisation et une stagnation de la production. Si à l'inverse le taux de croissance de la main-d'œuvre est plus élevé que le taux de croissance qui assure la pleine utilisation des capacités de production, il s'en suit un accroissement du chômage à taux constant, égal à n-gw.

(ii)   Si le taux de croissance effectif est plus élevé que le taux de croissance garanti, cela signifie que les entrepreneurs sous-estiment la croissance de la demande effective. Si les entrepreneurs constatent une telle erreur d'anticipation, ils augmentent le montant de leur investissement, ce qui aboutit à une dynamique divergente entre taux effectif et taux garanti et à un boom inflationniste. Dans le cas inverse, c'est un processus de contraction cumulatif de l'investissement qui se produit.

Ainsi, la croissance économique d'équilibre est sur le fil du rasoir, car toute divergence entre les taux génère un mécanisme d'approfondissement des déséquilibres. Il n'y a pas, contrairement au modèle de Solow, de mécanisme correcteur pour stabiliser l'explosion des déséquilibres.

b. <u>Les faits stylisés et le modèle de Nicholas Kaldor</u>

Kaldor (1957)[69] pense que le théoricien n'est pas tenu de rendre compte de la réalité dans toute sa complexité, mais qu'ils peuvent se concentrer sur de grandes tendances, qu'il nomme « faits stylisés ». Il faut commencer par construire un objet de connaissance pour ensuite bâtir une théorie qui l'explique. Cet objet de connaissance se décline en 6 points :

- Le volume de la production croît en termes réels à taux constant ;
- La productivité du travail croît à taux constant ; cela revient à dire que la production augmente plus vite que l'effectif de la force de travail ;
- L'intensité capitalistique K/L croît à taux constant ;
- Le coefficient de capital est constant ; donc la production croît au même rythme que le stock de capital ;
- La part des salaires et la part des profits dans le produit sont stables.
- Le taux de profit est constant.

À partir de ces faits stylisés, Kaldor construit un modèle de croissance qui tempère le pessimisme d'Harrod et Domar, car en endogénéisant la fonction d'épargne, son modèle permet de penser la croissance équilibrée.

Kaldor reprend l'hypothèse keynésienne selon laquelle les entrepreneurs qui perçoivent les profits ont une propension marginale à consommer plus faible que les salariés. Ces propensions marginales à consommer sont supposées stables. Étant donné que le revenu total se partage entre salaire et profit, il est possible d'écrire la propension à épargner de la façon suivante :

$$s = \frac{S}{Y} = \frac{s_w W + s_\pi \pi}{Y} = \frac{s_w(Y - \pi) + s_\pi \pi}{Y} = s_w + (s_\pi - s_w)\frac{\pi}{Y}$$

---

[69] Kaldor, N. (1957), « A Model of Economic Growth », *The Economic Journal*, vol. 67, n⁰ 268, p. 591–624 (DOI 10.2307/2227704, JSTOR 2227704).

s_w et s_π sont respectivement les propensions à épargner des salariés et des capitalistes, W et π sont respectivement la masse des salaires et la masse des profits, Y est le niveau total de la production, s est la propension à épargner de l'ensemble de la communauté économique.

Par conséquent, tout accroissement de la part des profits dans le produit entraîne une hausse de la propension à épargner (donc une baisse de la propension à consommer) puisque par hypothèse, $s_\pi > s_w$. Ainsi, le mouvement de la part des profits dans le produit peut permettre un ajustement en cas de croissance déséquilibrée.

Supposons ainsi à partir d'une situation d'équilibre que le taux de marge diminue, déterminant une insuffisance du taux de croissance économique garanti (justifié) par rapport au taux de croissance économique naturel. Du chômage apparaît. La croissance qui stabilise les anticipations des entrepreneurs est déflationniste ; les salaires baissent en raison de l'augmentation du chômage. En conséquence, le taux de marge augmente, ce qui fait augmenter la propension à épargner et ramène le taux de croissance garanti au niveau du taux de croissance naturel. Kaldor montre ainsi qu'il existe une certaine répartition salaires-profit qui permet d'assurer une croissance équilibrée. Mieux, cette répartition peut servir de variable d'ajustement. Supposons à présent que le taux de croissance garanti soit supérieur au taux naturel. La demande globale augmente, mais l'offre ne peut pas suivre le même rythme en raison de l'insuffisance de la croissance de l'effectif de la main-d'œuvre. Il en résulte une hausse des prix et une augmentation de la part des profits qui permet de faire baisser la propension à consommer et le rythme d'augmentation de la demande qui s'ajuste au rythme d'accroissement de l'offre.

VI. Le modèle de croissance postkeynésien de référence

Pour cette présentation, nous nous bornerons à l'étude du modèle de croissance canonique postkeynésien kaleckien (Dutt & Lang, 2018[70]).

Ce modèle de croissance repose sur un certain nombre d'hypothèses usuelles (telles que la firme représentative, la production d'un unique bien pour la consommation et l'investissement, l'homogénéité des facteurs de production, le caractère fermé de l'économie), et des hypothèses plus spécifiquement keynésiennes (telles que la complémentarité des facteurs de production et la détermination de la production par la demande globale renvoyant au principe de la demande effective). L'offre de travail est supposée infinie : les entrepreneurs ne peuvent pas faire face à une pénurie de main-d'œuvre. Par ailleurs, les entreprises fixent leurs prix par le biais d'un mark-up ajouté aux coûts salariaux. Enfin, les firmes sont en situation de sous-utilisation de leur capacité productive. Les trois principales variables endogènes du modèle sont le taux d'investissement, le taux d'utilisation des capacités productives et le taux de profit. L'équilibre de court terme est déterminé lorsque le marché des biens est équilibré, c'est-à-dire lorsque l'épargne est égale à l'investissement. L'ajustement du marché des biens se fait par l'intermédiaire du taux d'utilisation des capacités productives, lui-même déterminé par le taux de profit (pour un mark-up donné). Le salaire réel est quant à lui déterminé par le mark-up et la productivité du travail.

Le modèle peut être décrit à travers cinq équations.

La première équation $PY = WL + rPK$ désigne le partage du revenu global YP (avec Y le revenu réel et P le niveau des prix) entre la masse salariale WL (avec W le salaire nominal et L la quantité de travail utilisée dans l'économie) et la masse des

---

[70] L'article de Lang et Dutt a été publié dans l'ouvrage collectif paru en 2018 et intitulé *L'économie postkeynésienne, première grande synthèse en français* aux éditions Seuil.

profits rPK (avec r le taux de profit, P le prix du capital et K le stock de capital).

La seconde équation $L = aY$ montre comment est déterminé l'emploi L dans l'économie en fonction du revenu réel Y et de la productivité moyenne du travail a.

La troisième $P = (1 + z)aW$ décrit le comportement de fixation de prix P par les entreprises : elles appliquent une marge z à leurs coûts variables.

La quatrième $g = \dfrac{I}{K} = i_0 + i_1 u$ donne le taux d'investissement g comme fonction des « esprits animaux » keynésiens i_0 et du taux d'utilisation des capacités productives u.

La cinquième équation $\dfrac{S}{K} = \dfrac{I}{K}$ donne la condition d'équilibre du marché des biens ; un tel équilibre est réalisé lorsque le taux d'investissement I/K est égal à l'épargne S rapportée sur le stock de capital K.

En combinant les précédentes équations, il est possible d'obtenir :

- la relation entre le taux de profit et le taux d'utilisation des capacités productives, à savoir $r = \dfrac{z}{1+z}u$ (équation 6)

- la relation positive entre le taux d'investissement g et le taux de profit r, soit $g = \dfrac{I}{K} = i_0 + (i_1)\dfrac{1+z}{z}r$ (équation 7)

- la relation positive entre le rapport épargne capital et le taux de profit, soit $\dfrac{S}{K} = sr$ (équation 8)

La croissance équilibrée avec chômage involontaire est atteinte lorsque le marché des biens est équilibré, c'est-à-dire lorsque le taux d'investissement est égal au rapport entre l'épargne et le stock de capital (équation 5). On peut donc résoudre l'équation :

$$\frac{I}{K} = \frac{S}{K}$$

C'est-à-dire :

$$i_0 + (i_1)\frac{1+z}{z}r = sr \text{ (équation 9)}$$

La résolution de cette équation permet de déterminer le taux de profit d'équilibre r, sachant que i_0, i_1, s et z sont des paramètres. On en déduit ensuite la variable endogène u (taux d'utilisation des capacités de production) via l'équation 6, et le taux d'investissement g (équation 4). On peut connaître le taux de salaire réel d'équilibre via l'équation 4. La croissance économique s'équilibre sur le marché des biens via la variation du taux d'utilisation des capacités productives, donc via le taux de profit (« équation 6), pour un taux de marge z donné. Si l'investissement est supérieur à l'épargne, le taux d'utilisation des capacités productives augmente, le taux de profit augmente, ce qui fait augmenter l'épargne.

Ainsi, le taux de profit d'équilibre est donné par :

$$r* = \frac{i_0}{s - i_1\dfrac{1+z}{z}}$$

Les principaux résultats du modèle sont les suivants :

- Un choc positif de confiance des entrepreneurs entraîne un accroissement du taux de croissance économique d'équilibre, du taux d'utilisation des capacités productives et du taux de profit ; il y a donc une amélioration des variables endogènes du modèle.
- Une hausse du taux d'épargne des ménages réduit les valeurs d'équilibre du modèle, illustrant le « paradoxe de l'épargne » de Keynes ; ainsi, la hausse de l'épargne ne conduit pas à une hausse de l'investissement comme dans les modèles néoclassiques. Elle réduit la demande donc le revenu global.
- Une baisse du mark-up entraîne l'augmentation du salaire réel, de l'investissement et du taux d'utilisation des capacités productives ; le taux de profit s'accroît également (paradoxe des coûts de Rowthorn). Il existe

donc une corrélation positive entre la hausse du salaire réel et la hausse du profit. L'explication réside dans le fait que lorsque le salaire réel augmente, la demande et les recettes de la firme augmentent, car elles sont contraintes d'augmenter le taux d'utilisation des capacités productives qui est endogène dans le modèle. Or, la hausse du taux d'utilisation fait hausser le taux de profit.

- Il existe toujours du chômage involontaire dans l'économie, même si le marché des biens est équilibré.

> o Ce dernier résultat, le plus fondamental à nos yeux, signifie qu'implicitement, la loi de Walras est rejetée : le marché des biens peut être équilibré alors même que l'offre est supérieure à la demande sur le marché du travail. Il y a donc bien ici asymétrie du rapport salarial qui se traduit par le contrôle de la contrainte budgétaire des salariés par les décisions d'emploi des firmes. Par ricochet, les décisions en matière d'offre de travail des salariés n'ont aucune influence sur les variables endogènes du modèle, et notamment le taux de croissance économique d'équilibre. Il s'agit cependant d'une hypothèse qui n'est pas clairement explicitée, même si les auteurs font bien la distinction entre la classe des salariés et celle des entrepreneurs pour mettre en avant les conflits de répartition des richesses. Pourtant, cette hypothèse d'asymétrie est centrale puisque c'est grâce à elle qu'est obtenu le résultat de chômage involontaire, indépendamment des hypothèses de complémentarité des facteurs de production, du rôle de la confiance et de l'incertitude, ou encore de la production tirée par la demande.

VII.   Le modèle de croissance keynésien de Jean Cartelier (2018)[71]

Dans son ouvrage de 2018, Cartelier expose un modèle de croissance qui a de nombreuses caractéristiques du modèle standard de Solow à ceci près qu'il introduit une hypothèse keynésienne d'asymétrie entre entrepreneurs et salariés.

Il part de la fonction de production Cobb-Daouglas par tête :

$$q = k^{1-c}$$

avec q le produit par tête, k le capital par tête et a un paramètre d'élasticité.

En notant n le taux de croissance démographique, la relation entre le taux de croissance du produit g, du capital g_K et du travail n est la suivante :

$$g = (1 - c)g_K + an$$

Comme la demande de travail standard est la fonction $N^d = aQ/(w/p)$, avec w/p le salaire réel, il est possible d'écrire en dynamique :

$$g_N = g - g_{w/p}$$

avec g_N le taux de croissance de la demande de travail.

La propension à consommer des ménages est notée (1-s_w). Toute l'épargne est investie dans l'achat de titres dont la demande est notée $D_w(t)$. Dans la conception néoclassique, la contrainte de budget des ménages est notée :

$$\frac{w}{p}(t)N(t) = C(t) + \frac{D_w(t)}{r(t)}$$

avec N(t) l'offre de travail du ménage à la période t, C(t) sa consommation et r(t) le taux d'intérêt à la période t. La contrainte budgétaire des entrepreneurs s'écrit quant à elle :

$$Q^s(t) - \left[\frac{w}{p}(t)N_d(t)\right] + [\frac{D_e(t)}{r(t)}] = I(t) \equiv \dot{K}(t) + \theta K(t)$$

---

[71] Cartelier, J. (2018), *Money, Markets and Capital*, Routledge.

avec $Q^S(t)$ l'offre de produit, $D_e(t)$ l'offre de titres, $I(t)$ l'investissement brut de la période (t), $\dot{K}(t)$ la variation du capital accumulé lors de la période (t) et $\theta K(t)$ l'amortissement.

La somme des contraintes budgétaires donne la loi de Walras :

$$[C(t) + \dot{K}(t) + \theta K(t) - Q^s(t)] + \frac{w}{p}(t)[N^d(t) - N(t)]$$
$$+ \frac{1}{r(t)}[D_w(t) - D_e(t)] = 0$$

Cette loi interdit toute possibilité d'équilibre de chômage involontaire, c'est-à-dire toute possibilité d'un déséquilibre isolé du marché du travail, avec un équilibre sur tous les autres marchés.

Cartelier s'appuie alors sur le refus keynésien du second postulat classique qui interdit de traiter entrepreneurs et salariés sur le même plan. Les entrepreneurs décident seuls du niveau d'emploi qui s'impose aux salariés. La contrainte budgétaire du ménage, dans le cas keynésien, devient alors (à compter du moment où le salaire réel est supérieur au salaire d'équilibre) :

$$\frac{w}{P}(t)N^d(t) = C(t) + \frac{D_w(t)}{r(t)}$$

Cette modification de la contrainte budgétaire du ménage, dans laquelle la demande de travail de la firme s'est substituée à l'offre de travail du salarié, entraîne une modification de la loi de Walras, comme il a été vu lors de la section précédente :

$$[C(t) + \dot{K}(t) + \theta K(t) - Q^S(t)] + \frac{1}{r(t)}[D_w(t) - D_e(t)] = 0$$

Cette loi de Walras restreinte autorise l'existence d'une offre excédentaire sur le marché du travail, c'est-à-dire l'existence d'un chômage, alors même que les autres marchés sont équilibrés. Le corollaire de la loi de Walras permet d'éliminer un marché. Cartelier (2018) suggère de ne retenir que le marché du bien, sur lequel la condition d'équilibre s'écrit :

$$(1 - s_w)aQ + \dot{K} + \theta K = Q$$

ce qui peut aussi s'écrire :

$$Q(t)a(1-s) + \dot{K} + \theta K = Q(t)$$

Ou bien encore :

$$\frac{Q(t)}{K}c(1-s) + \frac{\dot{K}}{K} + \theta = \frac{Q(t)}{K}$$

avec v le coefficient de capital égal à K/Q.

Le taux d'épargne moyen dans l'économie est égal à la somme de celui des salariés pondéré par la part des salaires dans le produit et de celui des entrepreneurs qui est unitaire et pondéré par la part des profits :

D'où :

$$(1-s_w) = \frac{1-s}{a}$$

La condition d'équilibre sur le marché des biens peut donc être écrite de la façon suivante :

$$g_K = (s/v) - \theta$$

Or, la condition d'état stable, avec un k et un coefficient de capital v constants, impose que le taux de croissance du capital soit égal au taux de croissance de la demande de travail :

$$g_K = g_N = g - g_{(w/p)}$$

De plus, lorsque le marché du bien est équilibré, le prix du bien p ne varie pas. Pour un salaire nominal exogène, le taux de croissance du salaire réel est nul ($g_{(w/p)}=0$), ce qui équivaut à écrire :

$$g_K = g_N = g = \frac{s}{v} - \theta \leq n$$

Par conséquent, un état stable de chômage involontaire avec $u=n-g_K$ est possible. C'est même un cas général, comme l'indique Cartelier (2018), puisque le cas néoclassique de plein-emploi n'est qu'un cas limite particulier. On pourra objecter que ce résultat est dû à la fixité du salaire nominal. Mais d'après Cartelier (2005), une telle affirmation revient à méconnaître la logique de l'économie de Keynes :

« Le fait de prédéterminer le salaire nominal, ce qui ne changerait rien dans un modèle néoclassique, permet de dégager un degré de liberté pour déterminer la variable supplémentaire qui est le chômage involontaire d'équilibre : le modèle doit en effet déterminer outre les prix et les quantités, comme tout modèle néoclassique, la valeur d'équilibre du chômage involontaire. Il faut donc ajouter une équation, ici implicite, posant le salaire nominal. (ii) La flexibilité éventuelle de ce salaire nominal n'agit pas sur le marché du travail, à la différence du modèle néoclassique, mais sur l'incitation à investir, ici g_K. Comme on le sait, le sens de cette influence sur le niveau involontaire est indéterminé. Une baisse du salaire nominal peut aggraver le chômage involontaire, mais elle peut aussi l'éliminer. Mais, dans un cas comme dans l'autre, le mécanisme n'est pas celui mis en avant par la théorie néoclassique »[72].

Le modèle de Cartelier met donc en exergue la possibilité d'états stables de chômage involontaire keynésien sur la longue période. La baisse du salaire nominal n'engendre pas forcément l'éradication de ce chômage puisque son impact sur l'efficacité marginale du capital est indéterminé dans un contexte d'incertitude radicale. Le chômage keynésien peut donc tout à fait être une caractéristique structurelle de l'économie.

VIII. Les modèles de cycle

Les modèles de croissance décrivent et expliquent des régimes d'accroissement régulier du PIB sans prendre pour objet d'étude ses fluctuations, c'est-à-dire les variations dans le temps du taux de croissance du PIB. C'est tout l'objet des modèles de cycle. Quelques modèles sont exposés dans les sous-paragraphes suivants.

---

[72] Cette citation provient du cours de macroéconomie de Jean Cartelier, dispensé à l'Université de Paris X Nanterre en 2005.

a. <u>**Les notes sur le cycle de Keynes dans la Théo-**</u>
<u>**rie Générale**</u>

La *Théorie Générale* de Keynes 1936 n'est pas consacrée à l'examen ou à l'explication du cycle, mais le chapitre 22 contient des notes sur le cycle, riches d'enseignements. L'analyse se situe sur la fin de l'ouvrage et mobilise un grand nombre de concepts keynésiens : propension marginale à consommer, multiplicateur, principe de la demande effective, préférence pour la liquidité, et surtout, efficacité marginale du capital. En effet, pour Keynes, les variations de l'efficacité marginale du capital sont au cœur de l'explication des cycles économiques. Comme vu dans le chapitre 2, l'efficacité marginale est définie par Keynes « comme le taux d'escompte qui rend la valeur présente de la série des annuités procurées par les rendements anticipés de ce bien de capital durant sa durée de vie tout juste égale à son prix d'offre » (Keynes, 1936, p. 135 - p. 149). Le prix d'offre d'un bien de capital peut être assimilé à « coût de remplacement » : c'est-à-dire le prix juste suffisant pour inciter un fabricant à produire une unité additionnelle de ce bien. Ce prix d'offre étant donné, l'entrepreneur calcule les rendements anticipés de son investissement pour toute la durée de vie de l'équipement qu'il compte acquérir. L'investissement nouveau résulte d'une comparaison entre l'efficacité marginale globale et le taux d'intérêt qui se fixe sur le marché de la monnaie ; l'investissement augmente tant que l'efficacité marginale du capital est supérieure au taux d'intérêt.

D'après Keynes, les bourses de valeurs mobilières, c'est-à-dire les marchés financiers, qui évaluent quotidiennement la valeur des investissements réalisés. Ainsi, Keynes affirme que (1936, p. 151 - p. 164), « certaines classes d'investissements sont gouvernées par l'espérance moyenne, révélée dans le cours des actions et formée par ceux qui opèrent en bourse (Stock Exchange), bien plus que par les anticipations authentiques d'entrepreneurs professionnels ». Ce « calcul » relève en fait d'une pure convention, qui consiste à supposer que l'état des affaires actuel se poursuivra indéfiniment, sauf s'il existe des raisons fondées d'anticiper sa modification. La formation de cette convention d'évaluation est, selon les dires de Keynes, « la résultante de la psychologie de masse d'un grand nombre d'individus ignorants ». Au final, l'évaluation des marchés se fait sur la base des croyances qui peuvent être changeantes. Elles sont la proie de vagues d'optimisme ou de pessimisme parfois exagérées.

Ainsi, en phase de croissance, les croyances des entrepreneurs et des professionnels de l'évaluation boursière sont exagérément optimistes, nourries par les retours sur investissement encourageants et une demande effective qui reste à un niveau élevé, nourries par les effets multiplicateurs. Néanmoins, la phase de croissance économique s'accompagne d'une hausse de prix des biens (les rendements sont supposés décroissants) et du taux d'intérêt (la demande de monnaie pour motifs de transaction et de précaution, fonctions du niveau de revenus, augmente). Les coûts de production augmentent en conséquence ainsi que le prix d'offre des biens capitaux. Aveuglés par leur enthousiasme, les entrepreneurs ne perçoivent pas immédiatement cette hausse des coûts. Ce n'est que lorsque les rendements effectifs deviennent inférieurs à ceux escomptés que le moral des évaluateurs boursiers et des entrepreneurs chute. La chute du cours boursier, équivalente à un recul de l'efficacité marginale du capital, est alors violente : les marchés financiers, comme le remarque Keynes (1936, p. 316 - p. 313), subissent les influences « d'acheteurs largement ignorants de ce qu'ils achètent et de spéculateurs davantage préoccupés par l'anticipation du changement prochain de l'opinion du marché que par l'estimation rationnelle des rendements futurs des actifs ». L'incertitude sur les rendements futurs, le retournement de conjoncture et la hausse du chômage augmentent la préférence pour la liquidité et font baisser la propension marginale à consommer (donc la demande effective), ce qui accentue la hausse du taux d'intérêt et la chute de l'investissement, avec à la clé un effet multiplicateur qui va dans le sens de la contraction du PIB. L Une intervention de la banque centrale pour faire baisser le taux d'intérêt apparaît alors comme une condition nécessaire de la reprise, mais elle n'est pas suffisante dans un contexte où l'efficacité marginale du capital continue de baisser. Selon Keynes, il faut attendre un certain temps (au moins trois ans) pour que la confiance se restaure pleinement, que l'efficacité marginale du capital recommence à augmenter pour amorcer une nouvelle de croissance économique.

b. <u>L'oscillateur de Samuelson</u>

Samuelson[73] a construit un modèle expliquant les fluctuations économiques en combinant les concepts de multiplicateur et d'accélérateur. Il introduit un décalage temporel dans la fonction d'investissement. Ce décalage est obtenu avec une version dynamique du multiplicateur ou fonction de consommation. Il écrit ainsi que la consommation de la période t dépend du revenu de la période t-1 :

$$C_t = c'Y_{t-1}$$

Il intègre cette fonction de consommation à la forme de l'accélérateur :

$$It = v(C_t - C_{t-1}) \rightarrow It = vc'(Y_{t-1} - Y_{t-2})$$

Lorsque le marché des biens est équilibré, tout le revenu est dépensé sous forme de consommation, d'investissement et de dépense publique. On a donc :

$$Y_t = C_t + I_t + G_t$$

En remplaçant la consommation de la période t et l'investissement de la période t par leur expression, on a :

$$Y_t = c'^{Y_{t-1}} + vc'^{Y_{t-1}} - vc'^{Y_{t-2}} + G_t = c'(1+v)Y_{t-1} - vc'Y_{t-2} + G_t$$

Les solutions de cette équation dépendent de la valeur des paramètres de propension marginale à consommer c' et de coefficient de capital v. Dans l'espace graphique (c',v), à

---

[73] Samuelson, P.A. (1939), « Interactions Between the Multiplier Analysis and the Principle of Acceleration », *Review of Economics and Statistics*, 21, p. 75–78.

chaque couple de valeurs de ces paramètres correspond une évolution particulière du revenu global ou PIB.

Plusieurs configurations sont alors possibles.

Dans une première zone de valeurs des paramètres, un choc positif exogène sur les dépenses publiques fait augmenter le revenu global puis ce dernier revient vers sa valeur initiale.

Dans une seconde zone de valeurs des paramètres, le revenu connaît des oscillations amorties d'amplitude de plus en plus faible, autour du revenu initial.

Dans une troisième zone possible de valeurs des paramètres, les oscillations du PIB sont explosives, l'amplitude des variations du PIB ne cesse de grandir. Dans une quatrième et dernière zone possible de valeur des paramètres, le PIB croît de façon continue et régulière.

Le modèle de l'oscillateur de Samuelson ne peut donc pas rendre compte de fluctuations régulières du PIB ; les fluctuations décrites par le modèle diffèrent des cycles économiques observés au moins à 3 niveaux : i) les oscillations du modèle ne sont régulières que dans un cas particulier, celui où la propension marginale à consommer c est égale à l'inverse du coefficient v d'accélération ; ii) ces oscillations sont parfaitement symétriques, ce qui n'est pas le cas dans les cycles que l'on peut observer dans la réalité ; iii) leur amplitude dépend des conditions initiales du modèle, alors que l'amplitude des cycles observés est tout à fait variable et requiert une explication spécifique. Le modèle a en outre un défaut de cohérence interne : le principe du multiplicateur suppose du chômage et une sous-utilisation des capacités productives pour fonctionner tandis que l'accélérateur ne fonctionne que si le facteur capital est pleinement utilisé.

Ce modèle de Samuelson sera repris et modifié par Hicks pour l'améliorer. Il est connu sous le nom de modèle de Hicks-Samuelson.

c. __Les cycles de Kaldor__

L'analyse des cycles de Kaldor (1940)[74] part du concept de super multiplicateur en faisant la distinction entre l'investissement autonome, exogène, qui ne dépend que des « esprits animaux » des entrepreneurs, et l'investissement induit par les variations du PIB. Il récupère donc le concept de propension marginale à investir issu du modèle du super multiplicateur.

D'un côté, la fonction d'épargne (qui se déduit de la fonction keynésienne de consommation) a une pente qui correspond à la propension marginale à épargner :

$$S = sY$$

De l'autre côté, la fonction d'investissement a également une pente qui correspond à la propension marginale à investir i.

$$I = I_0 + iY$$

Selon les valeurs respectives de la propension marginale à épargner et de la propension marginale à investir, l'équilibre du marché des biens (défini par l'égalité de l'épargne et de l'investissement) peut être stable ou instable. *Si $s>i$, l'équilibre* est stable, ce qui signifie que si le revenu global n'est pas à son niveau d'équilibre, celui-ci revient spontanément à l'équilibre (graphique a)

Si au contraire $s<i$, l'équilibre est instable : si le revenu n'est pas sur sa position d'équilibre, il ne fait que s'en éloigner progressivement (graphique b).

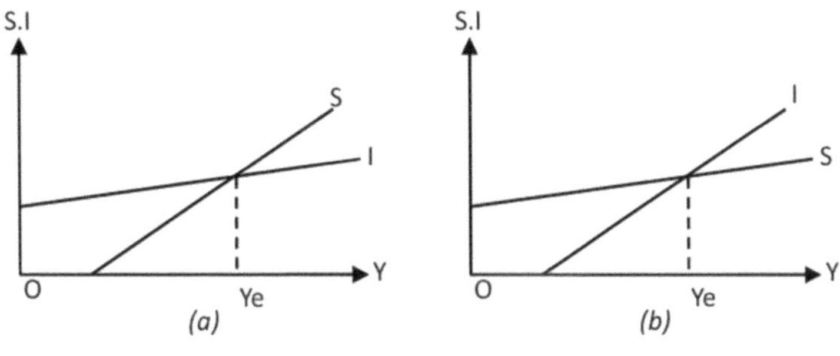

---

[74] Kaldor, N. (1940), « A Model of the Trade Cycle », *Economic Journal*, vol. 50, n°97, p.78-92.

Mais en fait, selon Kaldor, la pente de la fonction d'épargne se modifie selon la valeur que prend le revenu. Il en va de même pour la fonction d'investissement. Ainsi, la pente de la courbe d'épargne diminue à partir d'un certain niveau de revenu en raison de ce que lorsque le revenu est plus élevé, la propension marginale à consommer diminue (plus les ménages sont riches, plus la part de leur revenu supplémentaire consacré à la consommation diminue), donc la propension marginale à épargner augmente (graphique b ci-dessous). En ce qui concerne la fonction d'investissement, la pente de la fonction devient nulle lorsque le revenu est élevé en raison des goulets d'étranglement (l'économie se rapproche du plein-emploi et il est par conséquent plus difficile d'investir davantage). Lorsque le revenu est très faible, il existe des capacités de production excédentaires qui expliquent la faiblesse de la pente, donc de la propension marginale à investir.

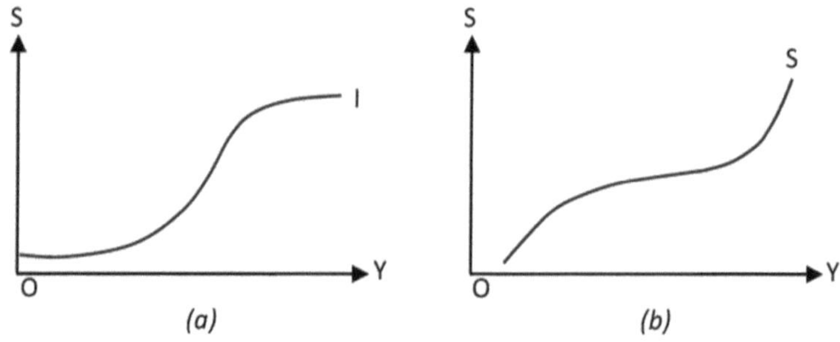

À partir de ces fonctions d'épargne et d'investissement, Kaldor envisage le déroulement du cycle économique à l'aide de plusieurs schémas.

Étape 1 (« Stage 1 ») : Les équilibres possibles sont multiples en raison de la forme des courbes d'épargne et d'investissement. L'équilibre du marché des biens est stable en position A ou B, mais instable en C. Si le revenu est sur une portion de courbe entre les points C et B, cela signifie que l'investissement est supérieur à l'épargne (la demande est supérieure à l'offre sur le marché des biens), ce qui entraîne un processus d'expansion du PIB jusqu'au point B qui est un équilibre stable (comme déjà précisé).

Étape 2 (« Stage 2) : la croissance du PIB modifie les comportements d'épargne et d'investissement. La courbe d'épargne se déplace vers la gauche, car la propension à épargner augmente avec l'augmentation du niveau de vie. La courbe d'investissement se déplace vers la droite, car l'augmentation du revenu fait baisser la propension marginale à investir alors même que le revenu augmente (dans le modèle IS-LM, une augmentation du PIB d'équilibre s'accompagne d'une hausse du taux d'intérêt en raison de l'augmentation de la demande de monnaie). Ainsi, les points B et C d'équilibre du marché des biens se rapprochent.

Étape 3 (« Stage 3 ») : comme la courbe d'épargne se déplace vers la gauche et la courbe d'investissement vers la droite avec le processus d'expansion, les points d'équilibre B et C finissent par se confondre. Lorsque cette limite est atteinte, l'économie est en situation d'instabilité vers le bas. Si les entrepreneurs anticipent un retournement de conjoncture avec la poursuite de la baisse de la propension marginale à investir et la hausse de la propension à épargner, l'investissement chute et dirige l'économie vers le point A.

Étape 4 (« Stage 4 ») : le processus de contraction du PIB entraîne un déplacement des courbes d'épargne et d'investissement dans le sens inverse que précédemment. Pour faire face à la concurrence et augmenter à nouveau les profits, les entreprises sont poussées à innover et donc à investir. La courbe d'investissement se déplace vers la gauche, car la propension marginale à investir augmente. Les points d'équilibre B et C se séparent.

Étape 5 (« Stage 5 ») : le déplacement des courbes se poursuit avec la modification des propensions à épargner et à investir, ce qui produit un rapprochement des points A et C.

Étape 6 (« Stage 6) : les points A et C finissent par se confondre et l'économie atteint une situation d'équilibre instable. Si les entreprises extrapolent la tendance haussière de l'économie, l'investissement augmente, ce qui pousse l'économie à nouveau vers le point B.

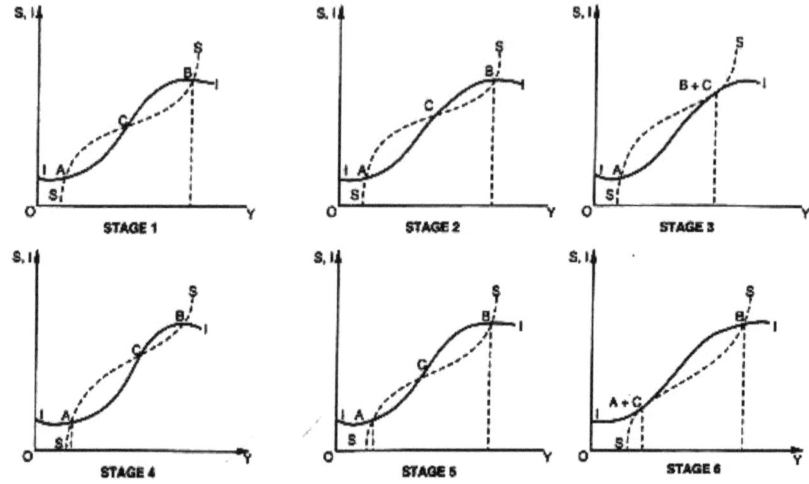

d. <u>La théorie des cyclés réels</u>

La théorie du cycle économique réel (théorie RBC) a été développée par Kyland et Prescott[75] au début des années 80. C'est une catégorie de nouveaux modèles macroéconomiques néoclassiques dans lesquels les fluctuations du cycle économique sont expliquées par des chocs réels (par opposition aux chocs de nature monétaire). Les fluctuations de l'activité économique (croissance économique ou au contraire récession) ont pour origine des causes extérieures à l'économie comme des chocs de productivité, des chocs de technologie ou des changements dans les préférences des agents économiques. Les chocs monétaires n'ont pas d'influence sur les variables réelles (la production, l'emploi, les prix relatifs), car la monnaie est neutre, comme dans le modèle de Lucas à anticipations rationnelles. Les cycles sont le produit de la réponse optimale des agents économiques face à un choc. En d'autres termes, le niveau de la production nationale maximise nécessairement l'utilité attendue et le profit des firmes ; les gouvernements doivent donc se concentrer sur les changements de politique

---

[75] Kydland, F. and E. Prescott (1990), « Business Cycles: Real Facts and a Monetary Myth », *Federal Reserve Bank of Minneapolis Quarterly Review*; Kydlan, F. and Prescott E. (1982), « Time to Build and Aggregate Fluctuations », *Econometrica*, 50(6): 1345-70.

structurelle à long terme et ne pas intervenir par le biais d'une politique fiscale ou monétaire discrétionnaire destinée à atténuer activement les fluctuations économiques à court terme. Le cadre d'analyse est celui de la concurrence parfaite. La flexibilité des prix assure l'ajustement en continu des marchés. Le chômage ne peut être que volontaire.

Une fluctuation économique, c'est-à-dire une variation du rythme de croissance, est la conséquence de ce que les agents économiques se repositionnent vis-à-vis de la nouvelle configuration de l'offre. Par exemple, en cas d'accroissement de la productivité, le travailleur peut décider d'augmenter sa consommation de bien et donc dépenser son supplément de revenu, ou alors, de modifier son offre de travail en effectuant un arbitrage entre le présent et le futur : il peut décider de travailler plus aujourd'hui pour partir à la retraite plus tôt. Les modèles du cycle réel tiennent compte de la critique de Lucas en intégrant des comportements microfondés pour les agents économiques. Dans ces modèles, les effets de substitution dominent en cas de choc réel. Ainsi, avec un choc technologique positif sur la productivité des facteurs de production, le travail et l'investissement augmentent : ils se substituent au loisir et à la consommation qui diminuent.

Les premiers modèles RBC sont construits sur la base de l'hypothèse d'agent représentatif avec des comportements d'optimisation intertemporelle en concurrence parfaite. Le calibrage des modèles porte sur un nombre assez restreint de paramètres. La flexibilité des prix, l'existence de marchés complets et concurrentiels, et enfin l'absence d'externalités permettent d'obtenir le résultat que l'équilibre est un optimum social. Les modèles du cycle réel ne sont donc en fait guère différents du modèle de croissance néoclassique. La nouveauté apportée par ces modèles réside dans l'interprétation des fluctuations qui sont perçues comme les déviations par rapport au sentier de croissance stationnaire sous l'effet de chocs technologiques exogènes, donc des chocs sur le résidu de Solow.

La particularité des modèles de cycle réel est que les fluctuations économiques ne sont pas considérées comme un écart par rapport à la tendance de long terme représentée par le niveau de production « naturel », mais comme la variation même de cette tendance de long terme. Contrairement aux keynésiens, ces mouvements de l'activité économique ne sont pas le symptôme d'un déséquilibre ou d'un échec de fonctionnement du système économique, mais comme la meilleure réponse possible à un changement de paramètre de l'économie. C'est pourquoi l'État ne doit pas intervenir pour modifier ces fluctuations.

Les critiques à l'encontre de ce type de modèle ont été nombreuses.

Le modèle du cycle économique réel semble assez crédible si l'on utilise les données des années 1950 et 1960, où la croissance économique était relativement stable. Toutefois, si l'on considère la Grande Dépression (1929-1934) et la Grande Récession (2008-2012), la durée et l'ampleur de la récession ne peuvent pas s'expliquer que par des chocs du côté de l'offre. La baisse de la confiance, la diminution de la masse monétaire et le manque de prêts bancaires ont un impact évident sur la demande globale. Ce sont autant de facteurs liés à la demande qui ont une influence directe sur l'économie.

Le chômage a-t-il atteint 25 % en 1931 en raison de changements dans la préférence pour le travail et de chocs technologiques ? Les théories du cycle économique réel ont beaucoup de mal à l'expliquer.

La théorie du cycle économique réel soutient que l'augmentation des dépenses publiques provoque un effet d'éviction et s'avère inefficace. Cependant, dans une trappe à liquidité, l'épargne est excédentaire et les gouvernements peuvent augmenter les emprunts et les dépenses sans provoquer d'effet d'éviction.

Les théories du cycle économique réel partent du principe que les marchés sont flexibles et que la production est toujours à son niveau réel. Cependant, cela ne tient pas compte du rôle de la rigidité des prix et des salaires. Même les économistes néoclassiques affirment que la politique monétaire peut jouer un rôle dans la gestion des imperfections du marché du travail telles que la rigidité des salaires nominaux.

Si l'on considère la récession américaine de 1981-1982, on constate un lien évident entre des taux d'intérêt plus élevés et une chute brutale de la demande. Au Royaume-Uni, en 1991-1992, le lien était évident, les taux d'intérêt atteignant 15 %. La chute brutale de la demande et de la production est clairement liée à un facteur lié à la demande.

Enfin, il faut du temps pour que la technologie se diffuse dans l'économie. Il n'y a pas eu de « big bang » pour l'utilisation de l'internet ; sa portée dans l'économie mondiale s'est progressivement accrue. L'évolution technologique peut être influencée par le cycle économique. En période de récession, les entreprises réduiront leurs investissements, ce qui entraînera un ralentissement du processus technologique. Par conséquent, ce n'est pas *toujours* l'évolution des technologies qui est à l'origine du cycle économique. L'inverse est aussi vrai.

e. <u>Un retour à Minsky</u>

Minsky reproche aux auteurs de modèles de cycle de type oscillateur de Samuelson d'avoir ignoré les aspects monétaires du processus d'expansion et de contraction de l'investissement. La même critique peut être formulée à l'encontre de la théorie des cycles réels. Son but était a été alors de montrer comment les entrepreneurs et les banquiers motivés par la recherche du seul profit transforment un système financier initialement robuste en un système sujet à des crises financières répétées.

Le point de départ de l'analyse réside dans la distinction de deux systèmes de prix : le prix des biens et services ; le prix des actifs financiers. Ces deux ensembles de prix sont liés, car les biens d'investissement font partie de la production courante de chaque période et ils ont un prix courant qui doit être cohérent avec leur prix en tant qu'actifs-capital sur le marché boursier. Les prix des biens produits dans la période courante sont déterminés selon les enseignements de Kalecki : ils sont égaux à la somme des coûts salariaux et d'une marge de profit. Le prix d'offre des biens d'investissement obéit à ce processus de fixation des prix. Le prix des actifs financiers est déterminé par la confrontation de l'offre et la demande sur les marchés boursiers.

Lorsqu'une firme souhaite réaliser un investissement productif, deux possibilités de financement sont offertes d'après Minsky : l'autofinancement sur les fonds internes qui sont propres à la firme (profits accumulés dans le passé) d'une part ; (et/ou) le financement externe par les emprunts bancaires ou l'émission d'obligations ou d'actions. L'emprunt (bancaire ou sous la forme d'obligations) se traduit par des engagements de paiement ; les entreprises supportent alors un coût de production (les charges d'intérêt) qui est incorporé au prix des biens fabriqués.

Comme nous l'avons déjà vu dans le cadre du chapitre 2, trois régimes de financement possibles : la finance de couverture, la finance proprement spéculative et enfin, la finance de Ponzi.

Quand les firmes rencontrent des difficultés de remboursement, deux cas sont possibles : soit, ses liquidités ne couvrent que le paiement des intérêts ; elle adopte un mode de financement spéculatif ; soit, elle n'a pas la capacité de rembourser le principal. Elle est donc obligée de recourir à l'emprunt, ce qui traduit un mode de financement qualifié « de Ponzi » par Minsky. Quand l'importance de la finance spéculative et de type « ponzi » grandit, l'économie s'expose globalement à des crises financières. Les économies capitalistes connaissent une évolution cyclique avec une alternance de phases de solidité financière et de phases de fragilité financière, déterminées par la combinaison des trois types de financement (finance couverte, spéculative et de type « Ponzi »). On peut dès lors résumer comme suit l'explication des fluctuations cycliques avancée par Minsky. Dans les périodes de tranquillité financière, il n'y a pas de « boom » spéculatif et l'intervention des banques centrales permet de gérer les variations trop importantes de la demande d'investissement. Mais portés par la confiance de cette phase de tranquillité, les agents économiques procèdent à des innovations financières et se livrent à des comportements spéculatifs. Ces derniers comportements poussent les prix à la hausse, ce qui induit une intervention de la banque centrale pour hausse son taux d'intérêt directeur. Les structures financières deviennent alors davantage vulnérables, les faillites se multiplient, les comportements spéculatifs et de Ponzi se généralisent avec l'accroissement excessif de l'endettement. La crise boursière qui en résulte aggrave la situation, en faisant chuter les banques et les institutions financières. La demande d'investissement des entrepreneurs chute (en raison de la chute de l'efficacité marginale du capital, pour reprendre les termes de Keynes), la consommation se réduit en raison de l'impératif de désendettement et de la chute des cours boursiers qui génère des effets de richesse négatifs. La récession/dépression suit donc la période d'expansion. De manière endogène, les marchés et le comportement des acteurs nourrissent la fragilisation financière qui aboutit *in fine* à une crise. C'est l'hypothèse d'instabilité financière de Minsky.

Dans un article publié sur le site internet « interventions économiques », Dominique Plihon, spécialiste française de finance internationale, souligne la remarquable capacité prédictive du modèle de Minsky. Il dit en effet la chose suivante :

« L'observation des faits semble corroborer l'hypothèse d'une instabilité fondamentale de la finance proposée par Minsky. On constate en effet que l'économie mondiale a été frappée depuis la fin du 20ème siècle par une succession ininterrompue de crises financières. Les pays capitalistes vont de bulle en bulle : à la bulle internet qui implosa en 2000, a succédé la bulle immobilière au début des années 2000, suivie de la bulle sur les matières premières à partir de 2007. Ces bulles s'enchaînent les unes aux autres à mesure que la spéculation se développe et dégénère en finance Ponzi. Enron, WorlCom, Vivendi-Universal sont les acteurs Ponzi de la bulle internet, tandis que Bear Stearns, AEG et Lehman Brothers sont les acteurs Ponzi associés à la bulle immobilière récente.

On constate également que - conformément à l'intuition de Minsky - l'accumulation de la dette joue un rôle central dans le processus d'instabilité et de crises financières. C'est parce que les ménages américains ont contracté une dette excessive et sont devenus insolvables que la crise financière a éclaté en 2007. L'originalité de la crise actuelle, par rapport au processus de crise décrit par Minsky, est que ce sont cette fois-ci les ménages (et non les entreprises) qui sont touchés par la crise de la dette. Les ménages américains se sont comportés comme des agents Ponzi dans la mesure où ils se sont endettés au-delà de leurs capacités. Plusieurs facteurs expliquent ce comportement. D'abord, la libéralisation financière qui a amené les autorités américaines à supprimer les règles qui protégeaient les ménages contre le surendettement. Ensuite, le comportement de maximisation des profits des intermédiaires financiers qui a conduit ceux-ci à proposer des produits financiers plus innovants qui se sont révélés très pervers. C'est le cas des prêts rechargeables à taux variables qui mettent en difficulté les emprunteurs dès qu'il y a une hausse non anticipée des taux d'intérêt.

Or la Fed – la banque centrale américaine - s'est comportée exactement comme le prévoit Minsky dans son schéma d'analyse. Celle-ci a augmenté brutalement ses taux directeurs à partir de 2004, pour essayer de freiner la montée de la dette et la hausse des prix immobiliers. Résultat : les ménages américains ont été pris à la gorge par la hausse de leurs charges financières indexées sur les taux d'intérêt. Les plus modestes sont devenus insolvables. Leurs maisons ont été mises en vente pour permettre aux banquiers d'être remboursés, ce qui a provoqué l'implosion de la bulle immobilière. »[76]

---

[76] Publié en 2016 par Dominique Plihon.
https://interventions-democratiques.fr/articles/minsky-une-interpretation-premonitoire-des-crises

Mais Minsky émet aussi un second théorème. Selon l'auteur postkeynésien, une économie qui connaît une longue phase d'expansion et de croissance sans heurt ne peut que connaître au final une crise économique et financière encore plus violente. Les cycles courts qui s'expriment par des phases rapides et alternées d'expansion et de récession ont leur utilité, car cela permet d'assainir les structures de l'économie et d'éliminer les unités productives ou financières les plus fragiles. Lorsque de tels ajustements sont peu nombreux ou qu'ils n'ont pas lieu pendant une longue période, la correction et la crise n'en sont que plus dévastatrices. Dominique Plihon remarque encore dans le même article (publié en 2016) que ce second théorème de Minsky est particulièrement éclairant pour comprendre les crises récentes. Il dit en effet :

« Depuis le début des années 1980, les principales économies ont connu une phase de croissance particulièrement longue, avec seulement deux épisodes de ralentissement, au début des années 1990 et des années 2000. Ce qui contraste fortement avec les décennies antérieures qui avaient été caractérisées par des cycles beaucoup plus fréquents. Les économistes expliquent le plus souvent cette atténuation récente des cycles conjoncturels par des politiques économiques (monétaires et budgétaires) devenus durablement accommodantes. Ainsi, on a assisté à une baisse spectaculaire des taux d'intérêt (nominaux), que les banques centrales ont favorisés à mesure que l'inflation ralentissait dans la plupart des pays depuis les années 1980. Mais symétriquement, le niveau d'endettement des ménages a fortement augmenté, passant d'environ 35% à 85% du revenu disponible dans les pays de l'Union européenne de 1980 à 2005 [...] Ce deuxième théorème de Minsky jette un éclairage particulièrement éclairant sur la crise actuelle. La gravité de celle-ci serait la conséquence de la phase exceptionnellement longue d'expansion depuis le début des années 1980 qui a vu s'accumuler des déséquilibres qui n'ont pas été corrigés, et en particulier l'accumulation d'une dette excessive des ménages. Lorsque les économies connaissent des phases d'expansion longues, se mettent en place des comportements optimistes, socialement construits donc largement répandus, qui tendent à sous-estimer les risques et conduisent inévitablement à des structures financières très fragiles. Ainsi s'explique la brutalité du retournement de l'économie au moindre choc, par exemple suite à une hausse des taux d'intérêt décidée par les autorités monétaires».

Conclusion

Vers une macroéconomie
de la post-croissance ?

Comme nous avons pu le voir dans cet ouvrage, l'essentiel des travaux en macroéconomie, qu'ils soient néoclassiques ou keynésiens, reposent sur l'idée que la résolution des grands problèmes économiques comme le chômage passe par davantage de croissance. À cet égard, les grands débats en macroéconomie sur l'efficacité des politiques de réglage conjoncturel ont tous en ligne de mire la stimulation de la croissance économique.

Néanmoins, des voix s'élèvent à l'encontre de cette recherche effrénée de la croissance. Elles s'appuient sur les résultats obtenus par Nicolas Georscu Roegen et les experts du rapport Meadows. Serge Latouche, François Partant et Gilbert Rist adoptent ainsi une posture radicale en considérant que le développement et la croissance économiques sont le vecteur de la domination occidentale sur le reste du monde ; cette domination est économique, politique, culturelle et même parfois militaire, sans que les populations des sociétés traditionnelles aient pu bénéficier des bienfaits supposés du développement ; par ailleurs, ils pensent que la distinction entre développement et croissance n'a aucun sens car historiquement, l'un n'a jamais été constaté sans l'autre et provoque les mêmes dommages écologiques, économiques et sociaux. Ainsi, la croissance n'est pas désirable puisque non seulement elle épuise les ressources naturelles, dégrade le climat et la biodiversité, pollue l'air et les territoires, mais en outre elle s'est révélée incapable, d'après ces auteurs, de réduire les inégalités économiques et de surmonter le problème du chômage. Développement et croissance d'un côté, et durabilité de l'autre, sont pour ces auteurs antinomiques.

Alors que pour les économistes orthodoxes, la croissance est durable à compter du moment où les capitaux sont substituables entre eux (la croissance du capital technique compense la diminution du capital naturel), les partisans de la décroissance considèrent ainsi que la seule voie de sauvegarde de l'environnement est la diminution du PIB. Le progrès technique ne peut constituer une voie de secours car dans la plupart des cas, la baisse des émissions polluantes permises par les nouvelles technologies génère un effet rebond qui annihile les avantages à en tirer pour la nature et le climat. La courbe environnementale de Kuznets, qui décrit une relation croissante puis décroissante entre la hausse du PIB et les émissions polluantes, ne serait qu'une illusion basée sur l'idée que la tertiarisation des économies permettrait de réduire les atteintes à la nature. Or, non seulement une partie de cette tertiarisation résulte d'une simple externalisation d'activités liées à l'industrie, mais en outre, rien ne permet d'affirmer que les activités du tertiaire sont moins dévastatrices pour l'environnement.

En lieu et place d'une idéologie centrée sur la croissance économique, les économistes et philosophes de la décroissance proposent de discuter sur la définition et la délimitation de ce que pourraient être les besoins fondamentaux d'une population et de réfléchir sur la façon d'y répondre d'une manière qui soit écologiquement et socialement soutenable. Pour Thimotée Parrique, auteur de l'ouvrage *Ralentir ou périr* (2022), la décroissance peut se définir comme la réduction de la production et de la consommation qui a pour objectif l'allègement de l'empreinte carbone, dans le respect de la justice sociale. Pour sa mise en œuvre, les économistes proposent une batterie de mesures : des taux TVA différenciés en fonction des dégâts écologiques qu'impliquent la production d'un bien ou d'un service, la mise en place d'un quota de « charge écologique » pour chaque consommateur et chaque entreprise (qu'ils épuiseraient au prorata de leurs achats et de leur production), un prix des ressources naturelles différencié en fonction de ses usages (un prix pour l'eau consommée pour boire, un autre pour l'eau consommée pour les loisirs comme la piscine, par exemple). Parrique indique dans son ouvrage que les ménages les plus riches ont une empreinte carbone située entre 15 et

20 tonnes par an. Celle des ménages les plus pauvres se situe autour de 5 tonnes. Étant donné que l'empreinte souhaitable est de 2 tonnes par an, l'effort de sobriété serait beaucoup plus important pour les ménages les plus aisés que pour les plus pauvres. Selon lui, la décroissance doit d'abord être celle des inégalités économiques et sociales, en imposant une limite supérieure aux salaires. Les économistes de la décroissance souhaitent ainsi taxer fortement les hauts revenus, supprimer les avantages fiscaux accordés aux ménages les plus aisés. Il est aussi nécessaire de développer davantage l'économie circulaire pour limiter les gaspillages et la production de déchets. Mais surtout, ils prônent une réduction drastique du temps de travail pour renouer avec le plein-emploi et permettre une diminution du PIB et donc des dégâts environnementaux. L'objectif est non seulement écologique mais aussi social : diminuer le temps de travail permettrait de passer davantage de temps en famille, en formation, ou de réaliser des activités associatives ou de loisirs. Enfin, les économistes de la décroissance proposent de faire disparaître l'indicateur macroéconomique que constitue le PIB pour lui substituer différentes mesures du bien-être élaborées dans le cadre d'une convention citoyenne. Néanmoins, une grande partie de ces mesures est aussi proposée par certains économistes hétérodoxes qui ne sont pas pour autant des militants de la décroissance.

Les détracteurs de la décroissance mettent en avant le fait qu'elle n'a jamais été expérimentée à grande échelle. Pour nuancer ce point de vue, on peut remarquer qu'il existe des espaces d'expression d'une telle philosophie à travers des pratiques locales de permaculture de *lowtech*, de production avec circuits courts...

La thèse de la nécessité et de la « faisabilité » de la décroissance fait l'objet de nombreux débats parmi les économistes. Les plus optimistes considèrent que le progrès technique permettra de surmonter les difficultés liées aux limites de la croissance, mais pour le moment, rien ne permet de s'assurer de la validité de ce point de vue, surtout en présence des potentiels effets rebond. La critique la plus sérieuse consiste à poser la question de la limite de la décroissance : jusqu'où faut-il faire décroître la production et la population ? Les partisans de la décroissance ne disent rien sur le sujet. Ne faudrait-il pas faire reculer certaines activités économiques, et faire progresser d'autres types d'activités, qui permettraient un plus grand bien-être et un plus grand respect de l'environnement ? La croissance économique a occasionné des dégâts écologiques : leur réparation nécessite paradoxalement de faire croître le PIB, différemment. La rénovation de l'habitat, le changement dans les modes de transport, les opérations de capture du CO_2, l'investissement dans les énergies renouvelables, sont des activités qui sont nécessaires, mais qui sont aussi porteuses de croissance. Faut-il pour autant y renoncer ? Cela paraît difficile lorsqu'on sait aujourd'hui que des investissements massifs sont nécessaires pour assurer la transition écologique. En l'absence de croissance économique et de gains de productivité, comment financer la réduction du temps de travail ? Comment rendre compatible cette réduction du temps de travail et les besoins accrus de main-d'œuvre qui résulteront de l'utilisation de technologies moins performantes ? Le développement du chômage semble inévitable dans un contexte de décroissance prolongée. Par ailleurs, les économistes ont bien conscience que la réduction des inégalités économiques peut être mise en œuvre dans un climat plus apaisé lorsque la taille du « gâteau » à partager augmente, autrement dit lorsque le PIB augmente. Comment gérer les tensions sociales liées à la répartition des richesses dans un contexte de décroissance ? Une autre question délicate est celle de la croissance démographique. Les partisans de la décroissance économique sont nombreux à considérer qu'il est nécessaire de faire diminuer l'effectif de la population mondiale, mais se gardent bien de mentionner par quel moyen ils comptent y parvenir. En réalité, les soutiens à la thèse de la décroissance n'ont pas véritablement conçu de système économique et politique cohérent permettant de penser la faisabilité de leurs propositions.

Aujourd'hui, les postkeynésiens (entre autres) commencent à se rallier à l'idée d'une macroéconomie de la post-croissance. Cette dernière entrevoit l'avenir du système économique par un parcours en trois phases : une phase de transition écologique au cours de laquelle sont réalisés tous les investissements verts nécessaires à la réduction de l'intensité carbone de l'activité économique (cette phase est susceptible d'engendrer de la croissance), une phase de décroissance qui permet au système économique d'atteindre une taille compatible avec les limites planétaires (modification des modes de vie et des modes d'organisation de la production), et enfin une phase d'état stationnaire au cours de laquelle la croissance serait nulle. Néanmoins, la difficulté d'application d'un tel projet réside dans le fait qu'elle implique probablement le changement radical de système économique. L'analyse de Marx montre bien en effet que le capitalisme ne peut vivre et survivre qu'à travers l'accumulation du capital et le processus de croissance. Les pouvoirs publics auront-ils les clés pour instaurer à l'échelle mondiale une nouvelle logique économique ? Les citoyens seront-ils disposés à renoncer totalement à leurs habitudes de consommation et à leurs modes de vie ? Ces questions restent pour le moment sans réponse et le resteront sans doute encore longtemps.

Bibliographie

Abraham-Frois, G. (2003). Pour en finir avec IS-LM quelques propositions pour simplifier l'enseignement de la macro-économie en premier cycle. *Revue d'économie politique*, 113, 155-170. https://doi.org/10.3917/redp.132.0155

Ackley, G., (1961), *Macroeconomic Theory*, New York, MacMillan.

Akerlov, G., (1982), « Labour contracts as a partial gift exchange, *Quarterly Journal of Economics*, vol 97, novembre, p. 543-569.

Akerlof, G., (1970), "The Market for "Lemons" : Quality Uncertainty and the Market Mechanism", *Quarterly Journal of Economics*, vol. 84, n° 3, p. 488-500.

Ayoub, H., Creel, J., Farvaque, É., (2008) "Détermination du niveau des prix et finances publiques : le cas du Liban, 1965 – 2005", *Revue d'économie du développement*, ,Vol. 16, p. 115-141. DOI : 10.3917/edd.223.0115.
URL : https://www.cairn.info/revue-d-economie-du-developpement-2008-3-page-115.htm

Barro, R., 1974, « Are Government Bonds Net Wealth? », *Journal of Political Economy*, vol. 82, n° 6, novembre, p. 1095–1117 (DOI 10.1086/260266)

Barro R., Grossman H., (1971), « A general disequilibrium model of income and unemployment », *The American Economic Review*, vol. 61 p. 82-93.

Bernanke, B., Gertler, M., Gilchrist, S., (1996)« The Financial Accelerator and the Flight to Quality », *The Review of Economics and Statistics*, vol. 78, n°1, p. 1-15.

Blanchard, O., (2017). "Sur les modèles macroéconomiques», *Revue de l'OFCE*, 153, p. 317-325. https://doi.org/10.3917/reof.153.0317

Blanchard, O., Summers, L., (1988), 'Why is Unemployment so high in Europe? Beyond the natural rate hypothesis', *The American Economic Review*, vol. 78, p.182-187.

Cartelier, J., (2018), Money, Markets and Capital, Routledge.

Cartelier, J., (1995), L'économie de Keynes, De Boeck Université, Paris.

Clower, R., (1965), « The Keynesian Counter-Revolution: A Theoretical Appraisal », dans Hahn F.H. et Brechling F.P.R (eds), The Theory of Interest Rates, Londres, Macmillan.

Cordonnier, L., Dallery T., Duwicquet V., Melmiès J. et Van de Velde F., (2013), 'À la recherche du coût du capital', *La Revue de l'Ires*, 79, p. 111-136.

Cordonnier, L., (2006), 'Le profit sans l'accumulation : la recette du capitalisme gouverné par la finance', *Innovations*, vol. no 23, 1, p. 79-108.

Cooper, R., John, A., 1988, « Coordinating Coordination Failures in Keynesian Models », *The Quarterly Journal of Economics*, Vol. 103, No. 3 (Aug), p. 441-463.

Crépon, B., Gianella, C., 2001. 'Fiscalité et coût d'usage du capital : incidences sur l'investissement, l'activité et l'emploi', *Economie et statistique*, n°341-342., « L'investissement et le financement des entreprises ». pp. 107-128.

D'Autume, A., 2001, Le modèle WS-PS et le chômage d'équilibre, halshs-00452567

Diamond, P. A. (1982), 'Wage determination and efficiency in search equilibrium' *Review of Economic Studies*, 49, p. 217–227

Duesenberry, J., 1949, Income, Saving and theory of consumer behavior, Cambridge, Harvard University Press.

Engel, E., (1857), 'Die Productions- und Consumtionsverhältnisse des Königreichs Sachsen', Statistisches Bureau des
Königlich Sächsischen Ministeriums des Innern.

Friedman, M., (1968), « The role of monetary policy», *The
American Economic Review*, vol. 58, March, p. 1-17.

Friedman, M., (1957), *A Theory of the Consumption Function*, National Bureau of Economic Research Princeton, N.J.

Grossman, G., Helpamn E., (1991), « Innovation and growth
in the global economy », Cambridge Mass, MIT Press.

Harrod, R., (1973), Economic Dynamics, Londres, Palgrave
MacMillan.

Heyes, A., (2000), "A Proposal for the Greening of Textbook
Macro: IS-LM-EE", *Ecological Economics*, 32, p.1-7.

Hicks, J.R. (1937), « Mr. Keynes and the "Classics"; A Suggested Interpretation', *Econometrica*, vol. 5, n° 2, p. 147-159.

Kahn, R.F., (1931), 'La relation entre l'investissement intérieur et le chômage', *Economic Journal*, juin.

Kaldor, N., (1957), « A Model of Economic Growth », *Economic
Journal*, vol. 67, no 268, p. 591–624. (DOI 10.2307/2227704,
JSTOR 2227704)

Kaldor, N., (1940), 'A model of the trade cycle', *Economic Journal*, vol. 50, n°97, p.78-92.

Keynes, J.M., (1936), *Théorie générale de l'emploi, de l'intérêt
et de la monnaie*, traduction française, Payot, Paris, 1969.

Kydland, F., Prescott, E., (1990), 'Business Cycles : Real Facts
and a Monetary Myth', *Federal Reserve Bank of Minneapolis
Quarterly Review*, p. 56-71.

Kydlan, F., and Prescott, E., (1982), « Time to Build and Aggregate Fluctuations », Econometrica, 50(6), p.1345-70.

Laurent, T., et Zajdela, H., (1999), 'Emploi, salaire et coordination des activités', *Cahiers d'économie politique*, n°34, p. 67-100.

Lavoie, M. et al., (2022), *L'économie postkeynésienne*, La Découverte.

Lavoie, M., Monvoisin V., et Ponsot., J.F, (2018), *L'Economie postkeynésienne,* Seuil, Paris.

Lavoie, M., et Godley, W., (2001), 'Kaleckian models of growth in a coherent stock and flow monetary framework: A Kaldorian view', *Journal of Post Keynesian Economics*, Vol. 24, n° 2, p. 277-312.

Layard, R., Nickell, S. Jackman, R., (1991), « Unempoyment, macroeconomic performance and the labour market», *Oxford University Press.*

Lé, M.,Vilas, F., (2023), Notes de la Banque de France.

Le Héron, E., (2015), 'Une histoire de la modélisation postkeynésienne stock-flux cohérente', *Cahiers du Gretha*, n°15, Université de Bordeaux.

Levine, R. (2005), « Finance and growth: theory and evidence », in Aghion & Durlauf (dir), Handbook of Economic Growth, Elsevier.

Lucas, R., (1988), « On the mechanics of economic developement », Journal of monetary economics, 22, p. 483-499.

Lucas, R., (1972), 'Expectations and the neutrality of money', *Journal of Economic theory*, vol.4, p. 103-124.

Malinvaud, E., (1977), *Réexamen de la théorie du chômage,* Calman-Levy, Paris.

Minsky, H., (2008) *Stabilizing an Unstable Economy*, McGraw Hill Professional, 1er

Modigliani, A. & F., (1963), 'The 'life-cycle' hypothesis of saving: aggregate implications and tests', *American Economic Review*, vol. 53, n°1, p. 55-84.

Moore, B.J., (1988), « Horizontalists and Verticalists : the Macroéconomics of credit money », Cambridge University Press.

Mortensen, D. T.? (1982), "The matching process as a noncooperative bargaining game." In *The Economics of Information and Uncertainty* (J. J. McCall, ed.), 233–254, University of Chicago Press, Chicago.

Nickel, J., Andrews M., (1983), 'Unions, real wages and employment in Britain 1951-79', *Oxford Economic Papers*, vol. 35, p. 183-206.*

Nikiforos, M. et Zezza, G., (2007), 'Stock-flow Consistent Macroeconomic Models: A Survey', *Working Paper n°891*, Levy Institute.

Parrique, T., (2022), *Ralentir ou périr, l'économie de la décroissance*, Seuil, Paris.

Patinkin, D., (1972), 'La Monnaie, l'intérêt et les prix', Presses Universitaires de France.

Phelps, E., (1961), 'The Golden Rule of Capital Accumulation', *American Economic Review,* volume 51, p. 638-643.

Phillips, A., (1958), The Relation between Unemployment and the Rate of Change of Money Wage. Rates in the UK, 1861-1957, *Economica*, vol. 25, p. 283-299.

Piluso, N. (2018). 'La condition d'efficacité de la politique économique dans les synthèses néoclassiques : rigidité des prix ou asymétrie du rapport salarial ?', *Cahiers d'économie Politique*, 74, 139-159. https://doi.org/10.3917/cep.074.0139

Pissarides, C. A., (2009), 'The unemployment volatility puzzle: Is wage stickiness the answer?' *Econometrica*, 77, p. 1339–1369.

Pissarides, C. A., (1985), 'Short-run dynamics of unemployment, vacancies, and real wages.' *American Economic Review*, 75, p. 676–690.

Pollin J.P (2003). 'A macroeconomy without LM some complementary proposals'. *Journal of Political Economy*, 113, p.273-293. https://doi.org/10.3917/redp.133.0273

Poulon, F., (2000), *Economie Générale*, Dunod, Paris.

Romer, D., (1986), « Increasing returnsand long term growth », Jounral of political Economy, 94, p. 1002-1037.

Rueff, J., (1931), 'L'Assurance-Chômage : Cause du chômage permanent', *Revue d'Économie Politique*, 45, Mars-Avril, p. 211-251.

Rueff, J., (1925), 'Les variations du chômage en Angleterre', *Revue Politique et Parlementaire*, 32, Déc., p. 425-437.

Salop, R., (1979), 'A model of the natural rate of unemployment', *American Economic Review*, vol 69, n°1, mars, p. 117-125.

Samuelson, P.A., Solow, R., (1960), « Analytical Aspects of Anti-inflation Policy », *American Economic Review*, 50(2), p. 177–194.

Samuelson, P.A., (1939), « Interactions between the multiplier analysis and the principle of acceleration », Review of Economics and Statistics 21, p. 75–78.

Sargent, T. J., et Wallace, N., (1981), 'Some Unpleasant Monetarist Arithmetic', *Quarterly Review*, Federal Reserve Bank of Minneapolis, vol. 5, automne.

Say, J.B., (1999), *Cours d'économie politique et autres essai*, Flammarion (réédition)

Solow, R. (1956) « A Contribution to the Theory of Economic Growth », Quarterly Journal of Economics, vol. 70, no 1, p. 65–94.

Tobin, J. (1969), A General Equilibrium Approach to Monetary Theory., *Journal of Money Credit and Banking* (11), p. 15–29.

Woodford, M. (1998), 'Public Debt and the Price Level', *mimeo*, juillet.

Table des matières

Chapitre 5 : La détermination du niveau d'activité : quelques exemples de modèles macroéconomiques statiques et dynamiques.. 158

Collection "Les Pros de l'Éco"
3 SIÈCLES DE PENSÉE ÉCONOMIQUE
Histoire comparative et illustrée
Par Nicolas Piluso
JDH
ÉDITIONS

Découvrez les autres livres
de la collection
"Les Pros de l'Éco"